言語分析のフロンティア

赤野一郎先生古希記念論文集編集委員会 編

金星堂

赤野一郎先生に捧ぐ

はしがき

　長年にわたって英語学、語法研究、辞書学ならびにコーパス言語学など多岐にわたる分野を牽引してこられた赤野一郎先生が、2019年3月を以て満70歳の古稀を迎えられた。本書は先生がこれまで積み重ねてこられた研究と惜しみない教育に敬意と感謝を表し、かつての教え子や日頃より親交の深い研究者の方々にご協力頂き、先生の古稀をお祝いするために編まれた論文集である。

　赤野先生は大阪府立高校の英語教諭として研究・教育生活をスタートされ、椙山女学院大学講師を経て、1982年に京都外国語大学に赴任された。それ以降、学科長、研究科長、図書館長を歴任し、37年に渡わたって京都外国語大学の大学行政、並びに後進の育成にご尽力された。先生のきめ細やかな研究指導や助言のおかげで、指導生の多くが教育・研究機関の英語教員として活躍している。

　先生はまた、英語語法文法学会や英語コーパス学会を初めとする多くの学会において重責をこなされ、英語コーパス学会においては第三代目の会長としてその大役をまっとうされた。京都外国語大学へ着任された当時にコンピュータと出会い、これまで紙媒体で記録していた語法ノートをデータ化することの有効性を見出された。これがきっかけとなり、その後は電子資料を用いた語法研究やコーパス言語学、辞書学の発展に大きく貢献されてきた。そして大学の専任職を離れられた近年もなお、意欲的に学習参考書から英和辞典、コーパス言語学のシリーズ本まで多くの出版に携わっておられ、そのご活躍は古稀を迎えられた現在でもとどまることはない。

　ご寄稿頂いた論文の主な分野は、語法研究、コーパス言語学、辞書学、英語学・言語学、応用言語学・英語教育など多岐にわたっており、これは、赤野先生が親密に交流されてきた方々の専門分野が学際的に幅広いことを反映している。本書のタイトルである『言語分析のフロンティア』は、こうした先生の研究・教育活動の奥深さと衰えぬ意欲を表したものとなっている。古

稀をお祝いして赤野先生に本論集を献呈するにあたって、そのご貢献を労い、今後ともますますご健康で後進をご指導くださるよう願って「はしがき」を結ぶこととする。

2019年3月末日
仁科恭徳・吉村由佳・吉川祐介
赤野一郎先生古稀記念論文集編集委員会

目　次

はしがき　　　　　　　　　　　　　　　　　　　　　　　　　　iii

私の英語への旅路　　　　　　　　　　　　　　　　赤野 一郎　　1

英語の中間構文について　　　　　　　　　　　　　有吉 淳一郎　17

英語教育における連語：
　ターゲット・インプット・アウトプットの三元コーパス分析をふまえたEnglish
　N-gram List for Japanese Learners of English (ENL-J) の開発と利用
　　　　　　　　　　　　　　　　　　　　　　　　石川 慎一郎　32

コーパスを活用した学習英和辞書編集の問題点
　　――科学的データと学習性の両立――　　　　　井上 永幸　　48

'-ly副詞＋speaking' の語用論　　　　　　　　　　内田 聖二　　61

Be willing toに関する意味論的・語用論的一考察　　衛藤 圭一　　80

標示付けアルゴリズムと標示付け不履行による複合不変化詞構文の分析
　　　　　　　　　　　　　　　　　　　　　　　　小野 隆啓　　92

新学習指導要領（中学校外国語）のコーパス談話分析　鎌倉 義士　106

Left Branch Extraction in Japanese Relative Clauses　Yasuyuki Kitao　122

映画やTOEICテストにおける能格・非対格動詞のデータの観察　倉田 誠　138

第二言語習得研究のための英語学習者コーパス利用の過去・現在・未来
　　　　　　　　　　　　　　　　　　　　　　　　阪上 辰也　150

コロケーションの遍在と偏在：
　COCAとBNCにおける「ly副詞＋原級形容詞」を例に　滝沢 直宏　165

母語話者・学習者作文の語彙的特徴	田中 道治・石川 保茂	181
英語辞書レーベルの性質と精緻化	田畑 圭介	192
和英辞典におけるコロケーションの扱いについて	塚本 倫久	204
happy/gladと共起する補文標識thatの有無とその要因	土屋 知洋	216
to deathの強意読みについての一考察	都築 雅子	231
日本語母語話者が持つ音象徴の感覚 ――架空キャラクターのネーミング調査から――	中西 のりこ	245
現代ポップ・ソングの歌詞の特徴に関して ――ビルボード・コーパスの分析から――	仁科 恭徳	257
これからの英語教育へのコーパスの活用	藤原 康弘	274
統語構造におけるφ素性と主題役割の関係性	藤本 幸治	290
逸脱したコロケーションとイディオム： 　ディケンズの*The Pickwick Papers*の場合	堀 正広	308
日本最初期の英和辞書学：成立とその背景	南出 康世	322
特殊な言語使用域で生起する結果構文	吉川 裕介	338
英和辞典に求められる名詞の記述について	吉村 由佳	352
履　歴		365

私の英語への旅路[1]

赤野　一郎

1. はじめに

　私が始めて英語に接したのは、中学にあがる前の春休みに、英語の教師をしていた叔父から手ほどきを受けたときだった。教科書の*Jack and Betty*を使っての音読練習だった。"I am a boy. I am Jack Jones. I am a girl. I am Betty Smith." 今でも覚えているが、これがLesson 1の内容だった。皆よりほんの少しだけ早く英語に接したことは、その後の英語に対する自信となり、中学での得意科目になった。その後、神戸市外国語大学の学部から大学院へ進み、英語学者の道を志すことになり、今に至っている。本稿では、その間、私がどのように英語に関わってきたのかを、その折々に書いた拙文を引用しながら振り返ってみたい。

2. 恩師との出会い[2]

「ここはどうして…なのですか。はい、君？」
「わかりません」
「じゃあ、後ろの人」
「わかりません」
「次の人」
「はい、それは…です」と私。
「その通りです」

---

[1] この拙文の標題は、恩師である小西友七先生の晩年のご著書『英語への旅路——文法・語法から辞書へ』(1997, 大修館書店) からお借りしたものである。副題の「文法・語法から辞書へ」はまさに、私も辿ってきた道だから。

[2] 本節は「小西先生との初めての出会いと辞書作り」(2007) に加筆修正を加えたものである。

指名された学生が、次々に席を立ち同じ返事を繰り返している。英文法の授業でのいつもの光景。でも今日は違う。やっと答えることができた。

自分では英語ができるつもりだったし、さらに英語力を伸ばそうと思って入学した神戸市外国語大学だったが、その教授の英文法の授業だけは歯が立たなかった。Richard Wrightの短編、"The Man Who Went to Chicago"を教科書に使っての授業で、教授の投げかける質問（たとえば「なぜここでは前置詞が省略されているのか」など）が、受験英語にどっぷり浸った私にはどう答えてよいのか見当がつかなかった。なんとか答えたいと思い、その授業のもう1冊の教科書、『現代英語の文法と背景』(1964、研究社) を読み始めた。そこには、私がそれまで持っていた英文法の、無味乾燥で退屈なイメージを覆す新鮮で興味深いことが書かれていた。6月初めのことだったと思う。

それからの私は、図書館の参考図書室でその授業の予習に没頭した。なにを聞かれるかわからないので、少しでも疑問に思ったことがあれば、その部屋にある辞書という辞書を手当たり次第に引き、関係のありそうな箇所をノートに写すという作業を続けた。そして私にとって「事件」とも言える冒頭のことが起こったのは、夏休みも間近に迫った頃だった。50年前にその教授から発せられた質問が何だったのか、今となっては定かでないが、図書館での予習が報いられたのをきっかけに、私はその教授の講義をひと言も聞き漏らすまいと必死にノートをとりだした。『現代英語の文法と背景』の中で言及されている参考文献を図書館で借り出しては、授業の終わった後、ひとけのない図書館の自習室で読みふけった。大学教員という確たる職業が頭にあったわけではないし、学問の世界を垣間見ただけの私だったが、夏休みに入る頃には、漠然と英語を専門にやっていきたいと思い始めていた。それが私の人生を決定づけた、小西友七先生との出会いであった。

それまで読んだこともなかった英語の原書を初めて読んだのもその頃のことだった。中でも R. A. Close (1962) *English as a Foreign Language* は、刺激的だった。ことばは表現者の心的態度の反映であることや、will と be going to の意味の違いをこの本から学んだ。私の人生を決定づけた書物の著者であり、『ジーニアス英和辞典』（大修館書店）の編集主幹である先生に、井上永幸氏と私とで出版した『ウィズダム英和辞典』（三省堂）をお贈りしたと

き、「これからは私の仲間ですね」という葉書を頂き、これで今までの学恩に少しは報いることができたのではないかと思っている。

3. 学部の授業と小西ゼミ

　「英語学特殊講義」の授業で提出したレポートを、小西先生が返却しコメントされたときのことだった。私を指名し、内容を説明するように言われた。名詞の可算・不可算のことだったと思う。鮮明に覚えているのは、不可算名詞のsilenceを例に挙げ、黒板にチョークで輪郭をぼやかし白く塗りつぶした雲のような図を描き、このように無限の広がりをもつのがsilenceのイメージでと言いながら、その中に線で輪郭のはっきりした円を描き、これがa long silenceのイメージで、不定冠詞はこの広がりに枠をはめる働きがあると説明した。そして名詞は可算・不可算に分けるのではなく、可算性の高い名詞と低い名詞という、度合いで考えるべきものだと説明した。大学3年の時だった。今から見れば、認知言語学の有界性(boundedness)のことを主張していたことになる。学部生の単なる直感で書いたレポートにすぎないが、先生がそれを評価して下さったことは、その後の勉強の励みとなった。

　3年生から2年間、小西ゼミに所属した。小西ゼミの人気は高く、入るのは難しいという噂だった。事前に読んでおかなければならない指定図書があった。A. S. Hornbyの *A Guide to Patterns and Usage in English*、C. T. Onionsの *An Advanced English Syntax*、H. Bradleyの *The Making of English* の3冊だった。2年生の時から小西ゼミ希望だったので、少しずつ読み始めたが、当時の私の英語力では簡単に読めるはずもなく、3冊すべてを読み通すことはできなかったが、なんとかゼミに入ることができた。先生の発案で4年生の卒論を掲載するための雑誌、*Core* を作ることになった。私たち3年生も何か書くように言われ、私は、『現代英語の文法と語法』(1970、大修館書店)の書評を書いた。自分の書いたものが始めて印刷物になって少し誇らしい気がした。以下はその書評の最初のページである。

言語分析のフロンティア

　一通り読んでみて感じたことを、まず最初に述べてみたい。この本には著者の首尾一貫した言語観がある。言語事実を尊重し、一般の文法規則を破っているものにも存在価値を求める態度がそれである。文法が語法を規定するのではなく、あくまで語法が優先されている。よくこの用法は誤用だとか正用だとかはっきりわりきってしまう人がいるが、それでは現実に文学作品においていわゆる誤用とされている用例にぶつかればどうすればいいのであろうか。やはりその用例にも存在価値があるのである。むしろ登場人物の環境、心理などを考える際には文体上の効果からも非常に重要なものと言える。

　著者は、自分の言おうとすることを、常に用例をもって述べている。その用例が非常に適切で読者を納得させるものである。「例文に語らせる」態度、これは最近の文法理論などでは忘れられている。今日変形生成文法が隆盛をきわめ、イェスペルセン流の研究方法は軽視されがちである。確かに変形文法も精密化され文の深い意味をつかむようになってきている。しかし話者の心理的面をさぐるにはやはりこの本のようにきめこまかくやらなければならないであろう。著者の本領は、表現の心理的側面や微妙なニュアンスの違いの解明に発揮されている。

　最近の変形文法の勢いに著者も目をつぶっておられなかったのであろう。ところどころに変形文法の立場について触れてある箇所が見られる。しかし、評者にはその種の注釈は必要ではないと思われる。ある程度変形文法に関する知識を備えた読者にとっては、この種の注釈は、そう目新しいものではなく、又ものたりなく感ぜられるのではないだろうか。またそういう知識のない読者にとっては意味の分からない語句の連続である。それよりかむしろところどころに見られるような日本語との比較を行った注をもっとつけて欲しかった。例えばp.4にあげられているgood, kindと「いい年をして」「いい子になる」などの注釈である。これなど何か言語の普遍性をついた適切な例だと思われる。

　この後、本書から3章をとりあげ、自ら収集した用例を交えて論評を加え、「最後に訂正したほうがよいのではないかという箇所をあげることにする」と述べて、反論している。読み返してみると、学部の3年生がいっぱしの研究者気取りで、なんと生意気なことを書いていることか！　もう一つ驚いたことは、「登場人物の環境、心理などを考える際には」や「話者の心理的面をさぐる」のように、この当時から表現と使用者の心理の関係に関心を持っていたことである。第7節で引用した小論「at leastの心理」と通ずるところがあるように思える。

4. 卒業論文と『英語基本動詞辞典』と用例カード[3]

　動詞beginの補文構造とbegin to do/doingの意味分析を卒論のテーマに決め、4年生進級前の春休みから、ペーパーバックを読みながら、ひたすらbeginの用例をカードに書き留める作業を続けた。夏休み頃には段ボールケース1箱ぐらいになっていた。集まったカードをめくりながら用例を観察し、beginの2つの構文が使われているコンテキストについて気づいたことを新たにカードに書き留め、再度用例を見直すという作業を繰り返した。今から思えば、仮説と検証を繰り返していたことになる。これが筆者のコーパス利用の原点である。そのとき筆者が学んだのは、データを深く読み込むことの重要性だった。

　私が大学院を修了した1975年に小西友七編『英語基本動詞辞典』(1980、研究社）の執筆が始まった。一つ一つの語がいかなる統語的、意味的制約のもとで、どのような統語形式で用いられるか、その制約や用法を各語ごとに詳細に調査し記述する「語彙文法」という考え方は、今日では決して目新しいものではないが、変形生成文法一辺倒だった当時にあっては、画期的な考え方だった。作成するように指示された執筆要領案は、詳細な加筆とともに戻ってきた。始めて書いたkillのサンプル原稿は真っ赤になって帰ってきた。進捗状況を問う、あの独特の字体の葉書に後押しされるように、正月休みも忘れ、原稿用紙のマス目を埋め、他の執筆者たちの原稿を校閲した5年間だった。その後、『英語基本形容詞・副詞辞典』(1989) と『英語基本名詞辞典』(2001) が出版され、基本語彙辞典は完成した[4]。26年に及ぶこれらの辞書編纂を通じて、私は「小西辞書学」を学んだ。

　この辞書執筆にも、用例カードが威力を発揮した。手作業で集めた数の限られた言語資料でも、言語感覚を研ぎ澄ませ、データを深く読み込むことで、言語事実を的確に把握できるのである。このことを実感したのは、Partington (1998: 101–104) のhappenの記述を読んだときである[5]。Halliday & Hasan

---
[3]　本節は『コーパスと英語研究』(2019) に執筆した「私のコーパス利用」に基づいている。
[4]　その後、基本語彙辞典の精神を引き継ぎ、松尾文子・廣瀬浩三・西川眞由美『英語談話標識用法辞典』(2015、研究社）が出版された。
[5]　Partington, A. (1998) *Patterns and Meanings—Using Corpora for English Language*

(1976) *Cohesion in English*は、man, boy, place, idea, thing, matterなどの指示対象の広い名詞を「一般名詞」(general noun) と呼び、それらの名詞がtheやthatを伴ったとき、代名詞と同じく前方照応的になり、先行文との結束性を高める機能を発揮すると述べている。この考え方を踏襲して、Partingtonはhappenとoccurを「一般動詞」(general verb) と呼び、'it[that] happens [occurs]'も前方照応的な機能があり、先行文との結束性を高める働があると主張した。しかしながら、筆者はそれより20年早く、小西友七編 (1980: 687) においてhappenの執筆を担当した折、手作業で集めた言語資料を観察・分析することにより、同主旨以上のことを述べた。以下は筆者が執筆したhappenの該当部分である。

NB3 すでに起こった出来事を'It[This] happens'で表現し、それに副詞（句）を付加して出来事の説明〔時・場所・様態など〕を行うことがある：He doesn't respond to his name. He's also very stiff, physically. Melba says *this happens* sometime when he's out playing, but *it has never happened* in his sleep before. —Cline, Damon. 名前を呼ばれても返事をしません。彼の体もこわばっています。メルバの話によれば外で遊んでいるときには時々こんなことがあるのですが、寝ている時には今まで一度もなかったということです／A bright light in the room snapped on. *It happened* so suddenly, without any warning sound, that Keycase's quick thinking—on which he prided himself—failed him entirely. —Hailey, *Hotel*. 部屋の明かりがいきなりついた。何の前ぶれもなく、一瞬のことだったので、キーケースの自慢の頭はいつものようにすばやく働かなかった。

「すでに起こった出来事'It[This] happens'で表現し」の部分は、まさに前方照応的であることを指摘しており、さらに「それに副詞（句）を付加して出来事の説明〔時・場所・様態など〕を行うことがある」の部分は、Partingtonが言及していないhappenに後続する副詞相当表現が、新情報を担っていることを述べている。'it[this] happens'は、英語では構造的に必須要素だが、新情報を伝えるための前文との単なる橋渡し的表現であり、日本語になると、第2例のようにこの部分は訳す必要がないことも興味深い。これには後日談がある。10年ほど前、happenに関するこの記述を思い出し、検証のために自作のコーパスKUFS corpus（6節参照）で'it happened'を検索してみた。

Research and Teaching, pp. 101–104. Amsterdam/Philadelphia: John Benjamin Publishing Company.

図1はその結果である[6]。

1. It happened at the end of March 1996, when Julie decided to celebrate her birthday."
2. It happened at the first camp at the junction with the Guder River whilst our scientists
3. It happened because he uses the muscles in his strumming arm to much.
4. it happened because she would go with him so he would not have to be alone.
5. it happened before I was even aware that it was being made.
6. It happened between 9 and 10am near a crowded marketplace."
7. it happened everywhere he went and he blessed it and loved it.
8. it happened fast, fast, fast.
9. It happened in a place called Aparri on--on the way out_of Bataan.
10. It happened in Clontarf Road in the north of the city.
11. It happened in Tasmania when an unstable coalition came apart.
12. it happened late on Sunday in a raid by extremists on Mr Singh's home near
13. it happened on the street.
14. it happened so quickly that June did not react at_first.
15. It happened so unexpectedly that for a long time I could n't talk about it at_all.
16. it happened when she visited your town.

図1　it happenedのコンコーダンス

it happenedに後続する要素が長くなっていることに注意されたい。新情報を担っているため、この部分は必然的に長くなる。後続する語で頻度の高いものとしては、to, in, that, on, at, soなどがあり、toはhappen to A〈人〉であり、thatはit happen that節なので除外すれば、場所、時を表すin, on, atが顕著である。soは14, 15行の「it happened so ~ that節」の構文になっており、NB3の第2例はまさにそうである。ちなみにBNCでit happened soを検索すると18例ヒットし、そのうちso fastが6例、so quicklyが6例を占め、「一瞬の出来事だった（ので…）」というのが典型的状況であることを示しており、その典型例が手作業で集めた例にも含まれていることに注意されたい。繰り返すが、大規模コーパスを利用せずとも、語感を研ぎ澄ませてデータを深く読み込めば、言語事実を的確に把握できるのである。

---

[6] 紙数の都合と表現の全体的傾向を反映させるために不要な例を削除してあることをお断りしておく。

6.　コンピュータ、コーパス、バーミンガム大学

　私がコンピュータというものに出会ったのは、京都外国語大学に赴任して2年目の時だった。同僚から、コンピュータを使った研究目的で、私学振興財団に研究助成金を申請するので、研究グループに入らないかという誘いを受けた。「コンピュータ」と聞いただけで尻込みする典型的文系人間だった私が、導入されたコンピュータ(FACOM K-10)上の表計算ソフトを見たとき、直感的に「これは用例カードの代わりになる」と思った。セルの左から横に、見出し語、用例、出典、キーワードの項目を設けて、各項目ごとにデータを入力しておけば、自由自在に検索が可能になるし、出力形式をカードのようにレイアウトすれば、今までと同様のカードとしてプリントアウトできる。紙カードの問題点を電子カードは解決してくれる[7]。コンピュータは文字列を処理できるのだと分かってからは、コンピュータにのめり込んでいった。授業が終わると、コンピュータ室に飛んで行きキーボードを叩いたし、日曜日も朝からコンピュータ(NEC PC-9801E)の前に座っていた。BASICの入門書を読んで、検索プログラムを書くことに没頭した。当時のOSはMS-DOSで、ファイル処理や検索はコマンドを打ち込むことで実行され、処理スピードも、今日から見れば、実にお粗末なものだった。ワープロソフト(松、jx-WORD太郎（一太郎の前身))、データベースソフト(μcosmos、桐)、表計算ソフト(multiplan、Lotus 1–2–3)などを研究に愛用した。

　その後、私たちの研究活動が評価され、情報処理教育研究促進のために、情報処理室が設立された。初代室長の同僚の後を引き継いだ私は、ある程度自由になる予算を獲得し、情報機器の整備を行いながら、吉村由佳先生と今は亡

---

[7] 紙カードのデータ整理には次のような問題点があった。見出しの決定は後の検索のことを考えれば慎重に行わなければならないし、採集したデータを幾通りにも利用したければ、見出しだけ異なる同一カードをその枚数だけ作成する必要がある。カードの枚数が増えれば保管の問題も生じる。データ共用の目的で何人かでカードを共同管理する場合にはことさらである。少しでも整理を怠ると並べ替えに時間をとられる。それに整理といっても恣意的に付けた見出しのアルファベット順に並べてあるだけで、検索に時間がかかるし、求めるデータが、該当する見出しの付いたカード以外にも存在する可能性がある。さらにある研究のために作成したカードはその研究が終わると死蔵されてしまい、別の目的のために加工し、再利用するのが難しい。(赤野一郎・井上永幸 (1987)「パソコンを使った語法カードの整理学」『英語教育』9月号より)

き藤本和子先生の協力を得て、1千万語の英語汎用コーパス、KUFS corpus の構築に着手した。それと同時に「情報処理演習」の科目を設け情報処理教育を開始した。MS-DOS によるデータとファイル処理、ワープロと表計算ソフトの実習など、今では当たり前の授業内容だが、当時この種の科目を設けている大学はあまりなかったし、コーパス関係の内容が含まれている授業は全国でも珍しかったと思う。

1987年に "Helping learners with real English" をキャッチフレーズにした Collins COBUILD English Language Dictionary (1987)が出版された。"real English" とは、手を加えることなくそのままコーパスから採られた用例のことを指し、編集主幹の John Sinclair は Introduction において、「最近の語学教育の教材開発では、作例が慣行になっているが、この種の用例には何の権威もなく、きわめて不自然である」と断定している。この Sinclair に教えを請いたいと思うようになり、直接彼にその旨の手紙を書いたところ、受け入れてもよいとの返事をもらった。1990年の夏休みと大学からの休暇を利用し、3ヶ月間、客員研究員としてバーミンガム大学に滞在し、コーパスの編纂に携わった Antoinette Renouf から話を聞き、毎日、コービルドの研究所のあった Westmere House に通い、コーパスを使わせてもらった。短期間の滞在だったが、その時の「コーパス体験」がその後の私の研究の方向を決定づけたのである。私に続き、中村純作先生（徳島大学名誉教授）と井上永幸先生（広島大学）がバーミンガム大学で研究されているし、バーミンガム大学へ留学する学生も出てきた[8]。

7. 『英語青年』と私

英語を研究する者にとって、『英語青年』から原稿を依頼されるのは誇らしいことだった。初めて掲載されたのは、「語法研究」欄だった。以下は、同誌の1988年2月号に「at least の心理」のタイトルで掲載されたものである[9]。

---

[8] 仁科恭徳氏（神戸学院大学）は Susan Hunston のもとで博士号を取得している。
[9] その後、『英語青年』には、「訂正の語法と心理」(1991)、「コーパスで possess の意味

何気ない表現でも、実際に使われる状況を詳しく検討すれば、話し手のその時々の心理が浮かび上がってくる。標題の言い回しにもこれが当てはまる。

基本的にat leastは、「話し手の概算・見積りでは、提示した数量が引下げ可能な限界である」ことを述べる表現で、しばしば(1)のように、実際の数量は設定された下限を上まわることを含意する。

(1) *At least* twenty parents will come (, probably more).

数量の下限設定の用法は、次例の記述内容が妥当である範囲を限定する用法に連なり、「常に当てはまるわけではないがこの場合には妥当である」旨が述べられる。

(2) But *yet* is ambiguous, *at least* when it is accented: *Aren't they here yet?* = *They're still here, aren't they?* (conductive) or *Is it still true that they are not here?* — D. Bolinger, *Meaning and Form*

できる限り内容の正確さを保とうとする話し手の記述態度がうかがわれる。

この発言内容の正確さを求める心理は、at leastの訂正行為の用法にさらに顕著である。

(3) If she voiced her true feelings on that score, she feared she'd sound neurotic, or *at the very least*, petulant. — L. Spencer, *Spring Fancy*

言い換えのorに導かれたat leastがveryによって強調され、ついでneuroticと同義関係にあるpetulantが続く。「彼女」の語選択の慎重さが読みとれる。

正確さを求めるはずのこの訂正行為が、結果的に逆に働くことがある。at leastを添えたが故に不確実さが増しているのが、(4)である。

(4) A week after Edith Kenton's funeral, some of her furniture and other possessions from High Cleugh were sold at the auction rooms in Ripon, to pay for her funeral expenses and settle her debts. *At least*, this is what her children were told by their aunt. — B. T. Bradford, *Act of Will*

伝達動詞tellとともに用いられていることに注意されたい。提示された情報が伝達動詞の補文に埋めこまれ、かつat leastが添えられることで、その情報の出所は第三者（伝達動詞で示される行為の主体者）に限定されることになり、情報の信憑性に対する責任もその人物に帰せられる。多くの場合、提示された情報が事実に反することを合意し、ここでも作家はその含みを利用している。

以上見てきたように、at leastは範囲を狭める方向で制限を加える、下限を設定する、というのが本質的用法であるが、次例では「他になし得ることがなくても最低限これだけは実行可能である」ことを述べており、これも結局、期待、希望等の下限を設定していることになる。

(5) Seeing him rather pensive, she said, "Can't you *at least* smile? Look at how happily that couple talks to each other." "He came to see his wife off, not to meet her," said the husband.
— *Reader's Digest*, Oct. 1985

話し手が定めている期待の基準が現状では高すぎ、それを引き下げざるを得ないために生じる不満の気持ちが含意される。日本語の「せめて」の心理に極めて近いものである。これがHe might have *at least* telephoned me if he knew he was going to be late. のような過去表現になると、現実が期待の最低線にも達していなかったとして、嘆き・恨みがましさなどを表明することになる。

ところが状況が変われば、このat leastも一種の敬語表現となる。

(6) "I really must be going." "Oh, please, stay for some coffee and cake, *at least*."

を探る」(1999)、「コーパスが英和辞典を変える」(2001)、「語彙研究とコーパス」(2004)、「コーパスに基づく辞書編纂の実際―意味記述を中心に―」(2008) を発表した。

"Well, if you're sure it's all right ..."
— Seidensticker & Matsumoto (1982)

ものを勧める側が用いると、それが期待の最低線という言い方になり、相手に負担をかけない響きを持たせることが可能である、と同時に「これだけはぜひ」という勧める側の誠実さが伝わるのである。

使用の実際をつぶさに検討すれば、そのときどきの様々な使用者の心理が浮かび上がってくることを at least を例に見てきたわけだが、最後にこの言いまわしのもう一つの心理を示しておく。一方に不満な状況があるにもかかわらず、その不満を一応和らげてくれる状況がもう一方にあるとき、不満な点はとりあえずお預けにして「これだけは満足できる点である」と主張する場合である。

(7) ... and if the food was plain, *at least* there was plenty of it. — B. T. Bradford, op. cit.

不満を訴える相手にこれを使えば、効果的な慰め表現となる。(8)はコンピュータ狂の夫を持つ女性を慰めているところである。

(8) "Has he told you this?" "No, but he talks in his sleep." "Well, *at least* he's not dreaming about another woman," I said. "I could compete with another woman," Adele said, "but I can't compete with a computer." —A. Buckwald, *You Can Fool All of the People All the Time*

X or at least Y の訂正表現について補足しておく。図2のKWICコンコーダンスにおいて興味深いのは、多くの場合、XとYがシノニム関係を成し、意味の強さで言えば、X＞Yが成り立つことである。つまりこの言い回しの本質は「Xと言ってしまえば言い過ぎだが、それより意味の広い、あるいは程度の軽いYを使うことは妥当である」ということである。or at least の前後の語を比較されたい。

```
    difference between life or death, or at least serious injuries, for many ve
    Most of the female faces are new, or at least not too familiar. Dolores Har
        is little evidence that realtors, or at least their associations, have reputa
               It is always difficult, or at least time-consuming, to get approved
      disaster depends in some obscure or at least uncertain way on the details
              be, is sure to lead to trouble, or at least to the discomfort that goes we
           people will listen objectively, or at least dispassionately, to indivudua
          le he and Radie had been friends, or at least not enemies.
         ons of such parents were accepted or at least grudgingly to be tolerated by
           will be slaughtered on the spot, or at least arrested and tortured; the le
          films have shown them as heroes, or at least as people to be feared. They
              fantasy image—and call it love, or at least sexual arousal. In the Vancou
         les preparing for marriage expect or at least hope for married life to be r
            sh value to Iraq of a revolution, or at least a coup. And America should be
```

図2　or at least のKWICコンコーダンス

8. 『ウィズダム英和辞典』と私

　本格的にコーパスを活用した英和辞典を編纂すべく、1997年5月14日に水道橋の三省堂に井上永幸先生と私が招かれ、第1回の編集会議が開かれた。イギリスではコーパスに基づく辞書の編纂が活況を呈していたが、日本ではまだその兆しもなかったころである。2ヶ月に1回のペースで開かれた編集会議では、我々が執筆したモデル原稿を叩き台に、問題点の洗い出しを行い、企画を細部まで煮つめ、詳細なマニュアルを作成した。翌年3月末に第一次執筆者グループを集めた説明会が開かれた。西と東に散らばっている執筆者のために、何カ所かでコーパスの講習会も実施した。編者と執筆者の間でトライアル原稿のやり取りが行われた後、執筆が本格的に始まり、原稿の校閲、ゲラの校正を経て2002年の秋に『ウィズダム英和辞典』が完成した。最初の編集会議から5年半が経過していた。以下はその「まえがき」の冒頭部分である。

　　　初めて本格的にコーパスを活用した Collins COBUILD English Language Dictionary (Collins ELT, 1987) が発刊されて以来、英国を中心にコーパスに基づくESL/EFL辞典の出版が盛んである。一方、日本国内の現状では、コーパス利用は頻度表示を中心とする一部の内容にとどまっている。この度、世に問う『ウィズダム英和辞典』は、企画段階からコーパス言語学の方法論を導入し、英米の辞書や参考書に多くを依存する従来の英和辞典編集法にも再検討を加え、最新の英語辞書学の成果を取り入れて編纂されたものである。これにより、日本の英和辞典はもより、英米のELS/EFL辞典にも漏れていた多くの情報を盛り込むことができたと自負している。

　コーパスを活用することで英和辞典はどのように変わったか。具体的には筆者の関連論文を参照していただきたい[10]。ここではその一例として、コーパスを活用すれば用例の質的向上がはかれることを示す。『ウィズダム英和辞典』のbecomeの用例は、おおよそ以下の手順で作成された。

① 統計処理から得られたコロケーションデータをもとに語の全体像を把握する。
② 共起頻度の高い語をKWIC表示し、ソートによってパターンを探る。

---
[10] 特に赤野一郎・井上永幸編著『コーパスと辞書』(2018、ひつじ書房)

③ 語数や当該語以外の語の難易度、内容などを勘案し、コーパスからの引用例に手を加える、もしくはデータに基づき作例する。
④ ネイティブチェックを受ける。

手順①として、becomeの共起頻度を算出した結果が表1である[11]。

表1　becomeの共起頻度表

-3		-2		-1		0	1		2		3	
the	4703	,	4416	have	9075	become	a	10121	.	4195	the	5395
,	4638	the	3438	to	6650	66083	the	5517	of	3492	,	4240
and	2238	it	2175	it	3137		more	3452	,	2790	of	3512
of	1685	and	1951	be	2631		an	2064	and	2772	,	2859
be	1454	be	1321	he	2280		increasingly	1498	in	2468	and	2285
that	1255	have	1284	,	2211		clear	997	to	2102	in	1838
in	1220	he	973	and	2101		very	795	that	1253	a	1432
a	650	that	943	will	1482		one	786	with	1219	to	1345
it	575	when	905	they	1248		so	758	more	1064	for	1007
&bquo	569	which	868	would	847		aware	720	as	956	more	720
as	554	they	829	she	776		apparent	680	first	745	that	1949
when	541	of	820	can	698		&bquo	640	for	700	as	1835
to	497	as	616	who	683		know	641	the	559	&bquo	1824
which	472	i	478	his	652		part	634	by	488	with	1809
but	443	she	468	may	634		involved	604	&bquo	484	for	1785
have	433	do	438	not	610		,	582	a	471	increasingly	1573

共起頻度の高い語として、becomeの右側ではa(n), more, increasingly, clear, aware, apparent, involvedなどが見られ、左側ではhave, it, beなどが顕著である。haveはおそらく完了形の一部であり、beは進行形の構成要素だと推測できる。確認のために、haveをKWIC表示し右ソートしたmoreの部分が図3である。

```
    fishing and associated tackle has become more advanced and refined. Anglers
    so many people. As our society has become more affluent, the number of people
       industrial societies, as they have become more affluent, have shifted
        nd his little moods so well: he had become more aggressive, more overtly
            for someone listening to it has become more ambiguous. I want it to do
```

---

[11] 共起頻度表の作成には、「小学館コーパスネットワーク」のBNC Onlineを用いた。

```
           this out. Since 1987, the MTFS has become more an official pronouncement of
               of a particular profession has become more and more prevalent in parallel
               . Efficient administration has become more and more indispensable in
           " because they are aware they have become more and more isolated and hated on
           of London and the South East have become more and more geographically
```

図3　becomeのKWICコンコーダンス

推測しにくい場合も、KWIC表示した後、左右でソートすると典型的パターンを得られることがある。thatのKWIC表示を右ソートすると、「it BECOME[12] + 形容詞 + that節」の構文パターンが見えてくる。この形容詞の部分を埋める高頻度の語がclear, apparentであり、最終的に'it BECOME clear [apparent] that'が得られる。それと同時にbecome aware thatのthatであることも見出すことができる。この手順によって、becomeが生起する典型的なコロケーションパターンは、'become a (～) 名詞'、'increasingly popular'、'become involved'であり、文法的環境としては、進行形、完了形、比較構文で使われる傾向があると結論づけることができる。これらの分析結果をもとに、『ウィズダム英和辞典』（第3版）では、③、④を経てa〜eのような用例が作成された。

a. She became a star overnight.［BECOME a ～ 名詞］
b. It became clear [important] that ...［it BECOME 形容詞 that 節］
c. Online shopping has become increasingly popular.［完了形／increasingly popular］
d. How did you become involved with them?［BECOME involved］
e. The noise outside is becoming louder.［進行形／BECOME 比較級］

　『ウィズダム英和辞典』と相前後し、他の学習英和辞典もなんらかの形でコーパスを活用するようになり、今日では、コーパス抜きの辞書編纂はあり得ない状況である。しかしながら、いくらコンピュータの進歩によって大量

---

[12] 大文字は活用形を集約したレマ (lemma) であることを示す。

のデータを短時間のうちに処理できるようになったとしても、「コーパスに縛られる (corpus-bound)」[13] ことがあってはならない。コーパスからどのような結果を採用し、採用した情報をどのように辞書の紙面に反映させるかはあくまでも人間である。集めたデータを生かすも殺すも、執筆者や編集者の知識や経験、そして勘によるところが大きいことは今も変わっていない。

9. おわりに

　私の古稀記念論文集を企画していると、仁科恭徳氏から告げられたとき、思いもかけないことだったので驚きましたが、同時に嬉しさと感謝の気持ちで一杯になりました。巻頭に寄稿して欲しいとの依頼があり、この拙文を掲載していただいた次第です。私の記憶違いや思い込みもあるかもしれませんが、英語との関わりにおいて過去を振り返る貴重な機会を与えていただいたことに対して、感謝申し上げます。

　2016年に京都外国語大学を定年退職し、この3月末日で非常勤講師も退き、これで完全に教壇を降りることになります。英語を研究するために英語教師の道を選んだのであって、最初から教育への情熱があったわけではありませんでしたが、今振り返ってみると、英語の教師以外の道は考えられません。母校の大阪府立清水谷高等学校から出発し、椙山女学園大学の6年を経て、京都外国語大学で37年間教鞭を執りました。

　外大時代の思い出の1つは、同僚の小野隆啓先生の発案で、言語学・英語学の研究会「メビウス研究会」の発起人に加わったことです。柳田博明先生、倉田誠先生を含め4人でスタートした研究会は、その後、藤本幸治先生、藤枝善之先生が加わり、多くの学生を交えて毎月例会を開き、時に各地から招いた著名な先生に講演をしていただきました。楽しみは研究会のあとの懇親会でした。若かった私たちは、カラオケの2次会、高槻に場所を移しての3次会と、時には午前零時を越えて楽しんだものです。

---

[13] Summers, D. Computer Lexicography: the Importance of Representativeness in Relation to Frequency. Thomas, J and M. Short (eds.) (1996) *Using Corpora for Language Research: Studies in Honour of Geoffrey Leech*, pp. 260–266. London: Longman.

多くの学会に所属しましたが、中でも思い出深いのは、英語語法学会の事務局長、および英語コーパス学会の事務局長と会長を務め、多くの研究者の方々と親交を深めることができたことです。一線は退きましたが、これからも学会や研究会に積極的に参加し、英語の旅路を辿りたいと思います。

英語の中間構文について

有吉 淳一郎

1. はじめに

本稿では英語の中間構文 (middle construction) に焦点を当て、その文法性について考察する。能格構文や受動文との対比から論じられることも多い当構文であるが、文法的特異性ゆえ、その文法性を巡ってはさまざまな提案がなされてきた。以下ではこの中間構文に関し、責任性 (responsibility) という概念に着目し、その成立について生態心理学のアフォーダンス (affordance) の観点から検討を加える。

2. 中間構文と責任性

中間構文とは、以下に代表される構文である。

(1) a. This car drives well.
　　b. This book reads easily.

構造的には主語と動詞から構成され、通例文末に副詞などの修飾語句を伴う。受動文と同様に、主語には通例動詞の基底の目的語に相当する要素が生起し、また意味的にも、対応する受動文に似ているように思われる。しかしながらその一方で、動詞の形態は能動文のそれを保持している。中間構文は受動文と能動文の性質を併せもっている——まさに当構文が中間構文と呼ばれる所以である。

中間構文と同じくして主語と能動形の動詞から構成される構文に、能格構文 (ergative construction) と呼ばれるものがある。両者は表面的には類似しているが、以下に示されているとおり、文法上さまざまな点で差異が見受けられる。

例えば、能格構文では行為者が含意されないのに対し、中間構文では含意される。この点について、Keyser and Roeper (1984) は以下のように述べている。

> Fiengo (1980) and others have observed that middles seem to retain an "implicit agent," whereas ergatives do not. Thus, *The hedge trims easily* clearly presupposes a trimmer. On the other hand, *The boat sinks* does not require an agent, although the event it describes cannot occur without a cause. The fact that there is no external agent at times gives the ergative structure the nuance that the theme is also agent.
>
> (Keyser and Roeper, 1984: 404–405)

ただし、中間構文では行為者が含意されるとはいえ、それはあくまでもその解釈上に過ぎない。中間構文においては、ある特定の人物はおろか、総称的な意味合いをもつものであっても、by 句による行為者の明示は許されない。

(2) a. *This book reads by Bill.
  b. *This book reads by people in general.

次は時制に関してである。能格構文 (3a) は、ある特定時の出来事を指すことが可能であり過去時制を許すが、中間構文 (3b) は、典型的には現在時制で用いられ過去時制では用いられない。

(3) a. At yesterday's house party, the kitchen door opened.
            (Keyser and Roeper, 1984: 385)
  b. ?At yesterday's house party, the kitchen wall painted easily.
            (ibid.: 384)

次は修飾語句の共起に関してである。能格構文 (4) ではその共起は必須ではないものの、中間構文 (5) においては通例必須であり、文末に生起することが多い。以下のとおりである。

(4) a. The door opened.
    b. The bomb exploded.
(5) a. *This book reads.
    b. This book reads easily.　　　　　　　　　　　(=(1b))

　一般的に考えた場合、修飾語句は文の成立にとっては義務的ではない、任意の要素であると思われるが、中間構文においてはその生起が原則、義務的なのである。
　以上のように、中間構文はある種、特異な振る舞いを示すわけであるが、ではその容認性はどのような場合に認められるのであろうか。例えばよく知られているように、動詞 sell と buy は中間構文に用いられた場合、その容認性に差異が見受けられる。以下のとおりである。

(6) a. Farrah Fawcett posters sell well.
    b. *Farrah Fawcett posters buy well.　　　　(Lakoff, 1977: 248)

　これらの動詞はともに、意味的には物品の移動および金銭のやり取りを伴うなど、共通点も多い。しかしながら、よく売れる、とは言えても、よく買える、とは言えないわけである。これはなぜだろうか。中間構文は、どのような主語名詞と動詞との結びつきにおいて、容認されるのであろうか。
　中間構文の文法性を巡っては、これまでにさまざまな提案がなされてきたが、その1つとして責任性 (responsibility) という概念に基づく認知的なアプローチが挙げられる。これは概略、中間構文の主語には、動詞句によって表される事態の成立に対して責任を担う事物のみが生じる、とするものである。以下では、この責任性の概念に基づき、中間構文の文法性について概観していく。
　まず以下の例をご覧いただきたい。

(7) a. The clothes wash with no trouble because …
    b. … they're machine-washable.

c. *... I have lots of time. 　　　　　　　(van Oosten, 1977: 460)
 (8) a. It's no trouble to wash the clothes because ...
　　　b. ... they're machine-washable.
　　　c. ... I have lots of time. 　　　　　　　　　　　　(ibid.)

　中間構文である (7a) の主節は、主語名詞である衣服が難なく洗えるのは、その衣服自体がもつ特性のためであるということを主張している。(7b) では、because 節の内容が衣服のもつそのような特性を意味的に補っているので問題はないが、(7c) では行為者に時間があるということが理由として述べられており、主節の意味内容と矛盾することになるので容認されないのである。これに対して、(8a) の because 節の内容としては (8b) と (8c) の両方が可能である。これは、(8a) の主節においても、衣服を洗うことが難なくなされるということが述べられてはいるものの、(7a) の中間構文の場合とは異なり、その要因が衣服の有する特性に限定されていないためである。以上から、中間構文においては、その主語名詞の事物が動詞句によって表される事態の成立に対して責任を担うということが明らかであろう。
　このような、中間構文の主語に見られる責任性という意味的特徴は、以下の事例からも支持されるであろう。動詞 digest と eat はともに食べ物を行為の対象とするなど、意味的に類似していると思われるが、中間構文での容認性は次のとおり異なる。

 (9) a. This applesauce will digest rapidly.
　　　b. *This applesauce will eat rapidly. 　　　　　　(ibid.: 462)

　この digest と eat に見られる容認性の違いについて、責任性の観点から次のように説明される (van Oosten, 1977)。消化という行為について考えた場合、その事態がどのように遂行されるのか、そのありようについては、行為者側というよりはむしろ、食べ物の素材や成分などといった食べ物自体の特性に左右される、つまり事物の側にその責任があると考えられる。これに対し、食べるという行為については、食べ物の特性に依存して遂行されるというよ

りも、それを食べる当の行為者側に通例その責任があると考えられるであろう。両者の容認性の違いは、主語名詞の事物の事態に対する責任性の違いに求められるわけである。

　このような責任性に基づく説明は、動詞 sell と buy の容認性の違いについても有効である。先述のように、中間構文においては sell は容認されるのに対し、buy は容認されないという対比が確認される。

　(10)　a. Farrah Fawcett posters sell well.
　　　　b. *Farrah Fawcett posters buy well.　　　　　　　　(=(6))

この差異について、責任性の観点から次のように説明される (Lakoff, 1977: 251)。物の売り買いといった場面を考えた場合、売り手と買い手の行為のあり方が大きく異なっており、通例売り手は買い手の購買欲を促すように商品を店頭に並べるなどする一方で、買い手は自分の懐具合と相談したり、購入の決定や支払いなどを行う。つまり事物には、購入者にそれを欲しいと思わせるような特性が想定されるのに対して、購入に際しての金銭的余裕や決心などについては、購入者側によって判断されるものであって、事物の特性に帰されるものではないと考えられる。ポスターの売れ行きについては、例えば、その価格、品質、被写体の人気や話題性など、ポスター自体の特性がそのあり方を大きく左右する、すなわち、事物の特性に責任性があると捉えられるわけである。

　動詞 sell と buy の責任性における違いについては、以下の対話文からも明らかであろう。[1]

　(11)　How did Marie manage to sell the car?　　(van Oosten, 1977: 465)
　(12)　a. She's taken three Dale Carnegie courses and could sell anybody anything.
　　　　b. It's a great car, a real bargain.
　　　　c. The world is full of suckers.　　　　　　　　　　　　(ibid.)

---
[1] 用例の # は、返答文としては容認不可であることを示す。

(13) How did Alex manage to buy the car? (ibid.: 464)
(14) a. He quit school, got a job, pooled all his resources, sold his books, moved into a cheaper apartment, got a roommate, pawned his guitar …
b. #Alex thinks it's a great bargain, which will pay for itself in no time.
c. #It's a great car, a real bargain.
d. #The salesman at the Jaguar place could sell anybody anything.
(ibid.)

どのようにして車を売ることができたのか、という問いに対する返答としては、(12) のすべてが可能である。つまり、売るという行為を行ったその行為者のみならず、売られた事物、またはこれら以外の事柄にその原因を帰すことができる。これに対し、車をどのようにして買うことができたのか、という問いに対する返答としては、(14) のすべてが可能というわけではなく (a) のみが許される。買うという行為については、その成立は行為者に依存しており、それ以外の、例えば買われる対象である事物の側に、その責任は帰されないのである (van Oosten, 1977: 464–465)。

以上の説明は、本来非文であっても、主語名詞の事物に動詞句の表す意味内容の成立に対する責任性が帰されるような文脈であれば、容認性が向上するのではないか、ということを示唆することとなるが、事実、そのような事例が確認される。

(15) The low mortgages on these houses mean that they buy easily.
(O'Grady, 1980: 66, fn. 7)

この場合、住宅ローンが安いという文脈付加により、主語名詞である家に、容易に購入がなされるということに寄与する特性が付与され、その結果、主語名詞の事物が事態成立に対する責任性を帯びることとなり、容認性が向上するものと考えられるだろう。[2]

上記から分かることは、中間構文の容認性は、主語名詞の事物、動詞、文末に生起する副詞といった要素から画一的に決まるのではなく、文脈に依存して補正されうるということである。そして責任性の概念に基づくと、このような容認性の「揺れ」についての説明が可能となるわけである。[3]

　以上、責任性の概念に基づくアプローチでは、事態成立に対して何らかの責任を担う、そのような事物のみが中間構文の主語になると考えられるわけであるが、このようなアプローチに対して疑問が呈せられる場合がある。

　中間構文の主語には、動詞句が表す事態の成立に対して責任を担う事物のみが生じるということは、中間構文は、動詞句によって表される事態が主語名詞の特性に依存して成立すると見なされる場合——すなわち、主語名詞の事物に当該事態をもたらすような特性があると捉えられる場合——に容認されることとなる。例えば、下記 (16a) が容認されるのは、主語名詞である車の特性——例えば、エンジンの吹け上がり、加速性能、ハンドリングなど——のために、その運転がよくなされるという事態がもたらされていると捉えられるためである、となるわけであるが、そうであるのならば、(16b) においても同様に、主語名詞である山の特性——その形状や位置など——のために、それが遠くからはっきりと見られるという事態がもたらされていると捉えられてもよいのではないか、すなわち (16b) においても、主語名詞に事態成立に対する責任性が認められると考えられるのではないか、というわけである (平井、2005: 115, 注 9)。

(16) a. This car drives well. (=(1a))
　　 b. *That mountain sees clearly from a distance.

(Taniguchi, 1994: 190)

しかしながら、実際にはこの文は容認されない。主語名詞の責任性が (16a)

---

[2] 動詞 eat についても同様に、文脈が付加されることによって容認される事例が確認される (van Oosten, 1977: 463)。
[3] このような文脈付加によって生じる容認性の「揺れ」については、従来提案されてきた影響性 (affectedness) の観点からは説明が不可能であろう。

では認められるのに対して、(16b) では認められないのはなぜか。

そこで以下では、中間構文において、主語名詞の責任性がどのような場合に認められるのかという点について検討していくこととするが、その上で責任性の概念について、吉村 (1995) で提示されている規定に着目してみたい。以下のとおりである。

> ある行為が対象の属性に関与する仕方で遂行されていると見なされるとき、その属性が行為に対して持っている原因性（吉村、1995: 280）

この規定に従うと、中間構文における主語名詞の責任性は、当該事物の特性に動詞の表す行為に対する関与性が見出される場合に発現するものと考えられるだろう (cf. 吉村、1995: 280)。そこで以上に基づくと、主語名詞の責任性が、前掲の This car drives well. では認められ、*That mountain sees clearly from a distance. では認められないのは、主語名詞に見出される行為に対する関与性の違いの観点から、すなわち、前者では主語名詞の事物の特性に動詞の表す行為に対する関与性が見出され、後者では主語名詞の事物の特性にそのような関与性が見出されないためである、と捉え直されることとなる。This car drives well. では主語名詞に行為に対する関与性が見出されるのに対し、*That mountain sees clearly from a distance. では主語名詞に行為に対する関与性が見出されないというこの対照性は、どのように動機づけられるのだろうか。次節では、事物と行為との関連性について、生態心理学のアフォーダンスの観点から考察していくこととする。

3. アフォーダンスと責任性

我々は環境の中に身を置き、その中で環境と相互作用をすることによって、自分に可能な行為を探る。例えば冬の寒い朝、雪の降り積もった道を歩く場合、その路面の状態は一様ではない。すでに他の人によって雪の踏み固められている部分、うっすらと雪をかぶったマンホールのふたや路面のペイント部分、陽を受けて少し雪が溶けかけている部分など、実に様々である。この

ような路面を歩く際、足をどこに着地させ、足裏にどれぐらいの体重を掛け、そしてどれぐらいの力加減で接地面を蹴ればよいのか、といったことを探りながら、歩を進めていく。

　我々は環境の中にあって、行為を可能とする情報を探索し、ピックアップすることを通じて行為を行うのである。この、環境の中に実在する情報のことを Gibson (1979) は「アフォーダンス (affordance)」と名付けた。アフォーダンスとは、Gibson が動詞 afford を基にして作った造語である。生態心理学における重要な概念の 1 つであり、環境が動物に提供するもの、良いものであれ悪いものであれ、用意したり備えたりするものである、とされる。

　ここで、Gibson (1979) によるアフォーダンスの例を 2 つ取り上げてみたい。まず 1 つ目は支持のアフォーダンスである。陸地の表面がほぼ水平で、平坦で、動物の大きさに対して十分な広がりがあり、そして動物の体重に比べて堅いのであれば、その表面は支えることをアフォードする。このような面を我々は、土台、地面、床などと呼ぶ。さらに、このような、水平、平坦、広がり、堅さといった 4 つの特性を有する面が、もし膝の高さのところにあれば、この面は今度は座るという新たな行為をアフォードすることとなる――これが 2 つ目の例、着座のアフォーダンスである。我々は通例、このような行為を可能にする事物を「イス」と呼んでいるが、座るという行為のアフォーダンスが発見される事物は、何もイスである必要はない。それは、切り株でも、階段の段でも、(行儀はともかく) テーブルでもよい。上で列挙した着座のアフォーダンスを構成する特性が見出されれば、その行為のアフォーダンスが利用されることにより、当該の行為がそこに可能ならしめられる。事物に対する行為は、そこに発見される行為のアフォーダンスにより動機づけられるのである (佐々木、2008: 137)。アフォーダンスとは「生体の活動を誘発し方向付ける性質」であり (佐伯・佐々木、1990: 11)、概略、事物が我々に対して提供する行為の可能性として捉えられるであろう。

　ここで注意すべき点がある。それは、行為のアフォーダンスを構成する特性は、動物との関係において測定されなければならないという点である。上で見た面の支持のアフォーダンスを構成する種々の特性――水平、平坦、広がり、堅さ――は、抽象的な物理的特性ではなく、個々の行為者に固有なも

のであり、行為者との関係において決まるものなのである。このことは例えば、着座のアフォーダンスの例から明らかである。ある面に対して座るという行為がなされるのは、そこに、水平、平坦、広がり、堅さ、そして高さという、当該行為のアフォーダンスを構成する特性が行為者によって見出されることによるわけであるが、大人にとって着座という行為をアフォードする面であっても、子供は膝の高さが大人とは異なるため、その面は子供に座るという行為をアフォードしないであろう。行為者は、自身の身長や体重といった身体性を通して、環境の中に行為のアフォーダンスを構成する特性を見出し、そしてそのようにして発見したアフォーダンスを利用することによって行為を行う。同じ事物に対してであっても、そこに発見される行為のアフォーダンスは行為者に応じて異なりうるのである。[4]

　さてここで、中間構文における責任性——responsibility——の成立について、アフォーダンスの観点から考えてみたい。上で見たように、事物に対する行為は、そこに発見される行為のアフォーダンスによって動機づけられ、我々はアフォーダンスを利用することで行為を行う。そしてこの行為のアフォーダンスは、それを構成する特性が行為者により身体性を通じて見出されることによって発見される——同一の事物に対してであっても、行為者が異なればそこに発見される行為のアフォーダンスは異なりうるわけである。

　そこで以上より、次のように考えられるのではないだろうか。すなわち、事物について、ある特定の行為の対象と見なされやすいということは、当該行為のアフォーダンスを構成する特性が見出されやすいということであり、このように、事物に対して、ある行為のアフォーダンスを構成する特性が見出されやすいということは、その特性に当該行為に対する関与性が見出されやすいということに他ならないのではないか。

　前節で、責任性の規定に基づくと、This car drives well. において主語名詞に責任性が認められ、*That mountain sees clearly from a distance. において主語名詞に責任性が認められないのは、前者ではその主語名詞の特性に動詞

---

[4] アフォーダンスは、動物との関係として定義される環境の性質であり、関係の取り方によってそのつど出現したり消失したりするものではない。アフォーダンスは行為者の主観などにではなく、環境に実在するものである（佐々木、1994: 64–65）。

の表す行為に対する関与性が見出されるのに対して、後者では主語名詞の特性にそのような関与性が見出されないため、となることを見たが、ここでこの対照性について、アフォーダンスの観点から次のように考えられるのではないだろうか。すなわち、This car drives well. において主語名詞の特性に関与性が見出されるのは、当該の事物が動詞の表す行為の対象と見なされやすい、そのような事物であり、一方、*That mountain sees clearly from a distance. において主語名詞の特性に関与性が見出されないのは、当該の事物が動詞の表す行為の対象と見なされる事物ではないためである——つまり、両者の主語名詞の特性に見出される行為に対する関与性の差異は、当該の事物と動詞の表す行為との関係性の違いに帰せられることとなる。

以上は、中間構文において、特定の行為の対象と見なされやすい事物を主語とし、そしてその行為を表す動詞が用いられた場合、主語名詞の特性に当該行為に対する関与性が見出されやすく、よって主語名詞の責任性が認められやすい、ということを主張することになるが、このことは以下の例から支持されるであろう。これらはいずれも容認性が高い。

(17) a. This meat cooks well.
　　　b. Good wood waxes well.
　　　c. This pipe smokes nicely.
　　　d. This piano plays easily.　　　（吉村、1995: 290–291）

特定の行為の対象と見なされやすい事物とは、典型的には (17a) から (17d) ——先述の (16a) もそうであるが——に代表されるような、ある種の「目的」を具備した事物であると思われるが、事物がどのような行為の対象と見なされるのか——この点については、文脈や話者間において揺れが生じる可能性があるだろう。以下をご覧いただきたい。[5]

---

[5] 用例 (18b) は以下のサイトから引用：http://www.os2world.com/games/index.php/native-games/packs/236–ibm- funpack-for-os-2-warp

(18) a. *Cities destroy easily. (Levin, 1993: 239)
   b. The mission is to destroy all the asteroids in each sector. The twist is the asteroids don't destroy easily, they just break into smaller asteroids … wreaking havoc on the player!

動詞 destroy は (18a) に示されているように、通例中間構文で用いられた場合には非文とされるが、(18b) においては容認される。実はこの (18b) は、プレイヤーが宇宙船を操作して惑星を破壊していくというコンピュータゲームについての説明文の一部である。惑星とは天体であり、町が破壊の対象とは見なされないのと同様に、破壊という行為の対象とは通例捉えられないわけであるが、このようなシューティングゲームにおいては標的であり、よって、破壊されるということを目的とした事物である。そこで (18a)(18b) の対比において、(18a) とは異なり (18b) の中間構文が容認されるのは、主語名詞の特性に行為に対する関与性が見出されることにより、主語名詞の責任性が発現するためである――このように考えられるのではないだろうか。

以下の対比についても同じように捉えられるだろう。

(19) a. *Mountains climb easily for experienced mountaineers.
   (Ackema and Schoorlemmer, 1994: 78)
   b. (prison architect:) This wall looks as if it would climb too easily. Better put some barbed wire on top. (ibid.: 79)

山が自然物であり、登るという行為を目的としたものとは捉えられないのと同様、壁も場所と場所を仕切るために設置されている構造物であり、登るという行為を目的としたものとは通例捉えられないだろう。しかしながら、(19b) で言及されている主語名詞の壁は、脱獄を防止するために刑務所に設けられているものであり、脱獄を図ろうとする囚人からすれば、その行為を遂行する上で、登るという行為を目的とした事物として捉えられるであろう。この場合の容認性についても、先述の例と同様、主語名詞の特性に行為に対する関与性が見出されるということに帰せられるのではないだろうか。

次に動詞 play の振る舞いについて見てみる。play には、下記 (20a) のように楽器を主語にした場合には容認されるのに対し、(20b) のように楽曲を主語にした場合には容認されないという対照性が確認される。

(20) a. This piano plays easily.　　　　　　　　　　(=(17d))
　　　b. *This sonata plays easily.　　　　　　（谷口、2005: 191）

この文法性の差異について谷口 (2005) は、(20a) とは異なり (20b) が容認されないのは、主語名詞であるソナタが演奏という行為の結果として生じる事物であるためであるとし、この用例における動詞 play の action chain について、make や build といった作成動詞と同様の分析を行っている。しかしながら、動詞 play を用いた中間構文について、非文 (20b) と同じくソナタを主語としていても、容認可能な事例が確認される。以下のとおりである。[6]

(21) The first sonata plays well on the oboe, too.

ここでは前置詞句 on the oboe が共起しているわけであるが、このような修飾語句が付加されたことによって、主語名詞のソナタが行為の結果として生じる事物ではなくなるというわけでもないであろう。次の例も同様である。[7]

(22) This song plays easily on the Native American Flute, with just a single upper register note, but one that plays well on most flutes.

　動詞 play を用いた中間構文について、This piano plays easily. とは異なり、なぜ *This sonata plays easily. は容認されないのであろうか。また、後者と同様に、(21) や (22) は楽曲を主語としているにもかかわらず、容認されるのはなぜであろうか。楽器と楽曲の、演奏という行為との関係に基いて考え

---

[6] 用例 (21) は以下のサイトから引用：http://www.musicastorica.com/index.php4?sidenavn=biografi&komponistid=32
[7] 用例 (22) は以下のサイトから引用：http://www.turtlemoundflutes.com/Music.htm

てみたい。

　楽器であるピアノは、演奏という行為のために作られた事物であるが、では、楽曲であるソナタや歌についてはどうであろうか。楽曲は、確かに演奏という行為の対象として捉えられはするものの、それはあくまでも副次的な意味合いにすぎず、本来的には、音楽家がその創作活動を通じて、自身の思いや心情といったものを表現することによって生み出した「作品」なのであり、演奏という行為を目的として作り出されたものではないのではないだろうか。従って (20b) においては、主語名詞に対して、演奏という行為のアフォーダンスを構成する特性が見出されず、その特性に当該行為に対する関与性が見出されないものと考えられはしないだろうか。

　これに対し、(21) および (22) が容認されるのはなぜであろうか。これらにおいては、非文 (20b) とは異なり、前置詞句の共起によって楽器が明示されているという点に着目したい。楽器とは、行為者が用いることによって楽曲を演奏するためのものである。そこで、(21)(22) の容認性については、このような楽曲の演奏という行為を目的とする事物が明示されることにより、主語名詞であるソナタまた歌に対して、その演奏という行為のアフォーダンスを構成する特性――例えば、メロディ、リズム、音階など――が表出することによって、主語名詞の特性に当該行為に対する関与性が読み込まれ、主語名詞に行為に対する責任性が認められるようになるためである――このように考えられるのではないだろうか。

4. おわりに

　以上、本稿では英語の中間構文の文法性に関して、従来より提案されてきた責任性という認知的概念について概観、その成立について、生態心理学における概念であるアフォーダンスの観点から検討を加えた。中間構文の文法性を巡っては、その統語的および意味的特徴から、能格構文を始め、受動文や連結的知覚動詞構文（This pie tastes good. など）といった他の構文との関連性についての分析も不可欠であるが、この点については今後の課題としたい。

＊この論文は、『花園大学文学部研究紀要　第 49 号』で公刊した論文をリライトしたものである。

参考文献

Ackema, P. & Schoorlemmer, M. (1994) The middle construction and the syntax-semantics interface. *Lingua*, 93, 59–90.

Gibson, J. J. (1979) *The Ecological Approach to Visual Perception*. Boston: Houghton Mifflin.（古崎敬・古崎愛子・辻敬一郎・村瀬旻（訳）(1985)『生態学的視覚論――ヒトの知覚世界を探る――』サイエンス社）

平井剛 (2005)「英語中間構文の意味構造」『認知言語学論考』(No. 5) (pp. 79–118) ひつじ書房.

Keyser, S. J. & Roeper, T. (1984) On the Middle and Ergative Constructions in English. *Linguistic Inquiry*, 15, 381–416.

Lakoff, G. (1977) Linguistic Gestalts. *CLS*, 13, 236–287.

Levin, B. (1993) *English Verb Classes and Alternations: A Preliminary Investigation*. Chicago and London: University of Chicago Press.

O'Grady, W. D. (1980) The Derived Intransitive Construction in English. *Lingua*, 52, 57–72.

佐伯胖・佐々木正人 (1990)『アクティブ・マインド』東京大学出版会.

佐々木正人 (1994)『アフォーダンス――新しい認知の理論』岩波書店.

―― (2008)『アフォーダンス入門　知性はどこに生まれるか』講談社.

Taniguchi, K. (1994) A Cognitive Approach to the English Middle Construction. *English Linguistics*, 11, 173–196.

谷口一美 (2005)『事態概念の記号化に関する認知言語学的研究』ひつじ書房.

Van Oosten, J. (1977) Subjects and Agenthood in English. *CLS*, 13, 459–471.

吉村公宏 (1995)『認知意味論の方法』人文書院.

英語教育における連語：ターゲット・インプット・アウトプットの三元コーパス分析をふまえた English N-gram List for Japanese Learners of English (ENL-J) の開発と利用

石川　慎一郎

1.　はじめに

　いわゆる連語の知識が学習者のL2流暢性の度合いを決定していることは広く知られている（本研究では意味的なまとまりの有無を問わず、2語以上の連鎖を総称して「連語」と呼ぶ）。母語話者のメンタルレキシコン内部では、語の情報は個別的・独立的に保存されているのではなく、結びつきの強い語の間には太い経路が築かれ、心的な活性がより速く伝播するようになっていると考えられている。また、一部の連語は、1個の語彙項目として保存されているという考え方も存在する。
　これらの点をふまえれば、L2の語彙教育において求められるのは、母語話者と比較して学習者がどのような固有の連語ネットワークを有していて、そこにどのような問題があり、それをどう矯正できるかを考察することであると言えよう。
　この点に関して、先行研究は、母語話者コーパスを用いて母語話者の自然な連語運用を明らかにしたり、学習者コーパスを用いて学習者の連語運用の問題点を明らかにしたり、教材コーパスを用いて教材における連語の扱いの課題を検証したりしてきた。しかし、そうした研究は、多くの場合、それぞれ独立したもので、これらを一括的に論じる試みはほとんど行われてこなかった。
　そこで本研究は、学習目標としてのL2のありようをとらえるターゲットコーパス (Target: T)、学習者が実際に接触するL2のありようをとらえるイ

ンプットコーパス (Input: I)、学習者の産出する L2 のありようをとらえるアウトプットコーパス (Output: O) を用意し、3 つの資料を連動的に分析することにより、日本の英語教育における連語の扱いに関して、課題と解決の方向を探ることを目指す。本稿では、こうした分析の手法を、TIO 分析と呼ぶ。

2. 先行研究

2.1 定義

いわゆる連語を扱った研究は多いが、研究により扱う範囲は様々である。これは連語に関わる概念が必ずしも明瞭に定義されていないためと考えられる。

広義の連語に関連する概念として、Cowie (1998) は、以下の 3 つを区分している (p.7)。

A 不透明・想像不可 (opaque, unmotivated)—spill the beans（秘密を漏らす）
B 部分的に想像可 (partially motivated)—blow off steam（鬱憤を晴らす）
C 慣用連語的拘束 (phraseologically bound)—meet the demand（要求を満たす）

A はいわゆる成句・固定句・イディオムと呼ばれるもので、原義から想像できないレベルまで意味が変化したものである。上例で言うと、「豆を吐き出す」という原義から「秘密を漏らす」という成句の意味を予測することはできないだろう。これに対し、B は原義からの意味変容がある程度予測できるもので、「蒸気を吹き出す」という原義から連語の意味を想像することは不可能ではない。最後に、C は連語全体としては本質的な意味変化を起こしていないものの、連語内の一方の語によって他方の語の意味が特定の方向に拘束されているものである。上例では、通常「会う」を意味する meet の語義が demand との共起によって「満たす」という特殊な意味に変えられている。Vinogradov (1947) は 2 語の結合の度合いに着目し、A を融合型 (fusion)、B

を統合型 (unity)、C を結合型 (combination) と呼んでいる。一方、Cowie や Howarth (1996) は、A を純粋イディオム (pure idiom)、B を比喩化イディオム (figurative idiom)、C を制約コロケーション (restricted collocation) と呼んでいる。

このほか、語の連結相手を、語を超えたレベルに拡張する立場も存在する。たとえば、Sinclair (1991) は、以下の 4 つの枠組みを提唱している (pp. 111–112)。

- a: コロケーション (collocation):《語＋語》—loud applause
- b: 文法的結合 (colligation):《語＋文法範疇》—数量詞 [some/many/a few] + cases
- c: 優先的意味選択 (semantic preference):《語＋意味》—large + 数や量を指す語 [number/amount/part of …]
- d: 談話的韻律 (discourse prosody):《語＋ムード》—cause + 不吉なこと [problems, damages, troubles]、provide + 望ましいもの [service, help, resources]

a は通常の 1 語と 1 語の結合である（この意味では、前掲の A~C はすべて a の下位区分と言える）。b はある語が一定の文法的特性を共有する語群と結合する例で、c は同じくある語が一定の意味的特性を共有する語群と結合する例である。もっとも、b と c の差は常に明瞭はものではない。たとえば、some や many を「数量詞」という文法ラベルでとらえれば b となるが、単に数や量の程度を意味する語群ととらえれば c に近づく。一方、d はある語が意味よりも広い何らかの雰囲気・ニュアンス・ムードを共有する語群と結合する例である。b~d はいずれも 1 語が複数の語群と結合する関係を示すものだが、それらの語群にどのようなラベルが張れるかによって、各々が区分されている。

A~C、また、a~d の区分は、いずれも、語の意味の判断に大きく立脚している。しかし、意味の特定はすぐれて主観的な判断であり、機械的処理には適さない。そこで、コーパス言語学では、意味の判断を回避すべく、あらゆ

る語の連結を網羅的に分析対象とし、そのことを強調するために、いわゆる連語を n-gram と呼ぶ。n-gram とは n 語からなる語の連鎖の総称であり、全体の意味と個別語の意味の関係性はもちろん、連語単位での意味的なまとまりも前提としない。たとえば、I think that this is a pen. という例で言うと、I think, think that, that this, this is, is a, a pen の 6 つすべてが bigram（2 語連鎖）とされる。

　なお、連語を考える場合、どのような長さのものを議論の対象にするかは難しい判断となる。中心語とそれを取り巻くコロケーションの関係に関して、Sinclair (1966) は中心語の左右 3 語まで、Sinclair, Jones, & Daley (1970) では左右 4 語までに注目すべきであるという目安が示されたが、Sinclair (2003) ではこうした範囲は決定不能であるとされている（堀、2009, pp. 4–5）。このことはまた、テキスト研究の単位としての n-gram に関しても、注目すべき対象として、唯一絶対の n が定義できないことを示唆している。

2.2　学習者と連語

　小屋 (2012) のレビューにも見られるように、L2 英語学習者研究において連語は古くから注目されてきた。たとえば、Blum & Levenston (1978) はヘブライ語母語話者の調査をふまえ、とくに初級者はレジスターやコロケーション制約を無視しがちであることを指摘している。一方、Howarth (1998) は母語話者・非母語話者の英作文を比較し、V+N 型連語は共通性が高いとしている。また、Nesselhauf (2003) はドイツ人学習者の連語使用について V+N の V の選択誤りが多いことを明らかにし、望月 (2007) は日本人学習者による make の使用に注目し、基本義（作る）の make や特定の決まり文句 (make the most of) に含まれる make が多用される一方、軽動詞や使役動詞の make、また、一般的な動詞＋副詞連語内の make（make up 等）は過小使用されていると述べている。こうした学習者の連語使用傾向には彼らの使用する教材が影響している可能性があろう。Koya (2003) は日本の高校の英語教科書を分析し、V+N 型コロケーションが十分に紹介されていないこと、教科書によってまちまちで統一感がないこと、反復出現がないので覚えにくいこと、一般コーパスと教科書の高頻度連語がしばしば一致しないことなどを

指摘している。

3. リサーチデザイン

3.1 目的とリサーチクエスチョン

　先行研究において、L2 学習者を取り巻くターゲット（目標言語）・インプット（学習言語）・アウトプット（産出言語）における連語の使用状況を連動的に分析した例が少ないことをふまえ、本研究は、新たにこれらを観察できるコーパスセットを開発し、3 つの資料を一体的に観察する TIO 分析を通して、日本の英語教育における連語の位置付けに関して、課題と解決を探ろうとするものである。この目的に沿い、3 つの具体的なリサーチクエスチョン (RQ) を設定した。

RQ1　連語使用についてインプットおよびアウトプットはターゲットとどの程度相関しているか？

RQ2　インプットおよびアウトプットでは、ターゲットと比較してどの程度の過剰・過小使用が見られるか。また、過剰・過小使用される連語にはどのようなものがあるか？

RQ3　ターゲット・インプット・アウトプットを特徴付ける重要連語にはどのようなものがあるか？

　インプットおよびアウトプットと、ターゲットの相関性を調べることは、日本の英語教育で使用されている教材や試験問題の言語的妥当性や、学習者の言語運用の自然さを検証することになろう (RQ1)。また、頻度的に逸脱している連語を特定することは、教材・試験・指導の改善のヒントを探ることにつながると言えよう (RQ2, RQ3)。

3.2 コーパスデータ

　TIO 分析のためのデータのうち、ターゲットコーパスには、現代の英米語の書き言葉の実相を示す Crown, CLOB の 2 つのコーパスを利用する。これ

らは北京外国語大学の編纂の下、2009年のイギリス英語・アメリカ英語の書き言葉を体系的に収集した各100万語のコーパスで、標本収集法は1964年にリリースされたBrown Corpusの基準を踏襲している。現代においても、書き言葉の英語の多様性を相当程度に代表したデータセットであると言える。ファイル数は1444（Crownが700、CLOBが744）、総語数は約204万語である。

インプットコーパスとしては、中高英語科教科書サブコーパスと、大学入試センター試験英語テストサブコーパスをそれぞれ構築する。前者は、中学教科書12冊（New Crown, New Horizon, One World, Sunshineの4種×3学年分）と高校教科書63冊（英語Ⅰ、英語Ⅱ、英語OC、英語リーディング、英語ライティングを含む）を筆者が電子化したものである。現在、高校教科書が新旧の入れ替わり時期にあるため、ここでは、中高とも、2005年度~2006年度にかけて使用されていた教科書データを使用する。ファイル数は75、総語数は94万語である。後者は、1987~2014年の大学入試センター試験の英語問題（本試験、追試験、リスニング）を電子化し、筆者が、全角文字等を削除してコーパス化したものである。ファイル数は414、総語数は19万語である。大学入試センター試験の過去問題は、教科書とは性質を異にするものであるが、高校での学習内容に厳密に準拠して作問されていること、また、大学進学を目指す高校生の多くがそれらを使って入試準備を行っている実態をふまえ、ここでは、教科書とともに、日本人英語学習者のL2インプットソースの1つとみなす。

最後に、アウトプットコーパスとしては、アジア圏の大学生（大学院生を含む）の統制英作文を収集したICNALE Written Essays (Ishikawa, 2013)に所収の日本人大学生英作文データを使用する。これらは、400人の日本人大学生が、"It is important for college students to have a part-time job." および "Smoking should be completely banned at all the restaurants in the country." という共通トピックについて書いた200~300語の作文である。執筆にあたり、辞書の使用は禁止され、執筆時間としては20分~40分が与えられた。ファイル数は全体で800、総語数は18万語である。

3.3 データベースの構築

前述のコーパスから、各々で重要な位置を占める連語を抽出してデータベースを構築する。連語の抽出にあたっては、(1) どの長さの連語を対象とするか、(2) どこまでの範囲で連語を抽出するか、(3) 重要度をどう定義するか、という 3 つの問題を検討する必要がある。

(1) については、すでに述べたように、n-gram において、絶対の n を決めることは難しい。そこで、本研究では、Sinclair のかつての指摘も参考に、bigram, trigram, 4-gram を分析対象連語とする（これらを 2–4 gram と総称）。なお、具体的な連語の使用状況を正確に観察するため、2–4 gram に動詞や形容詞の活用形が含まれる場合も、基本形に戻すことは行わず、すべて表記形単位で集計する（例 : is going to と am going to は別個に処理）。

次に、(2) については、一定の重要性を持った連語に限って抽出を行うため、各コーパスにおいて当該連語が出現するレンジ数が総ファイル数の約 1% を上回っており（例：100 ファイルのデータであればレンジが 2 以上）、かつ、頻度が総語数の約 0.01% 以上（例：100 万語データであれば頻度が 100 回以上）のものに抽出範囲を限定する。下記はコーパスごとの抽出基準と、実際に抽出された連語の数である。

表1 コーパス別の抽出基準と抽出された連語数

	レンジ		頻度		抽出された連語数		
	総ファイル数	抽出基準	総語数	抽出基準	bigram	trigram	4-gram
T	1444	15+	2037283	21+	9118	2092	170
I（教科書）	75	1+	935810	10+	12545	5345	1174
I（入試）	414	5+	189970	2+	4429	1288	240
O	800	8+	179042	2+	2930	1723	731

最後に、(3) については、頻度とレンジを同時に評価する指標として、10 万語あたりの調整頻度にレンジ (%) をかけて得られる値を重要度指標として算出する。たとえば、調整頻度が 200 でレンジ比率が 50% の連語と、調整頻度が 150 でレンジ比率が 80% の連語があったとすると、前者の重要度指標は 100、後者の重要度指標は 120 となる。

表 1 で得られた連語リストを統合し、重複を削除した上で、連語を見出し

として、TIO の各コーパスにおける頻度とレンジ、また、両者をかけあわせた重要度が一覧できるデータベースを構築した。なお、作業の過程で、1語とみなすべきアクロニム類（u s, e g, i e, a m, p m, a b, d c, a a）や、試験問題等で見られる選択肢として使用されたアルファベットの混入例（a b c, a b c d, b in ... 等）を含め、計298種を手作業で除去した。これにより、データベースに収録された連語は、全体で26,823種となった。

表2 最終的に抽出されたタイプ別連語数と構成比

連語タイプ	種別数	構成比（%）
bigram	17,295	64.48
trigram	7,569	28.22
4-gram	1,959	7.30
合計	26,823	100.00

なお、データベースには、日本の英語教育に特化した連語の重要性を簡単に把握できるよう、ターゲットコーパスでの重要度に8をかけ、2種のインプットコーパスにおける重要度にそれぞれ1をかけてウェイト調整を行い、全体を合算して求めた綜合重要度指標を付与した。こうして完成したデータベースを English N-gram List for Japanese Learners of English (ENL-J) と称する。

表3 データベースに含まれる情報例

n-gram	of the	in the	to the	on the
n	2	2	2	2
綜合重要度	5768.71	4723.86	2276.60	1711.75
T重要度	637.57	489.95	231.36	178.69
I（教科書）重要度	377.11	479.91	255.93	193.35
I（試験）重要度	291.01	324.33	169.78	88.89
O重要度	62.69	295.41	17.84	4.28
T頻度	658.08	514.17	264.52	216.46
I（教科書）頻度	377.11	479.91	255.93	198.65
I（試験）頻度	449.54	479.55	286.89	201.08
O頻度	203.86	532.28	100.54	46.92
Tレンジ比率	96.88	95.29	87.47	82.55
I（教科書）レンジ比率	100.00	100.00	100.00	97.33
I（試験）レンジ比率	64.73	67.63	59.18	44.20
Oレンジ比率	30.75	55.50	17.75	9.13

注：上記は実際の表の行列を入れ換えて表示している。

各種の重要度や頻度等を基準としてデータをソーティングすれば、実際の英語では多用されているのに教育現場では十分に取り扱われていない連語や、実際にはあまり使用されていないのに教育現場で過剰に取り扱われている連語、また、教材ではきちんと扱われているのに学習者が産出できていない連語などがそれぞれ客観的データを根拠として抽出できることになる。この意味において、ENL-J は日本の英語教育における連語の実態を議論する基盤資料となりうるものである。

4. 結果と考察

4.1 RQ1 相関

データベースに所収のすべての連語を対象として実施した相関分析の結果、ターゲットコーパスに対する教科書サブコーパスの相関は $r=.73$、試験サブコーパスの相関は $r=.94$、アウトプットコーパスの相関は $r=.17$ であった（係数はすべて有意）。インプットはターゲットに対してともに高い相関を示しているが、試験に比べると教科書の相関は低かった。また、アウトプットはターゲットとほぼ無相関であった。アウトプットコーパスが2種のトピックに対する学習者作文であることから、内容の偏りによって使える連語の幅が制約され、ターゲットとの相関がより低下したという可能性はあるものの、今回の分析に限って言えば、学習者の連語使用は母語話者のそれと大きく異なっていると言える。

4.2 RQ2 過剰・過小使用

はじめに、ターゲットからの乖離（過剰・過小）の度合いを計量的に比較するため、各々の連語について、ターゲットにおける頻度との差分値を求めた。次に、データセットごとに乖離度上位の10種の連語を抽出し、それぞれの乖離度平均値を算出した。なお、差分値がマイナスになるものは絶対値で処理している。

表4 ターゲットからの乖離度（頻度差分値）

	I（教科書）		I（試験）		O（産出）		Av
	過剰	過小	過剰	過小	過剰	過小	
bigram	135.11	47.63	22.90	114.56	367.34	157.56	140.85
trigram	33.70	0.34	3.44	2.57	154.32	3.34	32.95
4-gram	9.07	0.05	0.97	0.27	87.17	0.38	16.32
Av	59.29	16.01	9.10	39.13	202.94	53.76	63.37

　ここでは平均値に関して、3つの点が注目に値する。1点目は、n-gramの語数が増加するにつれて、逸脱の度合いが圧縮されるということである (140.85 → 32.95 → 16.32)。連語使用におけるターゲットからの乖離度は連語の長さが短いほうがより顕著であることが示唆される。

　2点目は、過剰使用度について言うと、アウトプットが群を抜いて高く (202.94)、インプットのうち、教科書がそれに続き (59.29)、試験は相対的に低い (9.10) ということである。前述のように、アウトプットデータはトピックを統制した学生作文であることから、トピック文に含まれる表現や関連表現が集中的に出現し、特定連語の極端な過剰使用につながったものと思われる。また、教科書は、試験よりも、単元単位で学習負荷をコントロールする必要があるため、新出連語の使用が抑制され、結果として、使えるものを繰り返して使うこととなり、過剰使用度が高まったのではないかと考えられる。

　3点目は、過小使用度について言うと、やはりアウトプットが最も高く (53.76)、インプットのうち、試験 (39.13) がそれに次ぎ、教科書は相対的に低い (16.01) ということである。この点に関しては、教科書のほうが幅広い題材を扱いやすいため、一般的な重要連語を試験よりも取りこぼしなく紹介しているのではないかと推定される。

　4点目は、過剰使用・過小使用を比較すると、試験サブコーパスのbigramを除き、総じて、過小使用において乖離度が小さくなっているということである。頻度上の逸脱という点に限って言えば、一般的な連語の過小使用よりも、特定連語の過剰使用がより大きい問題であると言えそうである。

　次に、各データセットにおいて、bigram, trigram, 4-gramごとに乖離度上位の連語5種を取り上げ、質的に検証する。なお、機械処理のため、すべて小文字扱いとなり、アポストロフィなどの記号も省略されている。また、括

弧内の数字は n-gram の語数を示す。

表5　過剰・過小使用連語上位5種

I（教科書）・過剰
【2】do you (194.3)/ i m (192.3)/ don t (187.3)/ it s (150.1)/ it is (144.1)
【3】i don t (73.7)/ a lot of (64.5)/ i want to (32.0)/ what do you (30.0)/ i can t (26.0)
【4】i don t know (16.0)/ i d like to (13.7)/ i m going to (12.2)/ all over the world (11.3)/ do you want to (8.1)
I（教科書）・過小
【2】of the (260.5)/ and the (64.9)/ with the (35.0)/ for the (29.7)/ of a (23.5)
【3】a number of (0.6)/ in the uk (0.4)/ in terms of (0.4)/ as part of (0.3)/ a series of (0.3)
【4】as well as the (0.1)/ as part of the (0.07)/ the new york times (0.05)/ as one of the (0.05)/ in a way that (0.05)
I（試験）・過剰
【2】don t (52.7)/ i m (52.4)/ i ll (22.6)/ do you (21.8)/ didn t (15.7)
【3】i don t (9.9)/ don t you (4.0)/ i didn t (3.8)/ according to the (3.5)/ i d like (2.8)
【4】which of the following (1.9)/ i d like to (1.7)/ on the other hand (1.4)/ why don t you (1.1)/ i don t think (1.1)
I（試験）・過小
【2】of the (346.6)/ in the (165.6)/ and the (120.2)/ on the (89.8)/ for the (84.8)
【3】one of the (7.1)/ as well as (6.0)/ out of the (1.8)/ some of the (1.8)/ to be a (1.7)
【4】at the same time (0.6)/ one of the most (0.4)/ the rest of the (0.3)/ at the end of (0.3)/ as well as the (0.2)
O（産出）・過剰
【2】i think (651.8)/ it is (590.4)/ part time (580.5)/ time job (503.7)/ a part (327.6)
【3】part time job (495.5)/ a part time (310.5)/ have a part (154.3)/ i think that (132.2)/ to have a (91.3)
【4】a part time job (307.6)/ have a part time (152.3)/ to have a part (71.5)/ at all the restaurants (60.0)/ banned at all the (52.6)
O（産出）・過小
【2】of the (574.9)/ in the (194.5)/ and the (134.3)/ on the (174.4)/ for the (108.1)
【3】one of the (8.9)/ as well as (6.3)/ out of the (3.0)/ some of the (2.1)/ to be a (1.8)
【4】the end of the (0.6)/ at the same time (0.6)/ at the end of (0.6)/ one of the most (0.4)/ i don t know (0.3)

　教科書では、1人称主語を含むもの（I'm, I don't know など）、相手への問いかけの一部をなすもの (do you, what do you, do you want to)、希望・願望を表明するもの (I want to, I'd like to, do you want to)、縮約を含むもの（I'm, I don't, I can't など）、量や程度を強調するもの (a lot of, all over the world) などが過剰使用され、一方、文要素を結合する前置詞＋定冠詞連語（of the, and the など）、物事の量や比率、また、要素の添加を表すもの (a number of, as part of [the], a series of, as one of the, as well as) などが過小使用されている。

試験では、1人称主語を含むもの (I'm, I don't, I'd like to など)、相手への問いかけの一部をなすもの (do you, don't you)、希望・願望を表明するもの (I'd like)、縮約を含むもの (I'm, I'll, didn't など)、試験の指示文に頻出する表現 (according to, which of the following)、要素の論理的関係を示すもの (on the other hand) などが過剰使用され、一方、文要素を結合する前置詞＋定冠詞連語（of the, in the など）、物事の量や比率、また、要素の添加などを表すもの (one of the [most], as well as [the], out of the, some of the, the rest of the) などが過小使用されている。全体的な傾向は教科書の場合と類似している。

学習者産出では、学習者が与えられたトピック英文をそのまま流用することが多いため、過剰使用連語の大半は、作文のトピック文の一部をなすものとなっている (it is, part time, at all the restaurants など)。しかし、トピック文にないものとして、意見主張を導く I think の過剰使用が特徴的である。一方、インプットデータの場合と同様、文要素を結合する前置詞＋定冠詞連語 (of the, in the など)、物事の量や比率、また、要素の添加などを表すもの (one of the [most], as well as, out of the, some of the) などが過小使用されており、この傾向は教科書・試験と類似している。このことは、インプットにおける特定連語の過小使用が学習者の産出に影響している可能性を示唆する。

4.3　RQ3　特徴連語

綜合重要度（ターゲットおよび2種のインプットに 8:1:1 のウェイトを付与）に基づく上位 300 種の連語に対して対応分析を実施し、図1の結果を得た。データはまず、第1軸によって左右に二分され、右側には産出が、左側にはターゲットとインプット（試験、教科書）が布置されている。続いて、第2軸によって上下に二分され、上部にはターゲットと試験が、下部には教科書が布置されている。このことは、重要連語の使用状況についても、ターゲットと試験が相対的に近く、教科書がそれに次ぎ、産出が大きく乖離していることを示す。

次に、それぞれのデータセットの近傍領域（X・Y軸で ± 0.3 の枠内。ただし、規準となるターゲットについては ± 0.5 の枠内）に位置する連語を抽

出した（表6）。表中の数字は左側が X 軸の、右側が Y 軸の座標を示す。

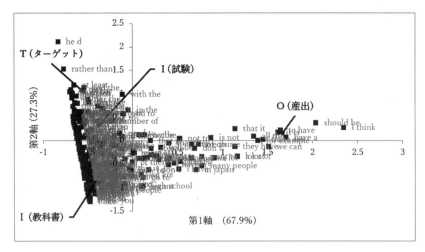

図1　対応分析に基づく散布図

表6　各データセットを特徴付ける連語

基点	近傍範囲内連語
T（ターゲット） (-0.56/1.08)	of the, to the, on the, and the, for the, to be, from the, with the, of a, that the, by the, as a, with a, as the, have been, and a, such as, through the, and that, from a, at least, as well as, and in, in which, could be, and other, and to, rather than
I（教科書） (-0.3/-0.56)	it s, i m, is the, he was, didn t, the world, this is, that s, i was, going to, if you, you can, he had, be a, that he, they were, she was, to see, at a, a few, s a, i ll, to go, a good, you re, i can, had a, that i, he said, when the, when i, the way, did not, i ve, like a, i d, to take, wanted to, a little, kind of, when he, was not, the next, had to, of them, the best, back to, is to, how to, doesn t, couldn t, after the, around the, to his, used to, to find
I（試験） (-0.37/0.34)	to the, on the, at the, in a, it was, for a, to a, one of, the same, have been, and a, the first, on a, out of, into the, more than, would be, has been, had been, over the, of his, such as, can be, in his, but the, there was, part of, as well, of this, number of, of their, need to, and it, by a, up to, from a, would have, and his, according to, into a, well as, and in, across the, that was, it would, and other, and to, in an, if the, as he, of these, which is, be the, of an, the past, the only, than the
O（産出） (1.67/0.16)	it is, have a, there are, to have, for example, we can

表6にあるように、重要連語に限っても、特定のデータセットと強く結びつくものが存在することが明らかになった。ターゲットでは完了時制 (have been)・関係代名詞節 (in which)・仮定法 (could be)・対比 (rather than) などに関わるもののほか、多彩な前置詞と冠詞が結合した bigram（of the, to the など）が特徴的に出現している。インプットでは様々な文法事項を提示する必要があり、教科書では仮定法 (if you)・副詞節 (when the/I/he)・最上級 (the best)・特殊時制 (used to) など、試験では比較 (than the)・仮定法帰結節 (would have, it would) などに書かある連語が目立つ。また、アウトプットではトピック文中の表現のほか、不定人称主語文 (we can)・存在文 (there are)・例示表現 (for example) などに関わる連語が特徴的である。

今後、教科書や試験が、また、学習者が、よりターゲットに近い自然な連語運用を行っていくためには、ターゲットを特徴づける連語群を積極的に取り入れていくことが1つの解決法となろう。この点に関して、赤野 (2012) は「一般にコロケーション情報は上級の英語学習者向けと言われているが、今後は中級以下の学習者対象の辞書や英語教材に取り入れられていくだろう」と予測している。

5. まとめ

以上、本論文では、日本の英語教育における連語指導の位置付けに関して、課題とその解決を探るという目的のもと、日本人英語学習者の学習の目標となる現代英米語を収集したターゲットコーパス、日本人学習者が触れる L2 ソースとしての教科書および大学入試を収集したインプットコーパス、また、日本人学習者の統制英作文を収集したアウトプットコーパスを構築し、それらに出現する 2–4 gram を抽出して、English N-gram List for Japanese Learners of English (ENL-J) という新しいデータベースを構築した。

また、ENL-J を分析して、3つのリサーチクエスチョンの検証を行った。その結果、RQ1（相関）については、インプットの相関は $r=.73\sim.94$ で、教科書より試験の相関が高いこと、アウトプットの相関は $r=.17$ で、きわめて低いことがわかった。

次に、RQ2（過剰・過小使用）については、bigram, trigram, 4-gram になるにつれて過剰・過小使用度が低下すること、一般に、過小使用より過剰使用の乖離度が大きいこと、また、インプットでは1人称主語表現・問いかけ表現・願望表現・縮約表現などが過剰使用され、前置詞＋定冠詞句や物事の数量・比率を含意する表現などが過小使用されること、アウトプットでは作文のトピックに関連する連語に加えて意見陳述を導く I think が過剰使用され、インプットにおける過小表現の多くが同じく過小使用されていることがわかった。

最後に、RQ3（特徴連語）に関しては、ターゲットでは多彩な前置詞と冠詞が結合した bigram が、教科書や試験では各種の文法事項と結びついた連語が、産出では不定人称主語文や存在文に関わる連語などが特徴的に出現することが示された。

本研究の分析は試行的・探索的なもので、結果の解釈には慎重な姿勢が求められるが、ここで得られた知見は、今後、日本の英語教育における連語の扱いや学習者に対する連語指導の質の向上を考える上で一つの切り口を示すものとなろう。

＊本稿は、外国語教育メディア学会関西支部基礎理論研究部会公開講演会（2017年11月11日、関西学院大学大阪梅田キャンパス）において、「教材コーパス・入試コーパス・学習者コーパスに見る日本人学習者の連語使用：インプットとアウトプットの差を探る」という題目で行った講演原稿に加筆修正したものである。

参考文献

赤野一郎(2012)「辞書とコロケーション」堀正広（編）『これからのコロケーション研究』(pp. 61–106). ひつじ書房.

Blum, S., & Levenston, E. (1978). Lexical simplification in second-language acquisition. *Studies in Second Language Acquisition, 2* (2), 43–64.

Cowie, A. P. (1998). Introduction. In A. P. Cowie (Ed.), *Phraseology* (pp. 1–20). Oxford, UK: Oxford University Press.

堀正広(2009)『英語コロケーション研究入門』研究社.

Howarth, P. (1996). *Phraseology in English academic writing: Some implications for language learning and dictionary making*. Tübingen, Germany: Max Niemeyer Verlag.

Howarth, P. (1998). The phraseology of learners' academic writing. In A. P. Cowie (Ed.), *Phraseology* (pp. 161–186). Oxford, UK: Oxford University Press.

Ishikawa, S. (2013). The ICNALE and sophisticated contrastive interlanguage analysis of Asian learners of English. In S. Ishikawa (Ed.), *Learner corpus studies in Asia and the world, 1* (pp. 91–118). Kobe, Japan: Kobe University.

Koya, T. (2003). Collocations research based on corpora collected from English textbooks for Japanese upper secondary schools. *Proceedings of the Seventh Conference of Pan-Pacific Association of Applied Linguistics, 7*, 101–111.

小屋多恵子(2012)「英語教育とコロケーション」堀正広（編）『これからのコロケーション研究』(pp. 23–60). ひつじ書房.

望月通子(2007)「日本人大学生のEFL学習者コーパスに見られるMAKEの使用」『外国語教育研究』*14*, 31–45.

Nesselhauf, N. (2003). The use of collocations by advanced learners of English and some implications for teaching. *Applied Linguistics, 24* (2), 223–242.

Sinclair, J. (1966). Beginning the study of lexis. In C. E. Bazell, J. C. Catford, M. A. K. Halliday, & R. H. Robins (Eds.) *In memory of J. R. Firth* (pp. 410–430). London, UK: Longman.

Sinclair, J. (1991). *Corpus, concordance, collocation*. Oxford, UK: Oxford University Press.

Sinclair, J. (2003). *Reading concordances: An introduction*. London, UK: Pearson Longman.

Sinclair, J., Jones, S., Daley, R. (1970). *English lexical studies. Report to OSTI on project C/LP/08*. Birmingham, UK: University of Birmingham.

Vinogradov, V. V. (1947). Ob osnovnuikh tipakh frazeologicheskikh edinits v russkom yazyke [About the basic types of phraseological units in the Russian language]. In A. A. Shakmatov (Ed.), *1864–1920, Sbornik statey i materialov* [The collection of articles and materials] (pp. 339–364). Moscow: Nauka.

コーパスを活用した学習英和辞書編集の問題点
——科学的データと学習性の両立——

井上　永幸

はじめに

　COBUILD1 (1987) 以来、辞書編集にコーパスが活用されるようになって久しい。筆者は、井上 (2010) において、辞書編集におけるコーパス活用の一般的利点として、以下のような点を挙げている。

(1) 辞書編集におけるコーパス活用の一般的利点
　　a. 先行研究にない言語事実についても分析記述が可能となる。
　　b. 少人数のインフォーマント調査では避けることのできないインフォーマント自身の個人差を吸収できる。
　　c. 母語話者の無意識の言語使用を分析の対象とすることが可能。
　　d. 母語話者にはない視点での分析を可能にしたり、日本人英語学習者ならではの疑問点に答える文法・語法記述が可能となる。
　　e. 一定の方針のもとに構築されたコーパスを使うことで、執筆者が水準を規定された共通の言語データに基づいて記述することが可能となる。
　　f. コーパスを用いることで非文かどうかは判断できないが、一般的な表現であるかどうかはある程度判断ができる。

　このような利点を鑑みると、コーパス活用は現代の辞書編集では欠くことのできない要素と言えよう。本稿では、コーパスを活用した辞書編集が抱える問題点を編集面及び内容面の観点から概観した後、コーパスの示す科学的データが学習辞典に取り込まれる際に、科学性と学習性をどのようにバラン

スを取りながら紙面に反映してゆくのかを、筆者の関わった『ウィズダム英和辞典』の頻度順語義配列を例に具体的に示す[1]。

2. 編集及び内容の観点から

辞書編集は、ターゲットユーザーに向けて特定言語の使用実態を記述するという使命を負うが、実際の編集に際してはさまざまな問題に遭遇する。少なくとも、以下のような問題点の存在を指摘することができるであろう。

(2) 編集における問題点
    a. 時間的制約
    b. スペース
    c. 分かりやすさ・使いやすさへの配慮

(2) に示すように、編集における問題点としてまず挙げられるのは、様々な理由による追い詰められた時間であるが、皮肉なことにコーパスの導入により参照すべき資料が増えたことで、時間の制約はさらに厳しいものとなっている。そういった状況の中、少しでも効率的にコーパス分析を進められるよう各種コーパスツールの開発が盛んに行われるようになった (cf. Atkins et al. 1992:13, Church et al. 1994: 154)。次に挙げられるのがスペースの問題である。Fillmore and Atkins (1994) は、辞書編集における最大の敵は、編集中の時間不足よりもスペース不足であることにふれている。紙製版については相変わらず悩みの種であるが、電子版では今後の工夫が期待できるであろう。紙製版における窮状を少しでも克服するため、書記上の各種コンヴェンションが工夫されてきた。さらに編集における問題点として挙げられるのが、わかりやすさや使いやすさへの配慮である。文字の大きさやレイアウト、文字色などに工夫を凝らしたり、行き過ぎた記号化を避けるなどの省スペースへのさじ加減、利便性向上のための参照指示の充実、一方で何でも参照指示で

---

[1] 『ウィズダム英和辞典』は三省堂コーパスに拠るが、本稿ではその記述内容をWordbanks*Online* で検証する形をとっている。

済ませるのではなく検索効率向上のために一定の重複を許容するなど、一見矛盾する編集方針も掲げなければならない。

(3) 内容における問題点
    a. ターゲットユーザーはだれか：学習辞典と規範性・記述性
    b. コーパス言語学
    c. 理論言語学と辞書編集
    d. 日常生活への密着度

(3) に示すように、内容における問題点としてまず挙げられるのは、ターゲットユーザーをどこに設定するかである。初級者に現実の英語の細かな変異形を示しても混乱するだけであろうし、一方、上級者や専門家はより高度な情報を求めるであろう。このように、ユーザーが誰であるかによって求める内容が異なるし、与えられるべき情報も異なるのである。こういった部分は、特に学習辞典では規範性と記述性のバランスを取りながら編集方針を決める必要がある（cf. 井上、2016: 26–27）。

次に内容における問題点として挙げられるのは、昨今のコーパス言語学との関わりである。すでに (1) と (2a) でもふれたが、コーパス活用は辞書編集において大きな力を発揮する。とりわけ、統計値の有用性は時間的制約の多い辞書編集においてまさに救世主と言えるであろう。(4) に示すように、Church and Mercer (1993) は、Church et al. (1991) を引用しながら、各種統計値には長所短所があるのでそれらを把握し適材適所で活用することが重要であることを指摘している。

(4) Church and Mercer (1993: 20)〔下線は筆者；以下同様〕
Summary statistics such as mutual information and *t*-scores may have an important role to play in helping lexicographers to discover significant patterns of collocations, though the position remains somewhat controversial. Some lexicographers prefer mutual information, some prefer *t*-scores, and some are unconvinced that either of them is

any good. Church et al. (1991) argued that <u>different statistics have different strengths and weaknesses, and that it requires human judgment and exploration to decide which statistic is best for a particular problem</u>. . . .

　一方、Summers (1996) は、過度なコーパス基盤的態度は奇異な結果を招きかねないとして自重を求めている。「コーパスに基づくことはあっても、コーパスに縛られてはならない」というのは、コーパス基盤の LDOCE3 (1995), LDOCE4 (2003), LAAD1 (2000), LAAD2 (2007) などの編者をその後務めることとなる Summers ならでは金言として心に留めておくべきであろう。

　　(5)　Summers (1996: 266)
　　　　Frequency is a powerful tool in the lexicographer's arsenal of resources, allowing her to make informed linguistic decisions about how to frame the entry and analyse the lexical patterns associated with words in a more objective and consistent way. However, in dictionary-making editorial judgment is of paramount importance, because blindly following the corpus, no matter how carefully it may be constructed to represent the target language type accurately, can lead to oddities. We expect our motto: 'Corpus-based, but not corpus-bound' to hold good for many years to come.

　さらに、内容における問題点として挙げられるのが、理論言語学と辞書編集との関係である。南出 (2016) は、『ジーニアス英和辞典』(第 2 版) で導入された状態動詞性を表す⑤表記と動作動詞性を表す⑩表記を第 3 版で中止せざるを得なかった理由について、(6) のように述べている。

　　(6)　南出 (2016: 63)
　　　　言語学の成果を辞書に取り入れなければ辞書の進歩はないが、辞

書編集と言語学の基本的な相違を頭に入れておかないと失敗に終わることが多い。文法の世界では、理論の構築にマッチする例を論じ、不都合な例は無意識的あるいは意識的に取り上げられないことが多い。……

しかしこれば辞書の世界には当てはまらない。辞書の世界では、すべての収録語彙とは言わないまでも、たとえば、Bランク（高校基本語）までの語に限定しても相当な数（4,600語）になる。これに語義を加えれば15,000以上になる。これにまんべんなく S D を割り振ってゆくと理論文法では問題にならなかった「馬から落ちて落馬する」式の不具合に次々と遭遇することが判明してきて、残念ながらこの世界初の試みは第3版で中止せざるをえなくなった。……

　辞書編集に携わっていると理論言語学の無力さを痛感させられる場面は少なくないが、理論言語学と辞書編集の相性の悪さは、南出 (2016) に限らず、多くの辞書学概論書でふれられている (cf. Béjoint 1994: 173)。いや、もっと正確に言えば、意味理論に対する理解は示されているが (cf. Atkins and Rundell 2008: 130, Fontenelle 2008: 3)、生成文法理論とはお互い歩み寄る態度はあまり見られない (cf. Landau 2001: 283, Atkins and Rundell 2008: 49)。

　自らが格文法及びフレーム意味論の提唱者でもある Fillmore は、(7) に挙げる 2008 年の論文において、いわゆる armchair linguist とコーパス言語学者の関係をユーモラスに語っている。また、(8) に示すように、Landau (2001) は、生成文法学者とコーパス言語学者との長年の確執についてふれている。少し長くなるが、引用しておく。

　　(7) Fillmore (2008: 105)
　　　Armchair linguistics does not have a good name in some linguistics circles. . . .
　　　　Corpus linguistics does not have a good name in some linguistics circles. . . .
　　　　These two don't speak to each other very often, but when they do,

the corpus linguist says to the armchair linguist, "Why should I think that what you tell me is true?", and the armchair linguist says to the corpus linguist, "Why should I think that what you tell me is interesting?"

This paper is a report of an armchair linguist who refuses to give up his old ways but who finds profit in being a consumer of some of the resources that corpus linguists have created.

(8) Landau (2001: 276)

Chomskyans were hostile to any quantitative approach to language study and sometimes ridiculed it because it could not account for the infinite variety of potential uses of language. Only the native speaker, they said, could do that. Graeme Kennedy remarks that Chomsky's influence suppressed statistical approaches to language study, and as a result corpus-based study of vocabulary "declined in influence from the 1950s until its revival . . . [in] the 1980s." Another scholar, discussing this period from the vantage point of the 1990s, writes, "Chomsky argues that linguistics is a branch of cognitive psychology . . . , that it can be based on intuitive data and isolated sentences, that corpus data is unrevealing, [and] that the study of language in use is essen-tially uninteresting." He adds, "The Chomskyan position has not significantly changed in over 25 years." Geoffrey Leech, one of the pioneers in corpus research, talks of a discontinuity in the study of linguistics that "can be located fairly precisely in the later 1950s. Chomsky had, effectively, put to flight the corpus linguistics of an earlier generation. His view on the inadequacy of corpora, and the adequacy of intuition, became the orthodoxy of a succeeding generation of theoretical linguists." . . .

理論言語学と辞書学で目的が違うとは言うものの、南出 (2016) がいみじくも

指摘しているように、少し検証範囲を広げれば破綻してしまうような安易な一般化を軽々に辞書の中に取り込むことはなかなか難しいのが現状であろう。

最後に、内容における問題点として挙げられるのが、日常生活への密着度であるが、これはコーパスが辞書編集に活用されるようになる以前からの問題点でもある。すでに井上 (1998) 及び井上 (2005) でもふれたように、母語話者にとって日常的で当たり前の事象は辞書の中で省略される傾向にある。I must say. や Forget it. といった定型句 (phraseology) については、コーパスの活用によりある程度の改善が見られるようになってきたが（井上、2005: 224–225）、意味的連想度[2]が低くかつ汎用的な多義語を含むコロケーションは、たとえ頻度が高くても辞書では省略されやすい（井上、1998: 74–76）。たとえば、多くの学習辞典で、meeting の項目の用例でコロケーションとして現れるのは attend a meeting や call [convene] a meeting が一般的で、go to a meeting が注目されることは少ない[3]。go to は種々の目的語を従え、attend や call よりはるかに応用範囲が広く学習者にとって有用であるはずなのにである。

また、毎日の日常生活で行われる当たり前の動作についても同様のことが言える。その動作が行われるたびにその動作を口にしたり書き留めるわけではないので、コーパスには反映されにくいといった事情があるからであろう[4]。たとえば、door は、LDOCE6 では ●●● S1 W1 表示[5]の項目で open the

---

[2] 意味的連想度は、MI-score で計ることができる。下の表は、WordbanksOnline で、meeting の左側 3 語の範囲内に現れる語の MI-score 順リストである。必ずしも頻度が高

単語	頻度	MI-score
convene	338	8.950
attend	2,657	7.995
call	1,135	3.640
go	671	1.427

くなくても、後ろに meeting という単語が来ることが容易に連想できる語ほど MI-score が高くなり、種々の単語と用いられやすい汎用度の高い語ほど MI-score が低くなっていることが実感できる。MI-score について詳しくは、Church et al. (1991), Clear (1993), Biber et al. (1998), Hunston (2002), 井上 (2005) を参照。

[3] funeral についても同様で、attend the funeral は多くの辞書にみられるが、go to the funeral については注目されないことが多い。

[4] こういった日常生活語彙はコーパスから適切な用例が得られないことも多い。たとえば、ice pick や icepick は「氷割り用錐（きり）」の意で用いるが、コーパスで得られるのは、stab A (in the B) with an ice pick〔A は〈人〉、B は〈体の部位〉を表す〕、stick an ice pick in one's brain, kill A with an ice pick〔A は〈人〉〕といった類のある意味特異な用例が主で、break (up) [smash, crush, chip (away (at))] the ice with an ice pick といった本来的な用法の例を探すのは案外困難であったりする。コーパスにはフィクションや事件のニュースなどが収集されており、通常の日常生活とはかけ離れた内容が集まって

door のコロケーションが示されているが、refrigerator については●●● S3 、fridge については●●● S2 であるにもかかわらず、open the refrigerator [fridge] はおろか、用例は一つも示されていない。同様に●●● S3 表示のある ladder や●●● S2 表示のある toilet の項目には climb up the ladder や go to the toilet といった用例があるのにもかかわらずである。これは、go to a meeting や open the refrigerator [fridge] のように、「go to の後には場所であればほとんど何でも続けることができる」とか、「door の機能性を持つ名詞であればほとんど何でも open の後に続くことができる」といったことは容易に予想できるであろうといった母語話者の予測を反映しているのかもしれない。ちなみに、LDOCE6 の go の項目で、具体的場所を示す "to travel or move to a place that is away from where you are or where you live" という説明が語義 1a として与えられているが、より抽象的な出来事などにふれる "to be at a concert, party, meeting etc" という説明は語義 3a に現れる。また、LDOCE6 の open の項目で "to move a door, window etc so that people, things, air etc can pass through, or to be moved in this way" という説明が語義 1 として与えられているが、refrigerator [fridge] に対応する "to unfasten or remove the lid, top, or cover of a container, package etc" といった説明はあくまで語義 2 として現れる。つまり、go to a meeting や open the refrigerator [fridge] は go to や open の用法においては若干周辺的用法で、必ずしも英語学習者が自発的に予測可能であるとは限らない。なお、LDOCE6 で●●● S1 W1 指定され、refrigerator と同じ形状をした box については、用例は与えられているものの、open the box のコロケーションは示されていない。いずれにしても、日常英語では汎用的な語彙が用いられることが多く、それらを使って日常のありふれた動作や状況を表現できるような工夫が学習辞典においては必要であろう。

しまうということも少なくないからであろう。ちなみに、出現頻度も関係してか、LDOCE6 には用例が載っていない。
[5] ●●●は高頻度で頻度上位 3,000 に含まれること、 S1 は話し言葉の上位 1,000 に、 W1 は書き言葉の頻度上位 1,000 語に含まれることを表す。また、 S3 は話し言葉の頻度上位 2,001 から 3,000 語に、 S2 は話し言葉の頻度上位 1,001 から 2,000 語に含まれることを表す。

3. 辞書編集における科学的データと学習性の両立

　コーパスに基づく辞書というとすぐに思い浮かぶのは頻度順語義配列であるが、問題点も多い。頻度順に語義を配列すれば、検索時間の短縮につながるし、優先的語彙学習の指標を示すことにもなる。ただ、一方で、意味拡張の流れを示すことができなくなるため、多義語においては語義の全体像がつかみにくくなる恐れはある。COBUILD1 は初めて本格的にコーパスに基づいて編集された英語辞書として有名だが、語義配列が徹底的な頻度順に依っていたことでも知られる。make の項の語義の主な流れを見てゆくと、第1義は He made the shortest speech I've ever heard. といった軽動詞用法で始まり、第8義で使役用法、第12義でやっと基本義の「つくる」の用法が現れる。この表示法ではさすがに使いにくいということに気づいたのか、COBUILD2 からは、**make 1** carrying out an action, **make 2** causing or changing, **make 3** creating or producing, **make 4** link verb uses, … といったふうに、用法のまとまりごとに語義がサインポストでグループ化された。また、COBUILD3 からは、これらのサインポストがインデックスとして冒頭に掲げられるという改良がなされた[6]。

　『ウィズダム英和辞典』では初版より原則として頻度順語義配列を採用しているが、初級者が意味拡張の様子を理解しやすいように、多義項目では適宜サインポストを配するとともに、意味拡張の様子をできるだけたどること

---

[6] COBUILD の sleep の項目は、初版から版を重ねるうちに微妙な語義配列の変化はあるが、第1義は引き続き I haven't been getting enough sleep recently.（用例は初版より）のような名詞用法である。Wordbanks*Online* で、sleep をレマ検索して頻度タグ別に表にしたのが以下の (i) である。確かに名詞タグのひとつである NN は1位ではあるが、(ii) に示すように活用変化を考慮して品詞別に小計を出すと動詞が第1位となる。COBUILD の頻度順語義配列にはこのような事例も含まれることがあるので注意が必要である。
(i) sleep〔活用形を含む ;tag 別頻度順リスト；Wordbanks*Online*〕

順位	タグ	頻度	順位	タグ	頻度
1	NN	16,979	6	VVZ	1,481
2	VV	14,845	7	NP	1,092
3	VVG	8,276	8	VVN	198
4	VVD	7,790	9	NNS	24
5	VVP	2,362	10	JJ	9

ができるよう語源欄に語源・原義を記述して、頻度順語義配列でも意味の拡張をある程度追える工夫をしている。また、時には頻度順語義配列に固執するのではなく意味拡張の流れへの理解を優先させて配列順を変更している。(9) 及び (10) の例を見られたい。

(9) 『ウィズダム3』、s.v. ANTENNA

> **an·ten·na**＊ /ænténə/ (❷強勢は第2音節) [原義は2]
> ── 图 (⓵ 1 で〜s, -nae /-ni:/; 2, 3 で -nae) Ⓒ
> **1** (主に米) アンテナ ((主に英) aerial). **2** (通例 -nae)
> [動] 触角 (feeler). **3** (通例 -nae) (かすかな徴候を察知・理解する) 本能的能力. (比喩的に) アンテナ.

(10) 『ウィズダム3』、s.v. MAKE

> **make** /meɪk/ [語源は「粘土を練って(家などを)作る」]
> ((名) maker, making)
>
> ── ⓸ 【作る】**1 a** 〈人が〉《材料で》〈物〉を作る, 制作 [製作] する «with, in» (❷特に with は材料の一部であることを, in は材質を特徴的に述べるのに用いる); 〈作品など〉を創造 [創作]
>
> 【…する】**7 a** [make an A] Aをする, 行う (⑴ Aは主に動詞派生の 图 で強勢を受ける. ⑵ Aは 图 によっては各種の 形 や定冠詞を伴ったり複数形で用いられることもある. ⑶ Aを
>
> 【…させる】**9** [make A do] 〈人などが〉 A 〈人など〉 に (いやがっても強制的に) …させる; 〈物・事などが〉 A に (無意識に) …させる (❷ コーパス do は feel, laugh, look, think, want など

加えて、用例に関しては、従来は単純な形のものから複雑な形のものへという順序で配列されるのが普通であったが、『ウィズダム英和辞典』では、初版より、できるだけ頻度の高いものを先に挙げるように配慮してある。(11) の

(ii) sleep〔活用形を含む;品詞別リスト:Wordbanks*Online*〕

タグ	頻度	小計	タグ	頻度	小計
NN	16,979		VV	14,845	
NP	1,092		VVG	8,276	
NNS	24	18,095	VVD	7,790	
JJ	9	9	VVP	2,362	
			VVZ	1,481	
			VVN	198	34,952

need の例では、目的語の位置に生起する名詞として help、support や money の頻度が高いことを反映している。

(11) 『ウィズダム 3』、s.v. NEED

need /niːd/ (■knead と同音) [語源は「強制(力)」: →begin 語源]((形)) needless)
── 動 (~s /-dz/ ; ~ed /-ɪd/ ; ~ing) (■通例進行形にしない: ↓動 1 語法)
── 他 1〈人が〉«…するために/…のために»〈人・物・事〉を必要とする, …が欠かせない «*to do/for*»;〈仕事などが〉〈能力・性格など〉を求める ▶I *need* your *help* [support] *to* finish it. それを終えるのにあなたの手助け[支え]が必要です/What do you *need* *money* *for*? 何のためにお金が必要なのですか/

4. おわりに

　学習辞典においては、学問的な研究成果やコーパスから得られる科学的データをそのままの形で提示するのではなく、学習者のスムーズな理解と効率的な学習はもちろんのこと、記述分量と学習効果のバランスなどさまざまな点について熟慮されたうえで紙面が構成されている。コーパスがある程度整備された後は、ユーザーが日常生活で出会う多様な場面に対応できるよう、コーパスで拾いきれない語彙や表現をいかにフィールドワークで取り込んでゆくかが辞書編集者の腕の見せ所となるであろう。

＊ 本稿は、英語コーパス学会第 43 回大会〔2017 年 9 月 30 日（土）；関西学院大学（西宮上ヶ原キャンパス）〕において、西垣浩二氏（株式会社三省堂）とともに共同発表したものの一部に加筆したものである。

参考文献

Atkins, S., J. Clear and N. Ostler (1992) Corpus Design Criteria. *Literary and Linguistic Computing*, 7 (1), 1–16.
Atkins, B. T. S. and A. Zampolli (eds.) (1994) *Computational Approaches to the Lexicon*. Oxford: OUP.
Atkins, B. T. S. and M. Rundell (2008) *The Oxford Guide to Practical Lexicography*.

Oxford: OUP.

Béjoint, H. (1994) *Tradition and Innovation in Modern English Dictionaries*. Oxford Studies in Lexicography and Lexicology. Oxford: Clarendon Press.

Biber, D., S. Conrad and R. Reppen (1998) *Corpus Linguistics: Investigating Language Structure and Use*. Cambridge: CUP.

Church, K. W., W. Gale, P. Hanks, D. Hindle, Bell Laboratories and Oxford University Press (1991) Using Statistics in Lexical Analysis. In U. Zernik (ed.) *Lexical Acquisition: Exploiting On-Line Resources to Build a Lexicon* (pp. 115–164). Hillsdale, New Jersey: Lawrence Erlbaum Associates, Inc.

Church, K. W., W. Gale, P. Hanks, D. Hindle, and R. Moon (1994) Lexical Substitutability. In Atkins, B.T.S. and A. Zampolli (pp. 153–177).

Church, K. W. and R. L. Mercer (1993) Introduction to the Special Issue on *Computational Linguistics Using Large Corpora. Computational Linguistics*, 19 (1), 1–24.

Clear, J. (1993) From Firth Principles: Computational Tools for the Study of Collocation. In Baker, M., G. Francis and E. Tognini-Bonelli (eds.) *Text and Technology: In Honour of John Sinclair* (pp. 271–292). Philadelphia/Amsterdam: John Benjamins.

Fillmore, C. J. (2008) 'Corpus Linguistics' or 'Computer-aided Armchair Linguistics'. In Fontenelle (pp. 105–122).

Fillmore, C. J. and B. T. S. Atkins (1994) Starting where the Dictionaries Stop: The Challenge of Corpus Lexicography. In Atkins and Zampolli (pp. 349–93).

Fontenelle, T. (ed.) (2008) *Practical Lexicography: A Reader*. Oxford: OUP.

Fontenelle, T. (2008) Introduction. In Fontenelle (pp. 1–15).

Hunston, S. (2002) *Corpora in Applied Linguistics*. Cambridge: CUP.

井上永幸 (1998)「学習英和辞典における語法情報とコロケーション情報――コーパスで何ができるか――」『英語教育と英語研究』15, 71–86.

井上永幸 (2003)「コーパスと英語辞書」『英語コーパス研究』10, 223–246.

井上永幸 (2005)「コーパスに基づく辞書編集」齊藤俊雄・中村純作・赤野一郎（編）『英語コーパス言語学――基礎と実践――【改訂新版】』(pp. 207–228) 研究社出版.

井上永幸 (2010)「辞書編集におけるコーパス活用」『英語語法文法研究』17, 5–22.

井上永幸 (2016)「『ウィズダム英和』」南出・赤須・井上・投野・山田（編）(pp. 21–40).

井上永幸 (2016b)「語法研究の要――副詞――コーパスを活用した辞書編集の立場から――」『英語語法文法研究』23, 20–35.

井上永幸・西垣浩二 (2017)「コーパスの示す科学的データと学習性・商品性との両立――『ウィズダム英和辞典』の編集にあたって――」英語コーパス学会第43回大会〔2017年9月30日；関西学院大学（西宮上ヶ原キャンパス）〕口頭発表.

Landau, S. I. (2001) *Dictionaries: The Art and Craft of Lexicography*. Second Edition.

Cambridge: CUP.
南出康世・赤須薫・井上永幸・投野由紀夫・山田茂（編）(2016)『英語辞書をつくる――編集・調査・研究の立場から――』大修館書店.
南出康世(2016)「辞書編集の苦労話――『ジーニアス英和辞典』を中心に――」南出・赤須・井上・投野・山田（編）(pp. 59–79).
Summers, D. (1996) Computer Lexicography: the Importance of Representativeness in Relation to Frequency. In J. Thomas and M. Short (eds.) *Using Corpora for Language Research* (pp. 260–66). Harlow: Longman.

辞書

Delacroix, L. (ed.) (2014) *Longman Dictionary of Contemporary English*. Sixth Edition. Harlow: Pearson Education Limited. [LDOCE6]
井上永幸・赤野一郎（編）(2003)『ウィズダム英和辞典』三省堂.
井上永幸・赤野一郎（編）(2007)『ウィズダム英和辞典』第2版. 三省堂.
井上永幸・赤野一郎（編）(2012)『ウィズダム英和辞典』第3版. 三省堂.［ウィズダム3］
Sinclair, J. (ed.) (1987) *Collins COBUILD English Language Dictionary*. London: Collins ELT. [COBUILD1]
Sinclair, J. (ed.) (1995) *Collins COBUILD English Dictionary*. Second Edition. London: HarperCollins Publishers. [COBUILD2]
Sinclair, J. (founding editor-in-chief) (2001) *Collins COBUILD English Dictionary for Advanced Learners*. Third Edition. Glasgow: HarperCollins Publishers. [COBUILD3]
Sinclair, J. (founding editor-in-chief) (2014) *Collins COBUILD Advanced Learner's Dictionary*. Eighth Edition. Glasgow: HarperCollins Publishers. [COBUILD8]
Summers, D. (ed.) (1995) *Longman Dictionary of Contemporary English*. Third Edition. Harlow: Pearson Education Limited. [LDOCE3]
Summers, D. (ed.) (2000) *Longman Advanced American Dictionary*. Harlow: Pearson Education Limited. [LAAD1]
Summers, D. (ed.) (2003) *Longman Dictionary of Contemporary English*. Fourth Edition. Harlow: Pearson Education Limited. [LDOCE4]
Summers, D. (ed.) (2007) *Longman Advanced American Dictionary*. Second Edition. Harlow: Pearson Education Limited. [LAAD2]

'-ly副詞+speaking'の語用論[1]

内田　聖二

1. はじめに

　現在でも革新的で網羅的な副詞の記述研究として輝きを失っていないGreenbaum (1969) に、態度離接詞 (attitudinal disjunct) の言い換え表現として '-ly副詞+speaking' の形式への言及がある。そこでは次のものが副詞単独と同じ意味をもつものとしてあげられている。(Greenbaum 1969: 166)

(1) basically speaking, essentially speaking, officially speaking, technically speaking, superficially speaking

　また、原沢 (1975) はこの形式の -ly 副詞は「3, 40年前には generally, roughly, broadly, frankly, properly, strictly などに限られいずれも一種の慣用句を成していた」が、いつの間にか、元の様態を表す副詞に付け加えられたものと、拡大された用法の副詞が新しくみられるとして以下の副詞をあげている。

(2) A. 様態を表す「本来的」副詞：bluntly, comparatively, concretely, directly, inherently*[2], objectively, practically, realistically*, relatively, spectacularly*
B. 実体的見地を示す拡大用法：actuarially, administratively, constitutionally, culturally, dramatically*, emotionally*, educationally,

---

[1] 本稿の執筆にあたり、英文の容認可能性については奈良大学教授山根キャサリン、コーパスの検索については九州大学准教授内田諭、両氏の協力を得ている。なお、本稿はJSPS(15K02620)の成果の一部である。
[2] *印は原沢 (1975) でこの群に属すべきか問題ありとする語をいう。B群も同様。

erotically, fiscally, geographically, geologically, historically, humanly, imaginatively*, intellectually*, internationally*, legally, linguistically, logically, materially, metabolically, metaphorically*, morally, methodologically, militarily, paradoxically*, personally*, physically, politically, psychologically, romantically*, socially, scientifically, substantially, symbolically, technically, theoretically

現在ではコーパス検索という便利な手段があるが、1975年の段階でのこのような記述研究は貴重である。

実際、文頭の出現に限るが[3]、COCAでは以下のような副詞が複数回検出された。(2018年1月15日現在。(　)の数字は出現数。)

(3) generally (356), strictly (99), broadly (67), practically (56), technically (43), roughly (39), relatively (25), historically (20), politically (18), statistically (15), frankly (11), properly (10), figuratively (9), metaphorically (9), evolutionarily (8), legally (7), musically (7), objectively (7), logically (6), scientifically (6), simply (6), comparatively (5), formally (5), humanly (5), realistically (5), theologically (5), biblically (4), culturally (4), geologically (4), honestly (4), hypothetically (4), physically (4), psychologically (4), botanically (3), ecologically (3), economically (3), environmentally (3), loosely (3), mathematically (3), medically (3), personally (3), plainly (3), rhetorically (3), strategically (3), subjectively (3), theoretically (3), biologically (2), chemically (2), clinically (2), commercially (2), conceptually (2), diplomatically (2), ethically (2), genetically (2), ideally (2), ideologically (2), linguistically (2), nutritionally (2), philosophically (2), professionally (2),

---

[3] 文頭とコロンのあとに限った。それぞれの総出現数は914例と92例であった。なお、セミコロンの場合は generally speaking が5例、他が一例ずつ8例あったが、複数回が generally speaking のみであったので、以下の数値からは除外してある。

proportionately (2), prophetically (2), methodologically (2), sociologically (2), symbolically (2), technologically (2)

さらに、Ifantidou(2001) は、speaking が現れない -ly 副詞単独の用法ではあるが、文修飾の副詞を次の４つに分け、主に命題の真偽値に関連して、関連性理論の立場から論じている。

(4) a. Illocutionary adverbs: frankly, confidentially, honestly, seriously
  b. Attitudinal adverbs: unfortunately, happily, sadly, luckily
  c. Evidential adverbs: evidently, obviously, clearly
  d. Hearsay adverbs: allegedly, reportedly

興味深いことに、これらの副詞に speaking を付加した形式が可能なのは、発話内副詞 (illocutionary adverb) の４語だけで、他の副詞は speaking とは連語しない。

Greenbaum は文体離接詞 (style disjunct) 以外のものを態度離接詞としており (Greenbaum 1969: 94)、そのカバーする範囲は広く、たとえば、Ifantidou (2001) が証拠副詞 (evidential adverb) としている obviously や伝聞副詞 (hearsay adverb) としている allegedly や reportedly もそこに含めている。また、Ifantidou (2001) が発話内副詞としている frankly, confidentially, honestly, seriously を Greenbaum は文体離接詞に含めている。(Greenbaum 1969: 81–88) もちろん、異なるアプローチからの研究に同じ用語が用いられているからといって同一視できないが、この交差している現状を '-ly 副詞 + speaking' に言い換え可能性という観点からみてみるのも興味深い。

コロケーション、出現頻度も重要な情報であるが、本稿はこのような '-ly 副詞 + speaking' という形式で関連づけられる言語表現を中心に、日本語との関連についても触れながら、そこに潜む語用論的な背景に迫ろうとするものである。

2. '-ly 副詞 +speaking' の諸相

　一般に、文頭に生起する '-ly 副詞 + speaking' という形式は日本語では「…に言えば」という言い方に相当する。よく目にする表現としては次のようなものがある。

> (5) a. *Generally speaking*, French wine is superior to Australian wine.[4]
>   　b. *Technically speaking*, French wine is superior to Australian wine.
> (6) a. *Frankly speaking*, French wine is superior to Australian wine.
>   　b. *Honestly speaking*, French wine is superior to Australian wine.

これらの文では speaking を省略することができる。[5]

> (7) a. *Generally*, French wine is superior to Australian wine.
>   　b. *Technically*, French wine is superior to Australian wine.
> (8) a. *Frankly*, French wine is superior to Australian wine.
>   　b. *Honestly*, French wine is superior to Australian wine.

また、(6) の文はそれぞれの形容詞を用いた次のような不定詞構文でもほぼ同じ意味を伝えることができる。

> (9) a. *To be frank*, French wine is superior to Australian wine.
>   　b. *To be honest*, French wine is superior to Australian wine.

ところが、(5) の文ではそのような構文では容認されない。

---

[4] 本稿におけるイタリック体は、(43) を除き、すべて筆者によるものである。
[5] なお、COCA で 'honestly speaking' が文頭で用いられているのは、わずか一例で、大多数は honestly 単独で、強意語としての用法が多い。

(10) a. *To be general, French wine is superior to Australian wine.⁶
     b. *To be technique, French wine is superior to Australian wine.

一方、上の不定詞構文で「…に言えば」という意味に相当する英語表現には、たとえば、形容詞、consistent や precise を用いた次のようなものもある。

(11) a. To be consistent, French wine is superior to Australian wine.
     b. To be precise, French wine is superior to Australian wine.

しかしながら、副詞 consistently や precisely は '-ly 副詞 + speaking' の構文や speaking を省略した構文とは必ずしも整合しない。

(12) a. ?Consistently speaking, French wine is superior to Australian wine.
     b. ?Precisely speaking, French wine is superior to Australian wine.
(13) a. ?Consistently, French wine is superior to Australian wine.
     b. ?Precisely, French wine is superior to Australian wine.

また、次の文も speaking の省略は通例できない。

(14) a. Properly speaking, French wine is superior to Australian wine.
     b. Rationally speaking, French wine is superior to Australian wine.
(15) a. *Properly, French wine is superior to Australian wine.
     b. *Rationally, French wine is superior to Australian wine.

これは '-ly 副詞 + speaking' と -ly 副詞単独では必ずしも同義とはならないことを示唆している。⁷ また、これらの副詞、properly と rationally の形容詞形は不定詞構文をとらない。

---

[6] 本稿では、構文上 anomalous な文には * を、意味的に anomalous な文には ? を付している。
[7] ちなみに、Greenbaum (1969: 166) には、'-ly 副詞 + speaking' に言い換えられない -ly 副詞として、理由は述べられていないが、nominally, ostensibly, outwardly があがっている。

(16) a. *To be proper*, French wine is superior to Australian wine.
　　b. *To be rational*, French wine is superior to Australian wine.

以上の振る舞いの違いから、'-ly 副詞 + speaking' にかかわる表現を4つに分けて考えてみる。

(a) generally, technically → (5), (7), (10)
(b) frankly, honestly → (6), (8), (9)
(c) consistently, precisely → (11), (12), (13)
(d) properly, rationally → (14), (15), (16)

これを構文的な観点からまとめると、次のようになる。

	-ly speaking	-ly	To be Adj.
A: generally, technically	OK	OK	*
B: frankly, honestly	OK	OK	OK
C: consistently, precisely	*	?[8]	OK
D: properly, rationally	OK	?	*

表 1

このことを基準に (3) を以下のように再整理してみる。A-2 類は学問的な専門分野を意図しているが、informal に用いられることも多いので、A-1 と A-2 類の境界線は厳密ではない。[9] なお、C 類の副詞は (3) には属していない。

(17)
　A 類
　A-1:
　　basically, biblically, clinically, commercially, comparatively,

---
[8] このコラムの？は、-ly 副詞単独でも生起することがあるが、その場合は、主節の動詞句修飾で '-ly 副詞 +speaking' と同じ意味ではないことを表す。
[9] 分類、網羅することが目的ではないのでひとつの目安として提示していること、峻別できないものもあるので (3) のすべてをあげてはいないこと、をお断りしておく。

conceptually, culturally, environmentally, figuratively, formally, generally, historically, humanly, hypothetically, ideologically, logically, metaphorically, musically, objectively, physically, practically, professionally, proportionally, relatively, rhetorically, scientifically, strategically, subjectively, symbolically, technically, etc.

A-2:

biologically, botanically, chemically, ethically, evolutionally, genetically, geographically, geologically, hypothetically, linguistically, logistically, mathematically, medically, nutritionally, philosophically, psychologically, sociologically, statistically, technologically, theologically, etc.

B類

frankly, honestly, seriously, etc.[10]

C類

consistently, discreetly, politely, precisely, etc.

D類

ideally, properly, simply, etc.[11]

3. 意味上の整合性

まず、考えておかなければならない基本的なことは、speak の語義である。たとえば、'-ly 副詞 + speaking' のコロケーションでは speak は「意見を述べる (express)、説明する (explain)」ことを表すと考えられるので[12]、あとに続く節では話し手の「意見表明」でなくてはならない。よって、構文が OK であっても、意味上目の前で起こっていることを描写する場合などとは整合性がない。

---

[10] '-ly 副詞 + speaking' の出現回数が 1 回のみの副詞から補充すると、次のようなものがある：candidly, correctly, exactly, effectively, gently, truthfully, etc.
[11] '-ly 副詞 + speaking' の出現回数が 1 回のみの副詞から補充すると、次のようなものがある：ambiguously, inappropriately, mystically, purely, rationally, rightly, etc.
[12] たとえば、LDCE[4] には 'to say something that expresses your ideas or opinions' とある。

(18) a. ? *Generally (speaking)*, it's raining hard now.
　　 b. ? *Frankly (speaking)*, it's raining hard now.
　　 c. ?*Properly (speaking)*, it's raining hard now.

また、当然のことながら、当該の副詞と続く主節の間には意味的な整合性がなくてはならない。たとえば、generally や frankly は複数の答えのない真理、事実などとは結びつきにくい。

(19) a. ? *Generally (speaking)*, Jupiter has sixteen moons.
　　 b. ? *Frankly (speaking)*, Jupiter has sixteen moons.

この点では、原沢 (1975) が学問、知識にかかわるとしている副詞に顕著な差異をみることができる。

(20) a. ? *Linguistically (speaking)*, French wine is superior to Australian wine.
　　 b. ? *Legally (speaking)*, French wine is superior to Australian wine.

これは、専門分野に関する事象は厳密な内容が必要とされるからである。つまり、構文上ではＡ類とＢ類は類似した振る舞いをするが、意味的な整合性の観点からは主節の意味内容の質に関する違いがあるのである。

　また、Ｂ類とＣ類は文頭で不定詞構文をとるという点で共通しているが、続く主節の内容とのかかわり方が異なる。たとえば、上の (9) と (11) でいえば、(9a) では、「フレンチワインはオーストラリアワインより優れている」ということを「率直に」、(9b) では「正直に」、そして、(11a) では「一貫して」、(11b) では「正確に」述べている。その違いは、前者で「率直」、「正直」なのは話し手であるが、後者で「一貫」して、「正確」なのは主節の内容そのもの、ということにある。

　換言すれば、(9) のＢ類の主節では必ずしも文脈に縛られることなく主張できるが、(11) のＣ類では前の文脈で述べられていることをまとめたり、正

確に言い換えている。この差は B 類と C 類の以下のような言い換えで確認することができる。

(21) a. I say frankly that French wine is superior to Australian wine.
    b. I say honestly that French wine is superior to Australian wine.
(22) a. If I explain what we have been discussing consistently, French wine is superior to Australian wine.
    b. If I explain what we have been discussing precisely, French wine is superior to Australian wine.

つまり、B 類の (21a, b) では主張に対する話し手の態度が反映されているが、(22a, b) では前文までの議論を繰り返しているか、言い換えているのである。ちなみに、A 類、D 類の副詞はそれぞれ次のような言い換えが可能である。

(23) a. If I say from a general point of view, French wine is superior to Australian wine.
    b. If I say from a technical point of view, French wine is superior to Australian wine.
(24) a. It is proper to say that French wine is superior to Australian wine.
    b. It is rational to say that French wine is superior to Australian wine.

また、パラフレーズしたときに、say, explain, express といった言うことにかかわる動詞が直接関与しない -ly 副詞もある。たとえば、次の evidently や obviously は (26) のようなパラフレーズとなるであろう。

(25) a. *Evidently*, French wine is superior to Australian wine.
    b. *Obviously*, French wine is superior to Australian wine.
(26) a. It is evident that French wine is superior to Australian wine.
    b. It is obvious that French wine is superior to Australian wine.

これらの言語事象は主節の事実について何らかのコメントを添えるような働きをしていると考えられる。ただし、これらの副詞にspeakingを付加することはできない。

(27) a. *Evidently speaking*, French wine is superior to Australian wine.
b. *Obviously speaking*, French wine is superior to Australian wine.

つまり、ここではevidentlyもobviouslyもコミュニケーション動詞とは直接結びつかないので、A～D類とは別のグループを構成すると考えられる。仮にE類として上の表に付け加えておく。

	-ly speaking	-ly	To be Adj.
E: apparently, clearly	*	OK	*

表2

E類に含まれる副詞として次のようなものが考えられる。

(28) apparently, clearly, definitely, essentially, evidently, obviously, possibly, reportedly, undoubtedly, etc.

4. 'To be Adj.' との関連

B類とC類では、上の(9)(11)でみたように、'To be Adj.' という形式が文頭で '-ly 副詞 + speaking' とほぼ同じ意味を表すことがある。いずれも意味的に言えば、'-ly 副詞 + speaking' と同じく日本語では「…に言えば」に相当する。このことを違う観点から言うと、日本語では「言う」という発話行為に直結する動詞が明示的に出現するが、英語では表面上は現れていないということになる。

このように統語的に同じ不定詞の形式をとるB類とC類の差はどこにあ

るのであろうか。上で、B類では文頭の副詞句は「率直」、「正直」なのは話し手であることを示唆し、C類では主節が「一貫」して、「正確」に提示されている、と述べたが、そのことはそれぞれの不定詞句に 'with you' を付加してみるとよりはっきりする。

(29) a. *To be frank with you*, French wine is superior to Australian wine.
　　 b. *To be honest with you*, French wine is superior to Australian wine.
(30) a. **To be consistent with you*, French wine is superior to Australian wine.
　　 b. **To be precise with you*, French wine is superior to Australian wine.

つまり、'with you' の付加はB類では可能だが、C類では不可ということである。このことは、繰り返しになるが、B類では相手に対して「率直」「正直」に述べているということを暗示していることになる。他方、C類は主節の伝達の仕方にかかわるもので、聞き手を思料してのことではないので、(30) は容認されないと考えられる。

5.　高次表意 (higher-level explicature) との関連

　推意という概念は、Grice が発話を「言われていること (what is said)」と「言われていないこと (what is not said)」に分けたことに端を発し、彼は後者に属する意味を「推意 (implicature)」と呼んだ。推意は、協調の原理 (Cooperative Principle) を背景として格率 (maxim) の順守ないし違反などを計算することで得られるとした。(Grice 1989) 一方、関連性理論においても同じ術語、推意 (implicature) を用いるが、その概念は異なる。関連性理論では、発話によって伝えられる想定として、推意とともに表意 (explicature) を考える。表意は Grice のいう「言われていること」よりも広い範囲の言語現象を対象とし、わかりやすく言えば、次のようにまとめることができる。(cf. Sperber and Wilson 1986/1995[2])

(31) 発話によってコード化されていることを基盤として、さらに推論によって得られる明示的な想定

つまり、関連性理論では表意にも推論操作が関与するとしている点で、推論はもっぱら推意にかかわるとした Grice と区別される。

Wilson and Sperber(1993) では高次表意 (higher-level explicature) という概念が新たに導入された。それまで単に表意としていたものを「基礎表意 (basic explicature)」とし、言語化されている発話、すなわち基礎表意の上位レベルに想定される動詞句を高次表意とした。そこでは、具体的には、発話行為、命題態度 (propositional attitude) などが反映される。たとえば、B が (32B) を悲しげに発話すれば、それに対応する高次表意としては (33a)~(33c) などが考えられる。(Wilson and Sperber 1993)

(32) A: Is there anything to eat?
B (sadly): Sorry. There isn't.
(33) a. Mary says there is nothing to eat.
b. Mary believes there is nothing to eat.
c. Mary regrets that there is nothing to eat.

(32B) の 'There isn't.' の基礎表意は推論により復元される 'There is nothing to eat.' となるが、その高次表意は、たとえば、(33a) では発話行為を表す 'Mary says'、(33b) と (33c) では命題態度を表す 'Mary believes' と 'Mary regrets' がそれぞれ高次表意の候補となる。この高次表意は (32B) に明示的に言語化されてはいないが、B の意図した意味を理解するには必須な想定という点で推意ではなく、表意として解釈されるのである。

Wilson and Sperber (1993) はさらに高次表意の存在理由のひとつに、副詞 frankly と高次表意とのかかわりを論じている。Mary が Peter に言った、次の (34) の seriously と frankly は基礎表意にかかわるのではなく、(35) の上位節の told、said を修飾する。

(34) a. *Seriously*, I can't help you.
　　 b. *Frankly*, I can't help you.
(35) a. Mary told Peter seriously that she couldn't help him.
　　 b. Mary said frankly to Peter that she couldn't help him.

換言すれば、この seriously と frankly は主節の 'she couldn't help him' の真偽値に関与しない。この高次表意の観点から表1を見直すために、今までみてきたそれぞれの言い換えから一つずつ再掲してみる。

(36) a.（A類）If I say from a general point of view, French wine is superior to Australian wine. (=(23a))
　　 b.（B類）I say frankly that French wine is superior to Australian wine. (=(21a))
　　 c.（C類）If I explain what we have been discussing consistently, French wine is superior to Australian wine. (=(22a))
　　 d.（D類）It is proper to say that French wine is superior to Australian wine. (=(24a))

ここから明らかなように、これらにはいずれも高次表意の発話行為にかかわる動詞 say が関与している。つまり、形式的には '-ly 副詞 + speaking'、'-ly 副詞'、'To be Adj.' と異なっていても、「…に言えば」というほぼ同じ意味を表しており、それが関連性理論でいう高次表意の発話行為として具現されているのである。

　これは Blakemore (1996) の in other words の分析に通じる。[13] Blakemore (1996) は but, so などの談話標識 (discourse marker) が推意に制約を課すのに対し、in other words や that is (to say) のような言い換え標識 (reformulation marker) は高次表意に制約を課すと分析している。that is (to say) は動詞 say が明示されているし、in other words は日本語では「換言すれば、言い換えれば」とこれも say に相当する語が含意されている。

---
[13] in other words や that is などの言い換え標識については Blakemore (1996)、Tanaka (1997)、田中 (1998)、Murillo (2004) などを参照されたい。

ちなみに、'To be Adj.' のほかに、'-ly 副詞 (+speaking)' と同じような意味を表す言語表現に 'In short/conclusion/sum/summary' がある。[14]

(37) a. *In short*, French wine is superior to Australian wine.
    b. *In conclusion*, French wine is superior to Australian wine.

この in short は Blakemore (1996: 139) でも言及があり、次の引用からもわかるように、in other words と同等に扱っている。

(38) A: We will have to let her go.
    B: *In other words/In short*, she's fired.

つまり、In short の類も表意にかかる言い換え標識と考えていることから、形は違っても 'In short/conclusion/sum/summary' も '-ly 副詞 + speaking'、'-ly 副詞'、'To be Adj.' と同様の語用論的効果をもっていると考えることができるのである。
　また、Blakemore (1996) は、(40) の regrettably は (39B) の基礎表意の真偽値ではなく高次表意そのものの真偽値にかかわるとしている。

(39) A: Did you get invited to the conference?
    B: They said my paper was too long.
(40) *Regrettably*, they said my paper was too long.

この (40) は (41) のように言い換えることができる。

(41) I regret to say that they said my paper was too long.

(40) の regrettably は (41) のパラフレーズからも明らかなように、話し手の命題に対する態度を表している。

---

[14] ちなみに、Shloush (1998) は conceptual と procedural の 2 つの要素を併せ持つ、'in short/to be brief' の意のヘブライ語 bekicur を論じている。

一方、'To be Adj.' については、たとえば、上の (8a) は、(21a) のほかに、次のような2つのパラフレーズも考えられる。

(42) a. I'm being frank in saying that French wine is superior to Australian wine.
b. To be frank with you, French wine is superior to Australian wine. (=29a)

(42a) は話し手自身の命題態度にかかわるが、(42b) には聞き手に対する態度、配慮がみられる。

この命題態度にかかわるあいまいさに関連して、Greenbaum (1969: 96) は (43) の fortunately を例にあげて説明している。

(43) *Fortunately*, her uncle gave a present to Mary.

つまり、fortunate なのは her uncle であるのか、Mary であるのか、あるいは話し手であるのかあいまいで、文脈によって決定されるとしている。

副詞 fortunately は上で述べた A 類から D 類に含まれず、3 節の終わりで示唆したように、別の類、たとえば E 類に分類されるかもしれない。この副詞は (26) と同じく、(44) のようなパラフレーズが可能である。

(44) It was fortunate that her uncle gave a present to Mary.

ここでは他の類と比較して、say にかかわる動詞が欠如していることに注目されたい。また、Greenbaum が言及しているあいまい性は以下のように反映させることができよう。

(45) a. It was fortunate to her uncle$_i$ that he$_i$ gave a present to Mary.
b. It was fortunate to Mary$_i$ that her$_j$ uncle gave a present to her$_i$.
c. It was fortunate to the speaker that her$_i$ uncle gave a present to Mary$_i$.

すなわち、話し手の命題態度が向かっている先が三様に分かれているのである。

　こういった言語事実は、形式が異なるものでも語用論的には共通の基盤がありうるということを暗示しているが、「E 類」は他の類に比べて話し手の主張、断定を前面に出した表現といえる。

　(28) で副詞 clearly を「E 類」に分類したが、このグループは Ifantidou (2001) でいう証拠副詞 (evidential adverbs) に相当する。Ifantidou は (46) の高次表意を (47) のように表記している。(Ifantidou 2001: 197)

　　(46)　*Clearly*, John is qualified.
　　(47)　The speaker strongly believes that John is qualified.

つまり、彼女は、clearly は命題態度、換言すれば、話し手の信念に強くかかわると考えており、それは高次表意の発話行為の部分に関与する他の類とは一線を画すものであることを示唆している。

　この差をまとめると、-ly 副詞が '+ speaking' を含意する場合は発話行為に、'+ speaking' が関与しない場合は 'the speaker strongly believes that …' という命題態度に、かかわるということができる。いずれも推意ではなく、高次表意、すなわち、明示的な側面である表出命題に結びついている。

6.　Implications

　以上、'-ly 副詞 + speaking' にかかわる様々な振る舞いをみてきたが、簡単にまとめるとともに、その特徴が示唆する方向性にも触れておきたい。

　形式的にみると、'-ly 副詞 + speaking' という言語表現における -ly 副詞は多岐にわたるが、主節との意味的な整合性などを考慮するといくつかのグループに分かれる可能性があることがわかった。

　また、'-ly 副詞 + speaking' と speaking を省略した -ly 副詞単独の言い方は必ずしも同じ意味を表すわけではないことにも言及した。

　一部の '-ly 副詞 + speaking' は 'To be Adj.' や 'In Noun' に言い換えること

ができることも指摘したが、これはさらに、次のような一般動詞の不定詞句でも言い換えることができる。

(48) *To conclude*, three points need to be addressed again that are the essence of my argument. (COCA)

これらの '-ly 副詞 + speaking'、'-ly 副詞単独'、'To be Adj.'、'To do'、'In Noun' は、日本語では通例「…に言えば」という高次表意の発話行為を暗示する「言う」という動詞が必須であるが、英語では '-ly 副詞 + speaking' 以外の4つの構文、'-ly 副詞単独'、'To be Adj.'、'To do'、'In Noun' には発話行為動詞は具現されていない。

また、たとえば、上の (6a) を日本語にすると、(50) のようになるであろう。

(49) *Frankly speaking*, French wine is superior to Australian wine. (=(6a))
(50) 率直に言って、フランスワインはオーストラリアワインより優れている。

この日本語の「言って」を (51) のように削除すると自然な日本語とは言えなくなる。

(51) ?率直に、フランスワインはオーストラリアワインより優れている。

このように、英語の '-ly 副詞 + speaking'、'-ly 副詞'、'To be Adj.'、'To do'、さらに 'In short/conclusion/sum/summary' などに対応する日本語訳の「言って」は通例省略できない。この言語事実は、内田 (2002) をはじめとして、内田（2011: 145–148, 2013: 90–102, 近刊）などで繰り返し指摘してきた、「高次表意は日本語では具体的に言語化されるが、英語では必ずしも具現されない」という主張と軌を一にしていることになる。[15]

---

[15] なお、Uchida and Noh (2018) は韓国語にも日本語と同様の現象がみられることを論じている。

＊ 赤野一郎氏は学部生から同じ学窓で学んだ畏友である。氏は学部時代から優秀で、名詞の可算性について書いたレポートのアイディアを『アンカー英和辞典（初版）』の「編集基準の解説」に見つけたときは新鮮な驚きであった。学究生活の端緒となった院生時代、同じ高校で非常勤講師をした帰り、喫茶店で論文の読み合わせをした。大雑把な読みしかできない私に対して、氏の緻密な読み方は常に刺激となり、勉強となった。初期にこういった学恩を受けた点で、私にとっては恩師に準ずる存在である。ここに小論を載せていただく機会を与えていただいた編集委員会にお礼を申し上げたい。

参考文献

Blakemore, D. (1996) Are Apposition Markers Discourse Markers? *Journal of Linguistics*. 32: 325–347.
Greenbaum, S. (1969) *Studies in English Adverbial Usage*. London: Longman.
Grice, P. (1989) *Studies in the Way of Words*. Cambridge, Mass.: Harvard University Press.（清塚邦彦（訳）(1998)『論理と会話』東京：勁草書房.
原沢正喜 (1975)「現代英語の諸傾向」『英語教育』第24巻第6号. 18–20.
Ifantidou, E. (2001) *Evidentials and Relevance*. Amsterdam: John Benjamins.
小西友七（編）(1980)『英語基本動詞辞典』東京：研究社.
Murillo, S. (2004) A Relevance Reassessment of Reformulation Markers. *Journal of Pragmatics*. 36: 2059–2068.
Shloush, S. (1998) A Unified Account of Hebrew *bekicur* 'in short': Relevance Theory and Discourse Structure Considerations. In Jucker, A H. and Y. Ziv (eds) *Discourse Markers: Descriptions and Theory*, Amsterdam/Philadelphia: John Benjamins. 61–82.
Sperber, S. and D. Wilson. 1986/1995². *Relevance: Communication and Cognition*. Oxford: Blackwell.（内田聖二・中逵俊明・宋南先・田中圭子訳 (1993, 1999²)『関連性理論――伝達と認知』東京：研究社）
Tanaka, H. (1997) *In Other Words* and Conversational Implicature. *Pragmatics*. 7.3: 367–387.
田中廣明 (1998)『語法と語用論の接点』東京：開拓社.
内田聖二 (2002)「高次表意からみた日英語比較への一視点」奈良女子大学大学院人間文化研究科『人間文化研究科年報』17, 7–18.
内田聖二 (2011)『語用論の射程――語から談話・テクストへ』東京：研究社.
内田聖二 (2013)『ことばを読む、心を読む――認知語用論入門』東京：開拓社.
内田聖二（近刊）「メタ表象現象と日英語の比較」『言語研究の革新と継承』東京：

ひつじ書房.

Uchida, S. and E. Noh. (2018) Metarepresentational Phenomena in Japanese and Korean. *Memoirs of Nara University*. 46: 1–22.

Wilson, D. and D. Sperber. (1993) Linguistic Form and Relevance. *Lingua* 90: 1–25.

Be willing to に関する意味論的・語用論的一考察

衛藤　圭一

1. はじめに

　周知のように、be willing to は「喜んで～する」という意味を表すとされているが、語用論的側面に関して扱ったものは著者の知る限り皆無である。したがって、本論文では当該表現の意味論的特徴に注目した上で、語用論的立場から be willing to を論じる。

2. 先行研究

　同表現に関しては Palmer (1990) や Westney(1995) などが意味論的立場から論じており、willingness を表す点で類義語の will とは原則的に意味が異なると説明している。
　そこで、本節では willingness に関する議論を進めるため、will との比較を通じて be willing to の意味論的特徴を記述する。

2.1. Willingness とは何か

　後述のように、be willing to と will の間には意味的差異が存在する。Westney(1995: 204) によれば、実際の言語使用を観察すると、次の (1) のように文法的には交換可能な場合が観察されるものの、両者には意味的差異が認められるとしている。

　　(1)　a.　I'*ll* give you a hand any time.
　　　　 b.　I'*m willing* to give you a hand any time. (*ibid*)

(1a) は will を使用することで積極的に申し出をしている文で、話者の意図を表しているが、(1b) はそのような意味を表さないとしている。その根拠として、Westney は、「will が volition を表すのに対して、be willing to は willingness を表す」と次の (2) で指摘している。

(2) Its meaning of 'willingness' is transparent, and differs from the volitional uses of *will*, which are close to intention.

(2) から、will の表す volition は文主語の意志 (intention) と同義であることがわかるが、willingness については厳密に定義されていない。そこで、willingness とは何かを踏まえた上で、be willing to の意味規定を行いたい。この willingness を詳細に扱った先行研究はないが、Leech (1987) に目を向けると、will が be willing to と意味的に接近する場合があるとした上で、willingness のことを weak volition と表現している。ただし、weak の示す弱さが不明確であるため、以下では「will が意味的に be willing to に接近する場合」を観察し、使用例における共起関係に注目することで、willingness の意味規定を試みる。

まず、Leech は次の (3) のような例において will が willingness を表すとしている。

(3) a. What *will* you pay if I mend this radio?
    b. Give it to the dog—she'*ll* eat anything.
    c. I'*ll* lend you some money, if you like.

それぞれの下線部に注目されたい。Will が be willing to とほぼ同じ意味を表すためには、「もしこういう条件があれば」という条件節の生起が必要になることがわかる。同表現に関する CALD の定義 (4) と COBUILD の定義 (5) もこの考えを支持するものである。(下線筆者)

(4) to be happy to do something <u>if it is needed</u>

(5) If someone is willing to do something, they are fairly happy about doing it and will do it <u>if they are asked or required to do it</u>.

定義 (4) の下線部は受身になっていることから、「もし客観的な要因によって必要が生じれば」という意味であることがわかる。ここでいう必要性とは、定義 (5) の下線部にある「もし依頼や規則などの客観的な外的要因があれば」と同趣旨のことであると考えられる。このことから、willingness とは「話者が自らそうしたいと思っているわけではない」ことであると解釈できる。その証左として、(5) では文主語が好意的に感じていないことを表す fairly を用いて、'fairly happy about doing it' と定義していることに注意されたい。

したがって、willingness は積極的意志をもって何かを行うというよりは、むしろ「自分としてはそうするつもりはないが、もし必要ならそうしてもよい」という意味と同義であると見なすことができる。ただし、いくら必要であっても、次の実例 (6) が示すように、第三者に強要される行為は willingness には含まれない。

(6) He *was willing* to help her, he wasn't being forced.—D. Steel, *Miracle*

以上 (2)~(6) の議論を踏まえ、本論文では willingness を (7) のように規定する。

(7) willingness とは、規則などによって生じる必要性や他者からの依頼など客観的な外的要因があるという条件下で、文主語がある行為を行おうとする意志、および、自分の意志に反して当該の行為を強制されないことを示す概念である。

この裏付けとして、以下に (8)~(11) の実例を挙げる。各例の下線部は、上の (7) で規定した、条件等の外的要因にあたる。このような外的要因があってある行為を遂行することを be willing to が表す、というのが上記 (7) の主張

である。具体例として次の (8) に注目されたい。下線部が示すように、会社としては裁判沙汰で世間の目に晒され恥の上塗りになるのを避けたいと考えており、そういった外的要因から、大金を払っても構わないと考えていたことを示している。別の言い方をすれば、そのような要因さえなければお金を払おうなどとは微塵も考えていない点で、文主語の意志を表す will とは意味的に異なると言える。

(8) The firm *was willing to* pay a lot of money to avoid two things: further humiliation, and the spectacle of a trial that could cause serious financial damage. —J. Grisham, *The street lawyer*

(9) To protect me, he *was willing to* drop the lawsuit entirely. —Ibid.

(10) Arthur was unfazed. "For the purpose of this meeting, Your Honor, we *are willing to* concede that the eviction was wrongful."
—Ibid.

(11) "In all candor, Miss Evans, I find your conspiracy theory about the Winthrops in the realm of fantasy. But for Matt Baker's sake, I'*m willing to* check around and see if I can find anything that could possibly substantiate it." —S. Sheldon, *The sky is falling*

以上、先行研究に基づき、法助動詞 will との比較・検討を通じて意味論的立場から be willing to を扱い、willingness を規定した。[1] 一般に be willing to は「喜んで〜する」という訳をつけられることが多いが、意味論的立場から文主語の意志に積極性が認められない点を指摘した。このように当該表現は「〜してもかまわない」という意味を表す。

次節では、この点を前提として議論を進めたい。

---

[1] このように、be willing to は何かをしようとするための外的要因となるものが語彙的に示されるのが普通であるが、前後関係で明白な場合は明示されないことがある。

2.2. 3つの意味的差異

ここでも Westney (1995: 204) を取り上げ、will との相違点を述べることにしたい。彼は用法上の相違点を3点挙げて、両者の違いを論じている。1つ目に、Westney は (12) の例を根拠に、be willing to と will は交換不可としている。

(12) a. They aren't going to visit us, but they *are willing to*.
　　 b. *They aren't going to visit us, but they *will*.

両者の違いとして、彼は意志に積極性がどの程度認められるかが異なるという趣旨の指摘をしている。たとえば、(12a) は「〜してもかまわない」という意味を表す点で will に比べて積極性の高さが低いと見なされる。そのため are willing to は they aren't 〜 us と問題なく使用できるが、(12b) の will は文主語の積極性が高いことから意味的な整合性が取れず不適格になる。

このような意味の違いが生じる理由は、おそらく次のように考えられる。つまり、どちらの法表現も語彙的には文主語の意志を表す will(ing) が使用されているが、be willing to は客観的機能を表す be と to から成り立っており、その点で will に比べると自分の意志が前面に押し出されていないことになる。このことから、will よりも積極的に関して低い表現だと結論づけられる。

その他、両者の相違点として、「be willing to が過去形で使用されると、行為の非実現を含意する will と異なり、行為が実現したかどうかが含意されない」ということが挙げられる。

(13) a. He *wasn't willing to* open the files, but he did so in the end.
　　 b. *He *wouldn't* open the files, but he did so in the end.

(13a) の was willing to は、ファイルの開封を頑なに拒んでいたという解釈を含意しないため、その後に心変わりしたという趣旨の but 以下と共起しても特に問題ない。他方、(13b) は文主語の固執を表す wouldn't が使われていることからわかるように、断固として拒否しておきながら、ころりと態度を変

えたという内容の but が後続するのは意味的に不適格である。

最後に、3つ目の相違点として、be willing to は would と異なり「過去の一回限りの行為」を表す。

(14) a. He *was willing to* come on that occasion.
    b. *He *would* come on that occasion.

どちらの文も副詞句 on that occasion が使用されている点に注目されたい。(14a) の was willing to は一回限りの行為を表すため特定の場面を表す on that 以下と問題なく共起できるが、(14b) では習慣・習性の意味を表す would が使われるために非文とされている。この違いも、上述の (13) を踏まえると、be willing to は心変わり、つまりその時々の心境の変化を表すため、普段とは違う行動を取ったという解釈が可能であり、したがって特定の場面を表す表現と共起しても特に問題ない。他方、would の場合は意志を表す will の過去形であることからもわかるように、信念というのは場当たり的に変わるものではないため、on that occasion のような一回限りの場面を表現とは意味上相性が悪く共起することができないと考えられる。[2]

以上をまとめると、will との意味論的相違点として、be willing to には、1. 文主語の積極的な意志を表すことはない、2. 行為の実現・非実現を含意しない、3. 過去の一回限りの行為を指す、という3つの特徴が見られるという一応の結論づけをすることができる。

[2] 実際の言語使用を観察すると両者が交換可能な場合も見られると Westney は付け加えている。たとえば、過去の習慣的行為を表す場合には次の例が示すように交換可能である。
  a. He *was willing to* come any time he was free.
  b. He *would* come any time he was free. (Westney 1995: 204)
両者が交換可能な理由として、ここでは複数回を指す anytime he was free と共起している点に注意されたい。(a) の was willing to が表す文主語の心変わりは複数回生じても何ら不自然ではないため両者は共起可能であり、(b) の would が表す習慣的意味は複数回の意味と整合性が高いため問題なく使用できる。

3. 語用論的側面

　本節では、英英辞書および実例の検討を通じて be willing to の語用論的特徴を明らかにする。また、COCA の分析をもとに使用頻度についても簡単に触れていきたい。

3.1. 語用論的意味

　前節で述べたように、「～してもかまわない」というのが be willing to の意味論的意味であるが、語用論的には、相手の意向や提案に応じる場合に使用されることがある。

> (15) She could tell the request surprised him.
> "How much are we talking about?"
> I don't know, I'm making all this up on the fly. How much do you want?
> "We *are willing to* offer three hundred dollars, and of course, you'll be properly credited as the person who found it."
> He paused for a moment, considering. Theresa climbed back in before he could formulate a rejection.
> 　　　　　　　　　　　　　　　—N, Sparks, *Message in a Bottle*

この「～してもかまわない」という表現を使うことで、語用論的には、自分のできる最低ラインを示すことになる。次の例では、最低限ここまでは相手に対して～できる、という「提案」の意味で用いられている。(15) は、女性が男性に手紙を譲るよう交渉している場面で、互いに腹の探り合いをしている。ここでは最低でも 300 ドルの支払いを提案しており、彼女としてはその程度の額を支払うことは吝かではないという含みを持たせている。このように、上の例では be willing to を使うことで意味論的には相手の要求に応じてもよいことを表しているが、語用論的観点から観察すると「相手との駆け引き」を行おうとする話し手の心理が読み取れる。

なお、be willing to に後続する意味内容によっては、相手を脅迫する効果も出てくる。次の (16) でも脅迫を通じて相手と駆け引きしようとしていることが読み取れる。

(16) I have five levels, and I'll use them all if necessary. Eight seconds of level five will kill you, and I'*m perfectly willing to* do that as a last resort.　　　　　　　　　　　　　　　　—J. Grisham, *The Partner*

(16) は大金を持ち逃げした相手に対して話し手が拷問を加えている場面で、文中の five levels とは拷問に 5 段階あることを指している。最終段階の拷問を加えたら身が持たないことを述べた上で、どこにそのお金を隠したか吐かないと最終手段としてその拷問を加えることを辞さないことを述べている。また、ここでは相手に恐怖感を与えるために、拷問を全く意に介さない旨をperfectly との共起によって示している点にも注目されたい。

次に挙げる例でも perfectly が共起しているが、ここでは邪魔だてする人間を殺害してもまったく気にしない男性の冷酷な性格を描写している。

(17) "This fellow we're after—he's somebody who'*s perfectly willing to* kill anybody in his way and that includes law enforcers and innocents."　　　　　　　　　　　　　　—J, Deaver, *The Blue Nowhere*

この場面でも、冷酷な性格を描写することで、語用論的には相手との駆け引きをしていることがわかる。

以上、本節では「相手との駆け引きを行う際に使用される」という語用論的側面に焦点を当てた。次節では、語用論的立場から観察することで語法上の特徴についても指摘したい。

3.2. 語用論的観点から見る語法

以下では be willing to を語用論的に観察し、相手との駆け引きを表す際に観察される語法上の特徴を 3 点指摘したい。その皮切りとして、まずは次の

例を挙げることにしたい。

> (18) What I really want is to be a foreign correspondent, but I'*m willing to* work my way up to that, even if it takes a year.
> —S. Sheldon, *The Best Laid Plans*

ここでは海外特派員を志望している女性が面接にて、相手方から秘書なら空いていると言われている場面である。本当は特派員になりたいというのが本心であるが、前節で指摘したように、be willing to を用いることで話し手は自分の意志を前面に出さないようにしている。また、交渉を少しでも有利に進めるための条件が if 以下に表されている点にも注目されたい。ここでは if 以下を添えることで、最終的に希望の職業につけるなら遠回りしてもかまわないことを伝えている。

このように、be willing to を用いる時にはある行為の遂行条件を表す if 節が共起することがある。次の例においても、if 節を添えることで交渉を有利に進めようとする話し手の心的態度が読み取れる。

> (19) I have nothing to lose, and I'*m willing to* ruin you if you don't negotiate with me.
> —J. Grisham, *The Brethren*

前節で述べたように、be willing to は相手と駆け引きする場面で使われるが、少しでも交渉を有利に進めたい場合は (18) と (19) で指摘したように if 節と共起することがある。

その他の語法的な特徴として、次のような例も添えて議論を進めたい。

> (20) "Yes, sir. But there's a problem." Neusa Mufiez, Angel's mistress, says he'*s willing to* make a deal, but he won't move without knowing who he's dealing with."
> —S. Sheldon, *Windmills of the Gods*

(20) では彼なる人物が取引を厭わないことを表している一方で、すんなり動

く人物ではないことが述べられている。この例における be willing to の語法的な特徴を掻い摘まんで述べると、上の例が示すように、「全面的に賛同できない要因」を述べるのに but が後続することがある。次の例でも、but を後続させることで、金銭的な要因で進んで子育てできない旨を伝えている。

(21) I just found out I'm going to have Oliver's baby, and I don't know what to do.... I don't want to cause a scandal, but ... I'*m willing to* raise the baby, but I don't have enough money.... "Do you know Henry Chambers?" Leslie asked. Senator Davis blinked, caught completely off guard.　　　　—S. Sheldon, *The Best Laid Plans*

以上の4例を簡単にまとめると、交渉時において有利に進めるための言葉選びが語法上の特徴に反映されていた。これら2点に対して、最後に挙げる3つ目の特徴は違った振る舞いを示している。

(22) I've been looking at photographs of you. We need you here at Fox. *Would* you *be willing to* come to Hollywood to do a screen test?
—S. Sheldon, *The sky is Falling*

(22)は話し手である映画監督が聞き手の写真を見て気に入っており、ハリウッドに来ないかと勧誘をしている場面である。ここでも初対面で、しかも演技に関して素人の聞き手にこちらから依頼すれば構わないかと打診している。この例からわかるのは、疑問文で be willing to が使用される場合、話者の控えめな気持ちを表す法助動詞の would と共起して 'Would you be willing to' という1つの表現形式になっているということである。[3]

この点を検証するため、COCA で成句検索したところ当該表現が 206 例見られた。次に、would の部分に、それ以外の法助動詞を入れて検索したと

---

[3] この形式に関しては、先行研究では触れられていないものの、実例の他に学習英英辞書にも該当例が掲載されている。

(α) *Would* you *be willing to* help me with my essay? [OALD]

ころ、Might you be willing to が 1 例、Will you be willing to が 4 例見られただけである。このように Would you be willing to という表現が用いられると話者が控えめな依頼を表し、would の部分に might と will が生起することは可能であるが、would ほど定型化した表現とは言い難いと言える。なお、このような結果が生じる理由としては、これまで繰り返し述べたように、be willing to は意味論的に「もし外的要因があればそうしてもよい」という条件つきの意志を表すためだと考えられる。

　以上、本節では、be willing to の「～してもかまわない」という意味論的意味から、どのような語用論的特徴が観察されるかを論じた。今回挙げた用例に基づけば、相手との駆け引きを行う場面で be willing to が使用されると結論づけられるが、さらに語法上の特徴として、1. 交渉を有利に進める条件は if 節と共起して表す、2. 全面的に納得できない要因は but 節と共起して表す、3. 疑問文の場合、控えめな依頼の意味は Would you be willing to という形式を通じて表す、という 3 点について論じた。

4. おわりに

　本章では、be willing to を取り上げ、will との意味的差異が willingness にあることを示した上で、話し手の意志に積極性が認められないことを示した。この点を踏まえて、語用論的側面として、相手との駆け引きを行う場面で使用されること、また語用論的立場から be willing to に語法上の特徴が 3 点観察されることを指摘した。

＊本論文は、2010 年度提出の博士学位請求論文「迂言的法表現の意味論的・語用論的考察——'BE + X + TO' の用法をめぐって——」に掲載の第 6 章 Be willing to を大幅に加筆・修正したものである。

参考文献

Leech, G. N. (1987). *Meaning and the English Verb*. (2nd ed.) London/New York: Longman.
Palmer, F. R. (1990). *Modality and the English Modals*. (2nd ed.) London: Longman.
Westney, P. (1995). *Modals and Periphrastics in English: An investigation into the semantic correspondence between certain English modal verbs and their periphrastic equivalents.* Tubingen: M. Niemeyer.

辞書類、コーパス
Cambridge Advanced Learner's Dictionary. (4th ed.) (2013) [CALD]
Collins Cobuild Advanced Dictionary. (8th ed.) (2014) [COBUILD]
Oxford Advanced Learner's Dictionary. (9th ed.) (2015) [OALD]
Corpus of Contemporary American English. [COCA]

標示付けアルゴリズムと標示付け不履行による複合不変化詞構文の分析

小野　隆啓

1. はじめに

　英語には二次述語 (secondary predicate) を伴う動詞・不変化詞構文 (verb particle construction) という構文がある。学校文法などの一般的な分野では句動詞 (phrasal verb) と呼ばれる構文である。

　　(1) John looked (*up*) the information (*up*).

不変化詞 (particle) とは前置詞と同様の形態を持ち、副詞のように振る舞う文法範疇である。ただ、本来の副詞は他動詞と目的語の間には生起不可能であるが、不変化詞はその位置に出現可能である。

　　(2)　a.　John called up Mary.
　　　　 b.　*John called often Mary.

(2b) の非文性は一般に、格の隣接条件 (Case Adjacency Condition)[1] で説明される。副詞の存在が格の隣接条件の違反を誘発するのに対し、不変化詞が格の隣接条件を無視する (2a) の言語事実は、不変化詞が副詞と同一の文法範疇でないことを示している。

　文法化 (grammaticalization) の適用を受け前置詞から不変化詞に転化し、機能範疇 (functional category) になったと考えられるが、歴史の流れの中で

---

[1] 格付与子と格を与えられる要素の間に別の要素が介入していてはならないというもの。Stowell (1981: 113) 参照。

前置詞 to や for が、文法化により前者が不定詞標識 (infinitival marker)、後者が補文標識 (complementizer) になったのとは異なり、不変化詞は文法化を受けてはいるが、前置詞としての文法特徴を色濃く残している。

(3) a. He headed *straight/right* **for** the pub.
 b. The dog went *straight/right* **for** her throat.
 c. *He was anxious *straight/right* **for** nobody to leave.
 d. *It is vital *straight/right* **for** there to be peace. (Radford 2004: 45)

(4) a. They looked the information (**right**) *up*.
 b. They looked (***right***) *up* the information.　　(Dikken 1995: 106)

(3a, b) が示すように、前置詞の for は straight や right のような強調詞 (intensifier) の修飾が可能であるが、(3c, d) から明らかなように、補文標識の for は強調詞による修飾は不可能である。不変化詞の場合、(4a) が示すように、目的語の後に位置した場合は強調詞により修飾が可能であるが、動詞に隣接する位置での修飾は不可能である。

不変化詞は前置詞とは異なり、動詞に隣接する位置に現れても強勢を受ける。

(5) a. He took off his hat.
 b. She looked at the picture.

(5a) における off は [á:f] のように強勢を持って発音され、(5b) の at は [ət] のように弱く発音される。

不変化詞構文の一つには、動詞句内に動詞、目的語、不変化詞の 3 要素が現れる単純不変化詞構文 (Simplex Particle Construction: SPC) があり、不変化詞の出現位置において、動詞と不変化詞が隣接している動詞隣接構文 (Inner Particle Construction[2]: IPC) と不変化詞が動詞から離れた位置に現れ

---

[2] Dikken (1995: 92) による呼称。

る動詞離接構文 (Outer Particle Construction: OPC) の二つの形態をとることが可能である。

 (6) 単純不変化詞構文 (SPC)
   動詞隣接構文 (IPC): John looked *up* the information.
   動詞離接構文 (OPC): John looked the information *up*.

不変化詞構文にはもう一つ、動詞句内に動詞、2つの必須要素と、不変化詞の4要素が現れる複合不変化詞構文 (Complex Particle Construction: CPC) がある。この構文は動詞句内に現れる要素により少なくとも4種類に分類される。

 (7) 複合不変化詞構文 (CPC)
   a. 名詞複合不変化詞構文 (Nominal Complex Particle Construction: NCPC)
    (e.g., They made John *out* **a liar.**)
   b. 形容詞複合不変化詞構文 (Adjective Complex Particle Construction: ACPC)
    (e.g., They painted the barn *up* **red**.)
   c. 前置詞複合不変化詞構文 (Prepositional Complex Particle Construction: PCPC)
    (e.g., They put the books *down* **on the shelf**.
   d. 不定詞複合不変化詞構文 (To-infinitival Complex Particle Construction: TCPC)
    (e.g., They made John *out* **to be a liar**.)

不変化詞構文の統語構造に関しては、過去に動詞句の内部構造として表面的な外見から三分岐分析 (tripartite analysis) が行われていた。これは動詞隣接構文と動詞離接構文の区別には有効でも、不変化詞構文のそのほかの統語特徴に関しては何も分析していないことに等しい。動詞句内の目的語が代名

詞になった場合、動詞隣接構文が不可能で、動詞離接構文しかとれない事実 (John called her up. と *John called up her. の差違) を機能文法 (Functional Grammar) の情報構造理論で誤った説明をすることぐらいが行われたに過ぎない。[3]

1980年代の生成文法 (Generative Grammar) の原理変数理論 (Principles-and-Parameters Theory) では、その原理の一つに X-bar 理論 (X-bar Theory) があり、すべての統語構造は二分岐構造 (binary branching structure)[4] で捉えられていた。この理論的枠組みにおいて Kayne (1984) と Dikken (1995) は包括的で詳細な不変化詞構文の分析を行った。しかし、彼らの分析には小節 (small clause) と X-bar 理論を用いたことなどいくつかの問題点があった。本稿では、Chomsky (2013, 2015, 2017) における標示付けアルゴリズム (Labeling Algorithm: LA) と標示付け不履行 (labeling failure) によりそれらの問題点を解決し新たな分析を複合不変化詞構文に対して行う。[5]

2. 小節不要論

不変化詞は命題内容の終了状態を表す述語である。このことを内項を2つとる動詞、二項他動詞 (ditransitive verb)、あるいは三項動詞 (triadic verb) で考えてみよう。

(8) They put the books *down* on the shelf. (Dikken 1995: 51)

この文で表されている内容は、the books (are) on the shelf という命題が down の状態になるよう主語 they がしむけた、ということである。the books という限定詞句と on the shelf という前置詞句は叙実 (predication) の関係にある。この命題を不変化詞 down が補部にとり、命題内容の結果を表してい

---

[3] 小野 (2015: 102–105) を参照。
[4] 統語構造の二分岐分析の必要性は Kayne (1981) を参照。
[5] 単純不変化詞構文や動詞隣接構文における編入か再分析かの問題、二重目的語構文、代名詞が関与する場合などについては紙面の関係で別の機会に行うものとし、本論文では扱わない。

るのである。したがって、(8) には (9) のような意味構造が包含されている。

(9)
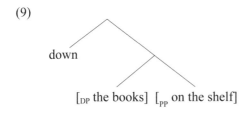

ここで down は純粋の前置詞ではなく、非他動的前置詞 (intransitive preposition) であり、補部に格を与える能力は持たない。他動詞が補部に対する格付与能力を失うと、主語に θ 役割 (θ-role) を与える能力を失うというのはブルチオの一般化 (Burzio's Generalization)[6] から導かれる帰結である。したがって、down の上位に何らかの位置が形成されるとしてもそれは非 θ 位置 (non-θ-position) である。DP の the books は (9) の位置では格が与えられないので、上位に上昇し、上位の格付与子から格が与えられ、次のような構造となる。

(10)
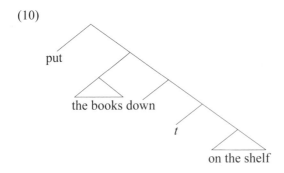

---

[6] Burzio (1986: 178–186) 参照。受動態は、他動詞の目的語が、主語位置に移動して形成されるが、他動詞が目的語に格を与える能力を失ったため、その他動詞の主語位置が θ 役割が付与されない位置となり、他動詞の目的語が、主語位置に移動可能となる。このようにして形成されるのが受動態であると説明される。

ここの構造で興味深いのは the books が down と叙述関係を持っており、格は外部の put から与えられているということである。これは (10) の構造が believe や expect などの動詞に見られる例外的格付与構文 (Exceptional Case-Marking Construction)[7] と同様の構造になっているということである。

Dikken(1995) はこの分析に対して小節 (small clause) 分析を行っている。小節は X-bar 理論からすると問題となる概念である。X-bar 理論ではすべての句は内心構造 (endocentricity) を持っていなければならないが、小節に主要部は存在しない。小節が TP の一種であり、T 主要部が削除されたか、空の T 要素があるとする分析があるが、この分析だと小節の主語が上昇し、主語位置に痕跡が残ってしまう。これでは数量詞解釈に関して、次の言語事実と相反することが導かれることになってしまう。

(11)　a.　Someone seems to be sick.
　　　b.　Someone seems sick.

(11a) が [e] seems [$_{TP}$ someone to be sick] から主語上昇 (Subject Raising) により派生されたとすると、主語上昇により TP 内には痕跡が生じる (Someone seems [t to be sick].)。(11a) は以下のように数量詞の解釈に関して曖昧である。[8]

(12)　a.　There is someone who seems to be sick.
　　　b.　There seems to be someone sick.

痕跡が残っていれば、その位置で someone が seems より狭作用域 (narrow scope) をとり、seems の主語位置に移動した後、この位置で seems より広作用域 (wide scope) をとることになり、曖昧性が説明できる。

ところが、(11b) には曖昧性がないのである。もしこの文に対して小節に

---

[7] 例えば、John believes [Mary to be sick]. において、Mary は補文内の主語であり、格は believe から付与される。
[8] Williams (1983: 293) 参照。

よる分析がとられれば、Someone seems [_{SC} _t_ sick]. のような構造であるとされ、作用域に曖昧性があるという誤った帰結を導くことになってしまう。したがって、小節分析は考えられない。

　小節に関して Chomsky (1981: 169) は小節に対して主要部が形容詞であるAP分析を提示している。つまり、We consider [_X John shrewd]. の X は AP であるとしているのである。主要部を持たない小節という概念は放棄されるべきものである。[9]

3. 標示付けアルゴリズムと標示付け不履行

　Chomsky (2013, 2015, 2017) に示されている最も新しいミニマリストアプローチ (Minimalist Approach) では、X-bar 理論も範疇標示もない。小節の形成には単純に併合 (merge) を用いて二つの要素 a と ß を結合すればよい。

　語彙要素 (lexical item: LI) a と ß が併合することにより {a, ß} という集合 K を形成する。K が適格統語構造体 (Syntactic Object) となるためには、感覚運動機構 (Sensorymotor System) や概念・意図機構 (Conceptual-intentional System) というインターフェイス (interface) で適正に解釈されなければならない。例えば、Chomsky (1965: 21) で示された Flying planes can be dangerous. では、たまたまこの文では曖昧性を導入するために助動詞 can を入れてあるが、主語の flying planes の句が動名詞句なのか限定詞句（名詞句）なのかが決定されないと、時制を持つ be 動詞が後続した場合、is なのか are なのかが決定できず、統語的に不明瞭な文となる。同時に、意味においては「飛行機を飛ばすこと」なのか「飛んでいる飛行機」なのかの決定ができない。この不明瞭さを解消するには、主語の統語構造体 K の範疇を示せばよく、この情報が標示 (label) と呼ばれるものである。

　標示は a と ß に全く無関係なものとなることはなく、いずれかの投射 (projection) が選択されることになる。

---

[9] Chomsky (2013: 43) では X-bar 理論で句構造に保持されてきた内心構造が放棄されており、X-bar 理論も放棄されたのである。

(13)　a.　K={a, {a, ß}}
　　　b.　K={ß, {a, ß}}

　この標示の決定操作を標示付けアルゴリズム (Labeling Algorithm: LA) と呼ぶ。
　標示の決定は a と ß の組み合わせにより以下の 3 種類に分けられる。H は主要部 (head) を意味する。

(14)　a.　{Ha, Hb}
　　　b.　{H, XP}
　　　c.　{XY, YP}

(14a) で、Ha、Hb は異なる主要部で、主要部同士の構造体は語根 (root) であり、語根は標示を形成するには弱すぎるとされている[10]。そのため、(14a) はそのままでは無標示となり統語構造体になり得ず、Embick and Marantz (2008) などが示すように、範疇マーカー (category marker) が付与されてはじめて統語構造体となり、(14) のいずれかになる。

　(14b) の場合は、問題なく標示付けアルゴリズムにより主要部 H が標示となる。[11] これは従来の VP や PP を形成するものである。最小句構造 (bare phrase structure)[12] からすれば、(15) のような統語構造体が形成されることになる。

(15)　a.　　kiss　　　　　　b.　　on
　　　　　kiss　[the girl]　　　on　[the desk]

　(14a, b) はいずれも一つの統語構造体に別の統語構造体を併合するという

---

[10] Chomsky (2015: 8) 参照。
[11] 一致操作は XP 内の X を探査するとすれば、(14b) は (14c) と同一と考えることができる。
[12] Chomsky (1995b) 参照。

外的併合による統語構造体形成であったが、移動規則による内的併合 (Internal Merge) では常に (14c) の構造を形成するものである。この場合は, 標示付けアルゴリズムが XP と YP 内に存在する X と Y を同定し、両者の間に一致操作 (Agree) が成立すれば標示が決定される。その際、X と Y の一致要素の対 (pair of the agreeing elements)、<φ, φ> として標示が決定されることになる。

生成文法の歴史において、wh 語の移動は最も精力的に研究されてきたテーマであるが、Who$_i$ do you think [$_{CP}$ t_i' [$_{TP}$ John met t_i]]? のような文の場合、who$_i$ が t_i の位置から t_i' の位置に移動する理由は明確に示されてはいなかった。[13] wh 移動が稼働する原因は、初期のミニマリストアプローチでは自己充足の原理 (Greed) と考えられた。α が移動するのは α 自体が持つ形態的特性を満たすためにその移動が必要とされる場合にのみ作動するというものであった。自己充足最終手段 (Self-serving Last Resort) とも呼ばれた[14]。しかし、Chomsky (2000) の非解釈素性 (uninterpretable feature: u) を取り入れた探査子・目標機構 (Probe-Goal System) が提案されるに至り、Lasnik (2003: 28) に示された啓発された自己利益の原理 (Enlightened Self-Interst) へと変わり、移動する α か移動先の β か、いずれかの形式的要請が充足されるために移動が生じるとされた。

(16) a. Greed: Movement of α to β is for the satisfaction of formal requirements of α.
b. "Enlightened self interest": Movement of α to β is for the satisfaction of formal requirements of α or β. (Lasnik 2003: 28)

これにより、初期の自己充足の原理では、移動する α が構造上部に自己充足を可能とする位置があり、それを求めて移動するという先読み (look-ahead)[15] が必要であったが、その必要がなくなった。ここから移動は移動する α 内の

---
[13] who$_i$ が t_i' の位置から主節の CP-Spec に移動する理由は主節 C 主要部の <+Q> 素性、あるいは <+WH> 素性、もしくは先端素性、EPP 素性であろう。
[14] Chomsky (1995a: 201) 参照。
[15] 言語の計算機構 (computational system) の局所決定性 (local determinability) の一つ。Computation is locally determined. と規定されている。Chomsky (2000: 99, 105) 参照。

非解釈素性を削除するために、探査子が a を牽引 (Attract) するという考え方に至った。

移動の原因が探査子ということになると、移動の連続循環的 (successive cyclic)、すなわち非有界依存関係 (unbounded dependency) の説明が不自然なものとなってしまう。t_i の位置にあった who_i が t_i' の位置に移動する理由がないのである。動詞 think の補文は Q 素性を持たないので、探査子にならない。

探査子・目標機構と先読みをしない枠組みでは、目的語の wh 句は v^* フェーズ (phase) の先端 (edge) には移動しても、それより上位の C フェーズには Q 素性がないため C フェーズに移動することはない。そうなれば、wh 句の持つ非解釈素性が残留し、完全解釈の原理 (Principle of Full Interpretation) により派生は破綻する。

Chomsky (2008: 139) では先端素性 (edge feature) というものを提案し、これにより wh 移動なども駆動されるとしているが、先端素性は C や v^* のようなフェーズを形成する範疇にのみ固有の素性ではなく、すべての範疇が有するものである。そうであれば、範疇があれば、それと wh 句が外的併合 (External Merge) を起こすわけで、先読みせずどの範疇と外的併合をして連続循環的移動を駆動するのか不明である。

そこで、α と β のいずれかに非解釈素性が残った場合は、標示付けアルゴリズムによる α の標示決定は行われない。これを標示付け不履行 (labeling failure) という。これにより併合は成立せず、非解釈素性を持った要素はそれが解釈、削除されるまで上昇し、外部併合を繰り返すのである。これが連続循環的移動、すなわち非有界依存関係の形成なのである。

4. 複合不変化詞構文の派生

では、(8) の小節の派生に戻るとしよう。まず、the books と on the shelf が外部併合される。しかし、the books には <uAcc> (uninterpretable accusative Case) があり、非解釈素性は on the shelf との併合では Agree が作動せず、削除されない。したがって、標示付け不履行が生じ小節にあたる要素に標示が

決定されない状体が続く。

(17) [ₓ [_DP the books] [_PP on the shelf]]
     <uAcc>

続いて不変化詞がこの統語構造体と外部併合する。不変化詞は非他動的前置詞であり格を照合する能力は持たない。したがってここでも不変化詞を含む統語構造体には標示が決定されず (18) の構造になる。

(18) [_Y down [_X [_DP the books] [_PP on the shelf]]]
     <uAcc>

標示未決定の X や Y はもちろん統語構造体になれないので、そのまま残存すれば、派生は破綻する。しかし、いかに標示未決定の要素であっても、それを含むフェーズが終わるまでは、派生に残っていても問題はない。非統語構造体は PF や LF で解釈を受ける際に排除されればよい。つまり転送 (transfer)[16] までは派生に残れるのである。

(18) の派生に標示付け不履行が生じため上昇が生じ、Y に内的併合が生じるとしてみよう。これにより以下の派生が生じることになる。

(19) [_Z [_DP the books][_Prt down [_PP [_DP ~~the books~~] [_PP on the shelf]]]]
     <uAcc>   <~~uAcc~~>

(18) で標示が決定されていなかった X から the books が標示付け不履行により上昇したため the books は痕跡となる。痕跡は不可視 (invisible)[17] なので X の標示は可視的である on the shelf の PP という標示を継承し、同時に X が PP という標示に決定されたことを受け、Y も down が主要部であるために (14b) により Particle という標示決定を受けることになる。その結果、(19) の派生は the books の非解釈素性の照合と Z の標示決定を残すことになる。

他動詞 put と v* が併合され (20) が形成されると、v* による格照合が行われ the books の非解釈素性 <uAcc> は削除され、それに伴い Z も Prt という標示が決定され合法的統語構造体 v* が形成される。

---

[16] Chomsky (2004: 107) 参照。
[17] Chomsky (2013: 44) 参照。

(20) [$_{v*}$ v* [$_{VP}$ put [$_{Prt}$ [$_{DP}$ the books][$_{Prt}$ down [$_{PP}$ [$_{DP}$ the books] [$_{PP}$ on the shelf]]]]]
      <πAcc>   <πAcc>

上記のような機構により不変化詞構文が形成されるとすると、(7) に示した他の複合不変化詞構文も同様にその生成過程が説明できる。

(21) a. NCPC: [V [out [John a liar]]] (They made John out a liar.)
     b. ACPC: [V [up [the barn red]]] (They painted the barn up red.)
     c. TCPC: [V [out [John to be a liar]]] (They made John out to be liar.)

複合不変化詞構文が動詞隣接構造をとる場合の容認可能性は以下のようである。

(22) a. The secretary sent *out* a schedule to the stockholders.
                                                        (Emonds 1976: 81)
     b. Bill fixed *up* a drink for John.   (Emonds 1976: 82)
     c. *?They painted *up* the barn red.   (Jackendoff 1977: 67)
     d. *?They made *out* John a liar.   (Dikken 1995: 45)
     e. ^(?)They made *out* John *to be* a liar.   (Dikken 1995: 45)
     f. They put *down* the books on the shelf.   (Dikken 1995: 51)

いずれの文の判断も非文との判断はなされておらず、言語使用における E 言語 (E-language) の許容範囲に入っているものなので、生成機構としては合法的であると言うことができる。
これに対して動詞離接構造においては明確な対照を見せている。

(23) a. *The secretary sent a schedule to the stockholders *out*.
                                                        (Emonds 1976: 85)
     b. *Bill fixed a drink for John *up*.   (Emonds 1976: 85)
     c. *They painted the barn red *up*.   (Jackendoff 1977: 67)

d. *They made John a liar ***out***.　　　　　(Dikken 1995: 45)
　　e. *They made John ***to be*** a liar ***out***.　　(Dikken 1995: 45)
　　f. *They put the books on the shelf ***down***.　(Dikken 1995: 51)

すべて非文法的との判断で、疑問の余地はない。不変化詞の補部である XP が不変化詞の前方に移動し内部併合されないと (23) の文は派生されない。XP 全体が不変化詞の前方に移動する理由がどこにもないので、構造の形成そのものが生じないのである。

5.　まとめ

　不変化詞構文における不変化詞は非他動的前置詞であり、従来の理論枠組みで言う小節を補部にとる。内心構造をとらない小節という概念は不要で、標示付けアルゴリズムと標示付け不履行により不変化詞構文は形成される。

参考文献

Burzio, L. (1980) *Italian Syntax: A Government-Binding Approach.* Dordrecht: D. Reidel Publishing Company.
Chomsky, N. (1965) *Aspects of the Theory of Syntax.* Cambridge, MA.: MIT Press.
Chomsky, N. (1981) *Lectures on Government and Binding.* Dordrecht: Foris.
Chomsky, N. (1995a) *The Minimalist Program.* Cambridge, Mass: MIT Press.
Chomsky, N. (1995b) *Bare Phrase Structure. Government and Binding Theory and the Minimalist Program*, ed. by Gert Webelhuth, 383–439. Oxford: Blackwell.
Chomsky, N. (2000) *Minimalist Inquiries: the Framework. In Step by Step: Essays on Minimalist Syntax in Honor of Howard Lasnik*, ed. by Martin, R., D. Michaels, and J. Uriagereka. 89–155, Cambridge, Mass.: MIT Press.
Chomsky, N. (2004) *Beyond Explanatory Adequacy. In Structures and Beyond: The Cartography of Syntactic Structures, Volume 3*, ed. by Belletti, Adriana, 104–131. Oxford: Oxford University Press.
Chomsky, N. (2008) *On Phases. Foundational Issues in Linguistic Theory: Essays in Honor of Jean-Roger Vergnaud*, ed by Freidin, Robert, Carlos P. Otero, and Maria Luisa Zubizarreta, 133–166. Cambridge, Mass.: MIT Press.

Chomsky, N. (2013) Problems of Projection. *Lingua* 130, 33–49.

Chomsky, N. (2015) Problems of Projection: Extensions. In *Structures, Strategies and Beyond: Studies in Honour of Adriana Belletti*, ed. by Elisa Di Domenico, Cornelia Hamann, and Simona Matteini, 3–16. Amsterdam: John Benjamins B.V.

Chomsky, N. (2017) Puzzles about Phases, mimeo.

Dikken, M. (1995) *Particle: On the Syntax of Verb-Particle, Triadic, and Causative Constructions*. Oxford: Oxford University Press.

Embick, D. and A. Marantz (2008) Architecture and Blocking. *Linguistic Inquiry* 39, 1–53.

Emonds, J. (1976) *A Transformational Approach to English Syntax: Root, Structure-Preserving, and Local Transformations*. New York: Academic Press.

Guéron, J. (1990) Particles, Prepositions, and Verbs. In *Grammar in Progress: Glow Essays for Henk van Riemsdijk*, ed. by Mascaró and Marina Nespor, 153–166. Dordrecht: Foris.

Jackendoff, R. (1977) *X-bar Syntax: A Study of Phrase Structure*. Cambridge, Mass.: MIT Press.

Kayne, R. (1981) Unambiguous Paths. In *Levels of Syntactic Representation*, ed. by May, R. and J. Koster, 143–183. Dordrecht: Foris.

Kayne, R. (1984) Principles of Particle Constructions. In *Grammatical Representation*, ed. by Guéron, J., H.-G. Obenauer, and J.-Y. Pollock, 101–140. Dordrecht: Foris.

Lasnik, H. (2003) *Minimalist Investigations in Linguistic Theory*. London: Routledge.

小野隆啓 (2015)『英語の素朴な疑問から本質へ：文法を作る文法』開拓社.

小野隆啓 (2017)「標示付け不履行による文派生」西原哲雄・田中真一・早瀬尚子・小野隆啓（編）『現代言語理論の最前線』, (pp.17–28) 開拓社.

Radford, A. (1988) *Transformational Grammar: A First Course*. Cambridge: Cambridge University Press.

Radford, A. (2004) *English Syntax: An Introduction*. Cambridge: Cambridge University Press.

Stowell, T. (1981) *Origins of Phrase Structure*, Doctoral dissertation, MIT. Cambridge, Massachusetts.

Williams, E. (1983) Against Small Clauses. *Linguistic Inquiry* 14, 287–308.

新学習指導要領（中学校外国語）の
コーパス談話分析

鎌倉　義士

1. はじめに

　平成32年度から順次小中高と新学習指導要領に沿った指導が全面実施される。その開始年度となる2020年は東京オリンピックを控え、国際的イベントを前にグローバルな人材育成を目標に英語教育の改革案が討議されてきた。その改革はこれまでの英語教育における指導は十分でないと判断し、英語による「コミュニケーション」を重視し、英語を「話す」ことを目標にするように見える。

　大津・江利川・斎藤・鳥飼 (2013) をはじめ、多くの研究者や英語教育関係者が政府と文科省が提案する英語教育改革に異議を唱えている。例えば、小学校英語の教科化、大学入試や卒業要件にTOEFLの点数の導入、英語の授業は英語で行うことが挙げられる。しかし、その批判は政府の諮問機関からの発表に対するものが多く、現場の英語教員や教科書作成の基準となる学習指導要領の文言とその内容を分析した研究は少ない。批判的談話分析は分析者が主観的に選択した言説による研究と批判されるが、その分析の弱点を補うため、本研究では統計に基づくコーパスの分析手法を用いて客観的な批判的談話分析を試みる。新学習指導要領の実施により外国語教科が小学校で開始されるまで、中学校が英語教育の導入の場であった。英語学習の基盤であった中学校での英語教育はどのように変化するのか。本研究は2017年に公示された中学校（外国語）新学習指導要領を現行の学習指導要領と比較し、批判的談話分析によって文部科学省が目指す日本の英語教育の改革とその意図を読み取る。

2. 新中学校学習指導要領

　新中学校学習指導要領は2017年（平成29年3月）に公示され、3年間の移行期間中に教科書の検定・採択・供給を行った後、2021年（平成33年度）より全面実施が予定されている[1]。1947年の試案から始まり約10年毎の改訂を経て、今回は2008年の改訂に続く8回目の改定となる。

　学習指導要領の改訂は、教育現場と教育に関連する人・業者・団体に大きな影響を与え、学ぶ児童生徒たちの成長に深く関わるため、常に世間で議論と注目の対象となる。今回改定された新指導要領が公示される前にも、政府や文部科学省そして政府与党からの提言にある英語教育改定案が発表された段階において、英語教育を専門とする学者だけでなく多くの研究者・識者から批判の声があげられた（cf. 大津他 2013、施 2015、永井 2015）。具体的には、中学生の英語学習語彙数の増加、現在完了進行形や仮定法の学習、中学校での英語による授業（江利川 2017）、学習到達目標へのCEFR（欧州言語共通参照枠）の一部導入（鳥飼 2017）などが問題視される一方、その改革の根底に潜む日本での「グローバル人材・社会」の育成と英語による「コミュケーション能力」の定義が議論されている。さらに、日本学術会議の分科会より中学校での英語による授業に対する提言が、新学習指導要領の公示直前に発表された（日本学術会議言語・文学委員会 文化の邂逅と言語分科会 2016）。

　小中高での英語教育への新たな改革への批判や評価は散見するものの、その指針となる学習指導要領に記された文言に関する分析は数少ない。学習指導要領は教科の運用基準であり、それに基づき指導が行われる。学習指導要領が作成される課程と同様に、学習指導要領に何がどのように書かれているかという内容の分析も教育行政のあり方を検討するのに重要な資料となる。これまで外国語の学習指導要領に関する研究は、指導要領の改訂期間とその検証と評価（亘理 2016）や教育現場の教員の対応（阿部 2017）があるが、

---

[1] 本論文では2008年（平成20年）改訂2012年（平成24年）実施の中学校学習指導要領を執筆当時における「現行学習指導要領」と称し、対する2017年（平成29年）改訂2021年（平成32年）実施予定の中学校学習指導要領を「新学習指導要領」と称す。

学習指導要領の記述を数量的に、そして談話分析を行った研究は私が調べた限り存在しない。この背景から本論文では中学校新学習指導要領（外国語）の批判的談話分析を展開する。

3. コーパスを用いた談話分析

コーパスを用いた談話分析は corpus-assisted discourse studies (Partington 2004) とも呼ばれ、従来の談話分析にコンピュータによる分析を行い、キーワードとなる語の頻度やコロケーションなど言語の傾向を見出すことを目的とする。その分析対象は多岐にわたり、政党からの発表内のキーワードの分析 (Fairclough 2000) や deaf という語の表現形式について (Hunston 2002)、さらに *gay men* という表現がどのように社会にて構築されているか (Baker 2005) まで広く対象となる。コーパスを用いた談話分析では、分析対象のテキスト内にある特徴的なキーワードの頻度・散布・コンコーダンス・共起語・キーネスを調べることで、そのテキストの背景にあるイデオロギーを明らかにする (Baker 2006, Baker and Ellege 2011)。代表的な研究として、Baker *et al.* (2013) では 1 億 4300 万語から成る英新聞コーパス内に *Muslim world* や *Muslim community* などの共起語のペアが高頻度で表れることを指摘し、そのキーワードと共起する語が民族性、異なる性質、紛争を意味する傾向から、イスラム教徒の集団としての同質性と西洋社会との異質性という社会の背後に潜む印象を論証している。同様に、Baker (2006) では、英新聞コーパスから *refugee* をキーワードに難民は数量を表す句が高頻度で共起することや、水の流れを想起させるメタファーが頻繁に使用されること、そして *for refugees* の句から難民が援助の対象であるという社会に共有される心象をテキストから導き出した。

コーパスを用いた談話分析の原型となる批判的談話分析は、談話内で正当化される社会的不平等を批判的に研究する (Wodak 2001)。即ち、優位な立場にある集団が社会で共有される談話を支配し、その談話がどのように弱者の心理や行動を掌握し、その社会における不平等や支配の結果をテキストから見出す (van Dijk 2001)。ここにおける「談話」とは語・句・文の上位に位

置する単位としてのものではなく、むしろ Gee (2010) が定義する大文字 D で記される Discourse を指す。この Discourse とは社会の一体感を形成する観念であり、言葉・行動・相互作用・思考・信条・価値が組み合わされ形成されている (Gee 2010, Jones 2012)。では、本研究の対象である学習指導要領には、どのような Discourse が潜むのだろうか。それは多くの日本国民が共有する「英語教育」への不信感であり、グローバルな「英語」への理想化されたイメージである。前者に関して、斎藤 (2017) は新学習指導要領が「英語教育失敗仮説」に基づくと指摘し、公教育での英語教育に対して合理的に判断できない状況を「過熱心理」(金谷 2008)や「英語協奏曲」(大津 2007)と称されるコミュニケーション重視の英語教育改革を批判している（大津 2013)。後者は、グローバル化による英語の不可欠さ、早期英語教育の優位性、ネイティブ信仰など、英語学習における神話とも言える誤った思い込みを指す（永井 2015)。日本国内中学校の英語教育の指針となる学習指導要領（外国語）内にこのような Discourse を背後にした記述がないか本研究では分析を行う。

　Wodak (2001) は全ての批判的談話分析には「権力・歴史・イデオロギー」が関与すると述べる。英語教育の上位には、英米諸国の経済による植民地化（権力)、グローバル化を不可逆的とする歴史法則主義（歴史)、市場競争を是とする新自由主義（イデオロギー）というグローバル経済の Discourse が存在する。この Discourse を論証する文献は枚挙に暇がないが (cf. 三木谷 2012、柳井 2011)、本研究ではグローバル経済の Discourse は対象とせず、日本の英語教育の Discourse に限定し分析する。

4. データと分析方法

　本研究にて分析対象となるデータは文部科学省ウェブサイト上で公開されている新指導要領（平成 29 年 3 月公示）の PDF ファイルをダウンロードしたテキストを Web 茶まめ（国立国語研究所 2015）にて形態素解析を行い、コンコーダンサーと呼ばれるコーパス分析ソフトによって頻度やキーネス (keyness) が計算された。

キーネスは二つの異なるコーパスにおける語の頻度を比較し、分析対象のコーパス内でどの語が特徴的に高頻度で出現するかを対数もしくはカイ二乗の統計数値によって表したものである (Anthony 2016)。キーネスは分析ソフトによってはキーワード (key words) と呼ばれることもあるが同一の語のコーパス間における頻度の差を調べる点では同じ指標である。本論文ではキーネスを使用する。キーネスには正と負の値があり、正のキーネスは基準となるコーパスが比較対象のコーパスに比べて頻度が高い場合に高いキーネス値と計算される。本論文では新学習指導要領が基準となるコーパスとなり、対して現行学習指導要領が比較対象のコーパスとなる。負のキーネスは分析対象の基準となるコーパス内での語句の頻度が、比較対象のコーパスよりも著しく低い場合にマイナスの値で高く表示される。キーネスの値を分析の足掛かりとし、正と負にそれぞれ高いキーネス値を示した語と共起し連語関係にある語 (collocates) やキーネス値の高い語を含む句やパターン (Hunston 2002) と呼ばれる統計的に高頻度な語句の組み合わせをコンコーダンサーにて抽出する。

5. 新学習指導要領で高頻度な語句

現行指導要領から新指導要領への変化として、まずページ数や語数が統計的な指標として挙げることができる。現行指導要領は外国語の節に7ページを割いているのに対し、新指導要領の外国語に関する第9章は10ページ用意されている。ページ数だけを見ても、新指導要領が現行指導要領より多くの記述していることは明らかである。さらに、語数にも着目する。日本語のコーパス分析では形態素を基本的な分析単位として扱う。形態素数で現行指導要領と新指導要領を比較すると2168（現行）から3533（新）へと増加していることが同じくデータから読み取れる。では、具体的にどのような語もしくは形態素が現行指導要領に比べて新指導要領で使用されているだろうか。その統計的にも高頻度の語や句が、新指導要領を特徴づける言葉、もしくは文部科学省が意図する指導方針を明らかにするのだろうか。その仮説に基づき、現行指導要領と新指導要領との間でキーネス値が高い語を表1に表す。

新学習指導要領（中学校外国語）のコーパス談話分析

表1　新指導要領にてキーネス値が高い語

	word	keyness	新指導要領		現行指導要領	
			調整頻度	粗頻度	調整頻度	粗頻度
1	語句	16.233	4.812	17	0.000	0
2	話題	15.892	9.057	32	1.077	3
3	簡単	12.690	6.793	24	0.718	2
4	日常	12.139	5.378	19	0.359	1
5	社会	8.799	4.246	15	0.359	1
87	コミュニケーション	1.100	5.095	18	2.513	7

　表1は左の列にキーネス値の順位を示し、続いてその語句、キーネス値、そして新指導要領内の語句の頻度と現行指導要領内での頻度である。頻度は左に調整頻度を記し、右に実際の出現頻度（粗頻度）を記した。調整頻度は実際にテキスト内で表出した頻度をコーパス全体の語数で除した数値である。論文内の調整頻度は1000語あたりの頻度を表す。この数値によって、サイズが異なるコーパス間での頻度による比較が可能となる。

　「語句」という語が現行指導要領で全く使用されず、新指導要領では高頻度で使用されている。これは現行指導要領では語句を「語」もしくは「語、句」と表現しているからである。興味深い点は、新指導要領内で「語句」を含むクラスターと呼ばれる一連の高頻度の語から構成される句として「簡単な語句」という表現が見つかり、さらに「簡単な語句」を含む句として「簡単な語句や文を用いて」「簡単な語句や文で書かれた」が頻出している。

する。（↓）(3) 話すこと［やり取り］（↓）ア　関心のある事柄について、簡単な語句や文を用いて即興で伝え合うことができるようにする。（↓）イ　日常日常的な話題について、事実や自分の考え、気持ちなどを整理し、簡単な語句や文を用いて伝えたり、相手からの質問に答えたりすることができるようにしたことについて、考えたことや感じたこと、その理由などを、簡単な語句や文を用いて述べ合うことができるようにする。（↓）(4) 話すこと［発表］する。（↓）(4) 話すこと［発表］ア　関心のある事柄について、簡単な語句や文を用いて即興で話すことができるようにする。（↓）イ　日常的日常的な話題について、事実や自分の考え、気持ちなどを整理し、簡単な語句や文を用いてまとまりのある内容を話すことができるようにする。（↓）ウしたことについて、考えたことや感じたこと、その理由などを、簡単な語句や文を用いて話すことができるようにする。（↓）(5) 書くこと（↓）アできるようにする。（↓）(5) 書くこと（↓）ア　関心のある事柄について、簡単な語句や文を用いて正確に書くことができるようにする。（↓）イ　日常的日常的な話題について、事実や自分の考え、気持ちなどを整理し、簡単な語句や文を用いてまとまりのある文章を書くことができるようにする。（↓）ウしたことについて、考えたことや感じたこと、その理由などを、簡単な語句や文を用いて書くことができるようにする。<h2>2　内容</h2>(自分の近況などを伝える活動。（↓）(ウ) 日常的な話題について、簡単な語句や文で書かれたものから必要な情報を読み取ることができるようにする。（↓）(2) 読むこと（↓）ア　日常的な話題について、簡単な語句や文で書かれた文章の概要を捉えることができるようにする。（↓）ウ　社会的な話題について、簡単な語句や文で書かれた短い文章の要点を捉えることができるようにする。（↓）(3) 文章などから、自分が必要とする情報を読み取る活動。（↓）(ウ) 簡単な語句や文で書かれた日常的な話題に関する短い説明やエッセイ、物語などを読みやエッセイ、物語などで概要を把握する活動。（↓）(エ) 簡単な語句や文で書かれた社会的な話題に関する説明などを読んで、イラストや写真書くこと（↓）(ア) 趣味や好き嫌いなど、自分に関する基本的な情報を簡単な語句や文で書く活動。（↓）(イ) 簡単な手紙や電子メールの形で自分て行うこと。また、小学校第3学年から第6学年までに扱った簡単な語句や基本的な表現などの学習内容を繰り返し指導し定着を図ること。（↓）エ

図1　「簡単な語句」コンコーダンス

111

この「簡単な語句や文を用いて」や「簡単な語句や文で書かれた」という句は新指導要領第9節外国語第2各言語の目標及び内容等1目標にある(2)読むこと、(3)話すこと［やり取り］、(4)話すこと［発表］、(5)書くことの項目内で繰り返し使用され、(1)聞くことの目標内には使用されていない。このことから文部科学省は「聞くこと」を除いた技能の指導において「簡単な語句や文」で外国語を読み、話し、聞くことができるようになることを目標にすると新学習指導要領で提示していることが分かる。では、「簡単な語句や文」とは具体的にどのような英語の表現を指しているのか。その詳細は中学校学習指導要領解説外国語編にて説明されている。「『簡単な語句や文で書かれたもの』とは、小学校での学習やこれまでの経験の中で触れてきた語彙や表現を含め、中学校で扱う語句や文を用いて書かれたもの」（文部科学省 2017:19）とあるが、新学習指導要領の改訂では「小学校で学習した語に1600~1800語程度の新語を加えた語」（新学習指導要領 p131 第2 各言語の目標及び内容等 2 内容 ウ 語、連語及び慣用表現）と、その増加に対して「前回の改訂における『1200語程度』と比べると増加幅が大きく見えるが」（解説 p32）と学習者の負担増を認めながらも、「小学校において中学年の外国語活動で扱ったり高学年の外国語科で学んだりした語と関連付けるなどしながら、中学校で語彙を増やしていくことを考えれば、言語活動の中で無理なく扱うことのできる範囲であると考えられる」と肯定している。江利川(2017)の批判にあるように、小学校英語での600~700語を加えれば現在の2倍近くの語彙学習の負担を中学生に課しながらも、「簡単な」という句でその困難さを誤魔化すのは指導要領の文言として不当である。小中高の英語学習の連携を図りながらも、実情は中学校での負担を小学校に分担させ、高校での学習に先送りするような教育計画は検討されるべきである。

　「語句」と同様に、「話題」もキーネス値が高い「日常」と「社会」の語と共起し「日常的な話題」と「社会的な話題」の句を構成している。図2は「日常的な話題」と「社会的な話題」の句が新中学校学習指導要領内でどのように散布しているかを表したものである。横の棒線を新中学校指学習導要領の全体とすると「日常的な話題」と「社会的な話題」の句は、ほぼ同じ位置に散布していることが分かる。これは学習指導要領第9節外国語の第2各

```
Concordance Hits  18         Total Plots  1
HIT FILE: 1   FILE: new_chuGaikokugo.txt_shojikei.txt    「日常的な話題」
 | ||      |||         |                  No. of Hits = 18
                                          File Length (in chars) = 12628

Concordance Hits  14         Total Plots  1
HIT FILE: 1   FILE: new_chuGaikokugo.txt_shojikei.txt    「社会的な話題」
 |  ||     |||         |                 No. of Hits = 14
                                          File Length (in chars) = 12628
```

図2 「日常的な話題」「社会的な話題」の散布

言語の目標及び内容1目標(1)聞くこと、(2)読むこと、(3)話すこと［やり取り］、(4)話すこと［発表］、(5)書くことの部分(pp129–130)と、2内容〔思考力、判断力、表現力等〕(2)情報を整理しながら考えなどを形成し、英語で表現したり、伝え合ったりすることに関する事項(3)言語活動及び言語の働きに関する事項 イ 聞くこと、ウ 読むこと、エ 話すこと［やり取り］との部分(pp133–134)で「日常的な話題」と「社会的な話題」の句が高頻度で使用されていることを示す。即ち、文部科学省はやり取りと発表の話すことを含めた英語の4技能を中学生にとって「日常的な話題」と「社会的な話題」を扱いながら習得することを推進している。

> 本目標での「日常的な話題」とは、生徒の日々の生活に関わる話題のこと、「社会的な話題」とは、社会で起こっている出来事や問題に関わる話題のことである。小学校の外国語科では「身近で簡単な事柄」を扱うのに対し、中学校ではこれらの様々な話題を取り上げることにより、「コミュニケーションを行う目的や場面、状況など」をより幅広く設定することができる。
>
> （文部科学省『中学校学習指導要領解説外国語編』2017:13）

上記引用に見るように、小学校での英語学習から中学校へ段階的に発展させる創意工夫は読み取れる。しかし、前述の「簡単な語句や文」と同様に安易に「簡単」の語句を用い、易しく負担の少ない英語学習という印象を想起

させるのは好ましくない。現場の教員は生徒にとって「日常的な話題」と「社会的な話題」を他教科とも関連付けて模索する必要がある。これは新学習指導要領にて「外国語科など他教科との関連」(p29) という句が第 1 節 国語に表れ、さらに第 9 節 外国語にも「国語や理科、音楽科など、他の教科等で学習したことを活用」(p136) と書かれていることから明らかである。

　「グローバル」や「コミュニケーション」という語が新たな英語教育改革のキーワードであると仮定し分析したものの、新学習指導要領内には「グローバル」という語は見られず、「コミュニケーション」は 18 回使用されているが旧指導要領との使用頻度を対比するキーネス値は低く（表 1）、新学習指導要領の特徴的な語と断言できない。おそらく江利川 (2013) が指摘するよう、1990 年代に学習指導要領が「コミュニケーション重視」に転換したのであれば、本研究で対象とする 2008 年（平成 20 年）改訂の旧学習指導要領と 2017 年（平成 29 年）改訂の新学習指導要領の間には既に「コミュニケーション重視」の考えが浸透しており、「コミュニケーション」という語の使用頻度に大きな差異がないのかもしれない。

　1947 年（昭和 22 年）の初版から 2017 年（平成 29 年）の改訂に至るまで、8 回の改訂で作成された中学校学習指導要領（外国語）内での「コミュニケーション」の頻度を調べた。結果として、1989 年（平成元年）の学習指導要領第 9 節外国語 1 目標に表れるのが「コミュケーション」という語の初出である。それ以前の学習指導要領には「コミュケーション」は出現しない。1989 年（平成元年）の学習指導要領にて「コミュケーション」は 1 回（調整頻度 0.429）、以降 1998 年（平成 10 年）の学習指導要領にて 10 回 (3.330)、本研究で旧学習指導要領とする 2008 年（平成 20 年）のものでは 7 回 (2.513)、そして今回改定される 2017 年（平成 29 年）学習指導要領では 18 回 (5.095)「コミュケーション」が使用されている。調整頻度の数値に注目すると、1998 年（平成 10 年）の学習指導要領で「コミュニケーション」の使用が増え、2008 年（平成 20 年）学習指導要領でやや減少した後、2017 年（平成 29 年）学習指導要領でその頻度が倍増している。

　図 3 の新学習指導要領（外国語）の文言からなる共起ネットワークでは「外国語」と「コミュニケーション」が強く共起する組み合わせとして示さ

れている。実際に、新学習指導要領外国語第1目標にて「外国語」と「コミュニケーション」が同じ文内で頻繁に共起している。このことから文部科学省による「コミュニケーション」を目標とする外国語教育が掲げられていると推察できる。

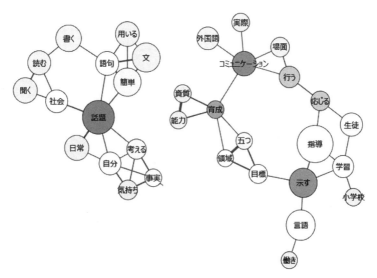

図3　新中学学習指導要領外国語の共起ネットワークの一部

6. 現行学習指導要領から新学習指導要領で減少した表現

　前章では新学習指導要領内で増加した語句を調べたのに対し、この章では減少した語句、つまり現行指導要領で多用されていたが新学習指導要領内で頻度が減少した語句について分析する。表2にある「言語」、「英語」、「適切」、「場面」の語句はいずれも出現する粗頻度では現行学習指導要領と新学習指導要領で大きな差が見られないが、コーパスサイズを考慮した調整頻度ではその頻度の差が確認できる。しかし、2倍近くの調整頻度の差があるのは「言語」の使用についてのみで、他の「英語」、「適切」、「場面」についてはそれらの頻度に現行と新規の学習指導要領間に大きな差があるとは言えない。

新学習指導要領において「言語」は「言語活動(12)」、「言語のはたらき(5)」、「言語材料(4)」、「言語の使用場面(3)」の句の中で用いられている[2]。これらの語句は全く同じ語句で現行学習指導要領にも使用されている。英語を指導するにあたり、英語に関連する「活動」、「はたらき」、「材料」、「使用場面」を意識し指導することを文部科学省が現行学習指導要領から新学習指導要領でも継続して推進することが明らかである。「英語」は新学習指導要領にて使用頻度が若干減少しているが、3指導計画の作成と内容の取扱い(p136)にて「授業は英語で行うことを基本とする」、「生徒の理解の程度に応じた英語を用いるようにすること」、「指導計画の作成や授業の実施に当たっては、ネイティブ・スピーカーや英語が堪能な地域人材の協力を得る等」という、それまで高校のみで行われていた英語による授業を中学校でも展開する点と、外国語教育の専門知識が無い学外の人物に協力を求める点という新学習指導要領で非難を浴びている内容が指導要領内最終章で提示されている。このような大きな授業改革となる点を指導要領の終盤にあまり目立つこと無く記載されていることが、この変革の重要さをどれほど深刻に捉えて検討を経てきたのか不安を覚える。「適切」は「適切に応答する／…したり」の句で、聞くことと話すことの活動において状況に即した生徒による英語表現の理解と使用を説明している。対して、教員に対しては「学年ごとの目標を適切に定め」(p136)、「生徒の発達の段階や興味・関心に即して適切な題材」、「外国語科の特質に応じて適切な指導」(p138)といった道徳科との関連も含めて教壇に立つ教員の裁量に任せる余地を「適切」の語で説明している。

表2　新指導要領にて負のキーネス値を示す語

	word	keyness	新指導要領		現行指導要領	
			調整頻度	粗頻度	調整頻度	粗頻度
-3	言語	-7.978	7.925	28	12.567	35
-33	英語	-1.392	5.661	20	6.463	18
-34	適切	-1.344	1.698	6	2.513	7
-38	場面	-1.194	2.830	10	3.591	10

---

[2] 括弧内の数字は先行する語句の新学習指導要領内での粗頻度を示す。

7. 新学習指導要領に見る小学校から中学校への段階的な英語教育

　2017年（平成29年3月）に公示される新学習指導要領から小学5・6年生を対象に「外国語」の教科が開始され、同時に小学3・4年生を対象にこれまで高学年に行われていた「外国語活動」の授業が開始される。これは小中学校と続く英語教育が小学3年生から段階的に実施されることを意味する。そうであるならば、小学校「外国語活動」、小学校「外国語」、中学校「外国語」の指導要領に記載されている文言にも英語教育の段階性と継続性を示す傾向が見られるのではないだろうか。この仮説に基づき、中学校外国語と小学校外国語の学習指導要領、そして中学校外国語と小学校外国語活動の学習指導要領内の語の頻度を比べ、キーネス値を求めたのが表3である。

　表3　新学習指導要領（中学校外国語・小学校外国語・小学校外国語活動）の負のキーネス値を示す語

	中学校外国語		小学校外国語			小学校外国語活動		
	調整頻度	粗頻度	keyness	調整頻度	粗頻度	keyness	調整頻度	粗頻度
身近	0.849	3	-16.979	6.234	20	-10.530	5.500	11
基本	2.264	8	-16.796	9.663	31	-3.700	5.000	10
簡単	6.793	24	-7.452	12.469	40	-2.087	10.500	21

　「身近」という語が、小学校外国語活動や小学校外国語で多く使用される一方、中学校外国語の学習指導要領内では余り見られない。これは、小学校における英語教育で生徒の「身近」な話題を用いて学ぶことを奨励しており、中学校では5章で触れたように「日常的な話題」と「社会的な話題」を用いて、身の回りの世界から社会へと話題を段階的に展開していく試みが見て取れる。「基本」は小学校外国語の学習指導要領で多用されており、3・4年の外国語活動で初めて小学校で英語に触れた後、段階的に英語の基礎や基本となる事項を学ぼうとする段階的な展開は推測できる。しかし、新小学校学習指導要領外国語には「簡単な語句や基本的な表現を用いて」という句が繰り返し使用されている（図4）。同じく5章で述べたよう、中学校外国語においても「簡単な語句や文を用いて」の句が多用されており、小中学校で共通して「簡単な語句」を学ぶ一方、小学校では「基本的な表現」を、中学校

では「句」をと一見して段階的な指導計画に見えるものの、その実態は「基本的な表現」と「句」の判断は教員の裁量次第となっている。同様に、「簡単」は前述の「簡単な語句や基本的な表現を用いて」の句と「簡単な語句や基本的な表現」の句で小学校外国語にて多用されている。このことから、文部科学省は「基本」や「簡単」という語を用い、外国語教育の基礎を中学校から小学校へ移行させる意図が読み取れる。もしそれが事実であるならば、大津 (2013) が主張するよう入門期の外国語指導ができる教員育成が必要とされる。「基本」や「簡単」という柔らかな響きを持つ言葉を用いて、教育の負担と責任を教育現場の教員に押し付けるような指導要領であってはならない。

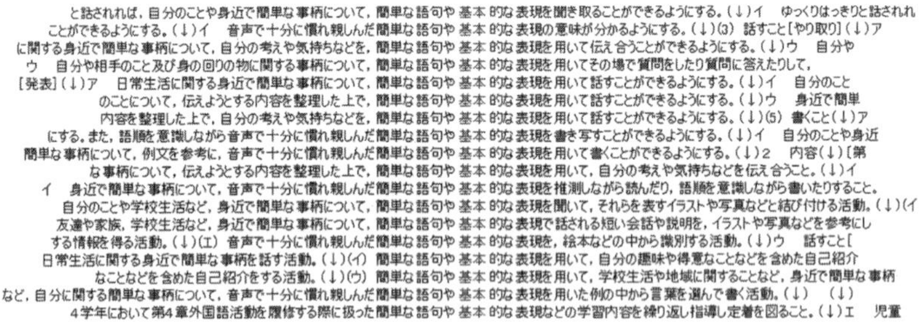
と話されれば，自分のことや身近で簡単な事柄について，簡単な語句や 基本 的な表現を聞き取ることができるようにする。(↓)イ　ゆっくりはっきりと話されれ
ことができるようにする。(↓)イ　音声で十分に慣れ親しんだ簡単な語句や 基本 的な表現の意味が分かるようにする。(↓)(3)　話すこと[やり取り](↓)ア
に関する身近で簡単な事柄について，自分の考えや気持ちなどを，簡単な語句や 基本 的な表現を用いて伝え合うことができるようにする。(↓)ウ　自分や
ウ　自分や相手のこと及び身の回りの物に関する事柄について，簡単な語句や 基本 的な表現を用いてその場で質問をしたり質問に答えたりして，
[発表](↓)ア　日常生活に関する身近で簡単な事柄について，簡単な語句や 基本 的な表現を用いて話すことができるようにする。(↓)イ　自分のこと
のことについて，伝えようとする内容を整理した上で，簡単な語句や 基本 的な表現を用いて話すことができるようにする。(↓)ウ　身近で簡単
内容を整理した上で，自分の考えや気持ちなどを，簡単な語句や 基本 的な表現を用いて話すことができるようにする。(↓)(5)　書くこと(↓)ア
にする。また，語順を意識しながら音声で十分に慣れ親しんだ簡単な語句や 基本 的な表現を書き写すことができるようにする。(↓)イ　自分のことや身近
簡単な事柄について，例文を参考に，音声で十分に慣れ親しんだ簡単な語句や 基本 的な表現を用いて書くことができるようにする。(↓)2　内容(↓)[第
な事柄について，伝えようとする内容を整理した上で，簡単な語句や 基本 的な表現を用いて，自分の考えや気持ちなどを伝え合うこと。(↓)イ
イ　身近で簡単な事柄について，音声で十分に慣れ親しんだ簡単な語句や 基本 的な表現を推測しながら読んだり，語順を意識しながら書いたりすること。
自分のことや学校生活など，身近で簡単な事柄について，簡単な語句や 基本 的な表現を聞いて，それらを表すイラストや写真などと結び付ける活動。(↓)(イ
友達や家族，学校生活など，身近で簡単な事柄について，簡単な語句や 基本 的な表現で話される短い会話や説明を，イラストや写真などを参考にし
する情報を得る活動。(↓)(エ)　音声で十分に慣れ親しんだ簡単な語句や 基本 的な表現を，絵本などの中から識別する活動。(↓)ウ　話すこと[
日常生活に関する身近で簡単な事柄を話す活動。(↓)(イ)　簡単な語句や 基本 的な表現を用いて，自分の趣味や得意なことなどを含めた自己紹介
なことなどを含めた自己紹介をする活動。(↓)(ウ)　簡単な語句や 基本 的な表現を用いて，学校生活や地域に関することなど，身近で簡単な事柄
など，自分に関する簡単な事柄について，音声で十分に慣れ親しんだ簡単な語句や 基本 的な表現を用いた例の中から言葉を選んで書く活動。(↓)　(↓)
４学年において第4章外国語活動を履修する際に扱った簡単な語句や 基本 的な表現などの学習内容を繰り返し指導し定着を図ること。(↓)エ　児童

図4　小学校外国語学習指導要領「簡単な語句や基本的な表現」コンコーダンス

9.　まとめ

本研究は2017年（平成29年）改訂の新学習指導要領（中学校外国語）が、従来の批判にあるよう会話技能を重視した「コミュケーション」育成を目標とする内容であるかをコーパスと談話分析の手法を用いて分析した。結果として、「簡単な語句や文を用いて」、「日常的な話題」、「社会的な話題」は旧学習指導要領よりに比べ、新学習指導要領内で著しく頻度が高い表現であるものの「話すこと」だけではなく、「聞くこと」、「読むこと」、「書くこと」を含めた4技能の指導目標として平均して使用されている。これらキーネス値を基に抽出した高頻度の句では、新学習指導要領が会話技能重視の内

容と結論づけることはできなかった。しかし、「コミュニケーション」が「外国語」と共起し、同じ文内で使用される傾向によって、1998年（平成10年）の改訂から続く「コミュニケーション」重視の英語教育がより一層推進されるのは明らかである。

　新学習指導要領から会話指導重視の傾向が見出だせなかった原因は、学習指導要領が教科指導の規範として現場の教員に解釈の余地と裁量を与える控えめな表現で記述されているからだと推測する。Baker (2006: 15) が提唱する triangulation のように、テキストだけではなく複数の資料と手法を用いて文部科学省による英語教育改革への問題点を分析する必要がある。例えば、学習指導要領解説の分析は当然のこと、2017年（平成29年）改訂までの政府や関連団体の英語教育改革への提言や意見書、さらにそれに関する新聞での報道などから多面的に分析することでこの新学習指導要領に至るまでの推移を批判的に分析することが可能となるだろう。この結果を踏まえ更なる研究を進めていきたい。

参考文献

Anthony, L. (2016) *AntConc* (Version 3.4.4) [Computer Software]. Tokyo, Japan: Waseda University. Available from http://www.antlab.sci.waseda.ac.jp/
Baker, P. (2005) *Public Discourse of Gay Men*. London: Routledge.
Baker, P. (2006) *Using Corpora in Discourse Analysis*. London: Continuum.
Baker, P. and Ellege, S. (2011) *Key Terms in Discourse Analysis*. London: Continuum.
Baker, P., Gabrielatos, C., McEnery, T. (2013) Sketching Muslims: A Corpus Driven Analysis of Representations Around the Word 'Muslim' in the British Press 1998–2009. *Applied Linguistics*, 34/3, 255–278.
Fairclough, N. (2000) *New Labour, New Language?* London: Longman.
Gee, J. P. (2010) *Introduction to Discourse Analysis: Theory and methods*, 3rd edition. London: Routledge.
Hunston, S. (2002) *Corpora in Applied Linguistics*. Cambridge: Cambridge University Press.
Jones, R. H. (2012) *Discourse Analysis: A resource book for students*. London: Routledge.
Partington, A. (2004) Corpora and discourse, a most congruous beast. In A. Partington,

J. Morley and L. Haarman (eds) *Corpora and Discourse*. Bern: Peter Lang, 11–20.
van Dijk, T. A. (2001) Multidisciplinary CDA: a plea for diversity in R. Wodak and M. Meyer (eds) *Methods in Critical Discourse Analysis*. 95–120.
Wodak, R. (2001) What CDA is about—a summary of its history, important concepts and its development. in R. Wodak and M. Meyer (eds) *Methods in Critical Discourse Analysis*. 1–13.
阿部光一 (2017)「学習指導要領の変遷 - 現場での体験を交えて」『明治大学教育紀要』9, 63–70.
江利川春雄 (2017)「新学習指導要領の危険性」鳥飼玖美子, 大津由紀雄, 江利川春雄, 斎藤兆史『英語だけの外国語教育は失敗する――複言語主義のすすめ』(pp.51–52) ひつじ書房
大津由紀雄, 江利川春雄, 斎藤兆史, 鳥飼玖美子 (2013)『英語教育、迫り来る破綻』ひつじ書房
大津由紀雄 (2007)『英語学習7つの誤解』日本放送出版教会
大津由紀雄 (2013)「英語政策はなぜ間違うのか――認知科学・学習科学の視点から」大津由紀雄, 江利川春雄, 斎藤兆史, 鳥飼玖美子(2013)『英語教育、迫り来る破綻』(pp.51–72) ひつじ書房
金谷憲 (2008)『英語教育熱:過熱心理を常識で冷ます』研究社
国立国語研究所 (2015) Web 茶まめ http://chamame.ninjal.ac.jp/ 2017年6月24日閲覧
斎藤兆史 (2017)「新学習指導要領についての意見」鳥飼玖美子, 大津由紀雄, 江利川春雄, 斎藤兆史『英語だけの外国語教育は失敗する――複言語主義のすすめ』(pp.71–72) ひつじ書房
施光恒 (2015)『英語化は愚民化――日本の国力が地に落ちる』集英社
鳥飼玖美子 (2017)「新学習指導要領について考えること」鳥飼玖美子, 大津由紀雄, 江利川春雄, 斎藤兆史『英語だけの外国語教育は失敗する――複言語主義のすすめ』(pp.27–28) ひつじ書房
永井忠孝(2015)『英語の害毒』新潮社
日本学術会議・文学委員会 文化の邂逅と言語分科会(2016)『提言ことばに対する能動的態度を育てる取り組み――初等中等教育における英語教育の発展のために』http://www.scj.go.jp/ja/info/kohyo/pdf/kohyo-23-t236.pdf 2017年6月24日閲覧
樋口耕一 (2014)『社会調査のための軽量テキスト分析――内容分析の継承と発展を目指して』ナカニシヤ出版
三木谷浩史 (2012)『たかが英語！』講談社
文部科学省 (2017) 新学習指導要領（平成29年3月公示）学習指導要領等 http://www.mext.go.jp/a_menu/shotou/new-cs/1384661.htm 2017年6月24日閲覧

柳井正 (2011)「現状維持が最大のリスク」森山進『英語社内公用語化の傾向と対策』(pp.77–87) 研究社

亘理陽一 (2016)「学習指導要領の変遷と評価から何を読みとるか：英語教育における課題と展望」『中部地区英語教育学会紀要』45, 289–296.

Left Branch Extraction in Japanese Relative Clauses

Yasuyuki Kitao

1. Introduction

The syntactic nature of relativization has been argued intensely in the literature of generative grammar. A number of studies have claimed that relativization involves syntactic movement in the course of derivation. Let us consider examples with English restrictive relative clauses in (1) and (2) and ascertain this point.

(1) a. *The hat$_i$ which I believed the claim that Otto was wearing t_i is red.
(Ross 1967: 126)
b. *the man$_i$ that we've heard the report that Louise is dating t_i
(McCawley 1998: 522)
(2) a. *Ruth liked the sketch$_j$ that the critic detested the artist$_i$ who t_i drew t_j.
(Stockwell et al. 1973: 450)
b. *the man$_i$ who I like the woman$_j$ who I introduced t_i to t_j
(Sportiche et al. 2014: 406)

In (1a, b), the gap of the relative head is located in the appositive clause, which is adjoined to the object DP in the relative clause. In (2a, b), the gap of the relative head is in the embedded relative clause that is attached to the object DP occurring in the topmost relative clause. Suppose that a null/empty operator occurs in the gap position and that it undergoes movement to the [Spec, CP] in the relative clause, then it crosses over two or more cyclic nodes (DP, TP), as represented in (3a, b).[1] This interferes with the Subjacency Condition (Chomsky 1973, 1977), as explained in (4), which prohibits relating two positions across two cyclic nodes.

(3) a. The hat$_j$ [$_{CP}$ OP$_i$ which [$_{TP}$ I believed [$_{DP}$ the claim [$_{CP}$ t'$_i$ that [$_{TP}$ Otto was wearing t$_i$]]]]] is red.

b. Ruth liked the sketch$_j$ [$_{CP}$ OP$_j$ that [$_{TP}$ the critic detested [$_{DP}$ the artist [$_{CP}$ OP$_i$ who [$_{TP}$ t$_i$ drew t$_j$]]]]]

(4) Subjacency Condition
A cyclic rule cannot move a phrase from position Y to position X (or conversely) in:
... X ... [$_\alpha$ ... [$_\beta$ ... Y ...] ...] ... X ..., where α and β are cyclic nodes.
(Chomsky 1977: 73)

Thus, relative heads cannot be extracted from DPs containing an appositive clause or a relative clause: These are called "complex DPs." Ross (1967) argued this theory using the Complex NP Constraint.[2]

---

[1] In fact, the model of null/empty operator movement is not the only model for the derivation of relative clauses—the head-raising/promotion analysis (Vernaud 1974, Kayne 1994, etc.) and the matching analysis (Sauerland 2000, etc.) are other important plausible models. However, for the sake of brevity, I describe the extraction of a relative head by using null/empty operators here.

[2] When Complex NP Constraint was first proposed by Ross (1967), it labeled noun phrases in English as NPs. However, since Abney's (1987) proposal of DPs for noun phrases, noun phrases are labeled as DPs in English.

(5) Complex NP Constraint
No element contained in a sentence dominated by a noun phrase with a lexical head noun may be moved out of that noun phrase by a transformation. (Ross 1967: 127)

Interestingly, however, relativization in Japanese does not show the effects of Complex NP Constraint. Consider (6a-c):

(6) a. [[[e_i e_j kiteiru] yoohuku$_j$]-ga yogoreteiru] sinsi$_i$
wearing suit-NOM dirty gentleman
'(lit.) a gentleman who the suit that (he) is wearing is dirty'
(Kuno 1973: 239)

b. [[[e_i e_j kawaigatte ita] inu$_j$]-ga sinde simatta] kodomo$_i$
loving was dog-NOM dying ended-up child
'(lit.) the child who the dog (he/she) was fond of died'
(Kornfilt et al. 1980: 189–190)

c. [[[e_i e_j kaita] hon$_j$]-ga syoten-ni deteiru] gakusya$_i$
wrote book-NOM bookstore-at appear scholar
'(lit.) the scholar who the book (he/she) wrote is on bookstores'
(Inoue 1976: 222)

In (6a-c), three cyclic nodes are involved between the relative head and its gap position, as represented in (7).[3] Hence, if the relative head was extracted from the gap position, it should cause the violation of the Subjacency Condition and result in ungrammaticality. However, (6a-c) are deemed grammatical.

---

[3] A certain number of studies have claimed that Japanese relative clauses form TPs (Murasugi 1991, 2000a, b, among others). However, for ease of explanation, I use CP for the category of the relative clause here.

(7) [$_{CP}$ OP_i [$_{TP}$ [$_{NP}$ [$_{NP}$ OP_j [$_{TP}$ e_i e_j kiteiru]] yoohuku$_j$]-ga yogoreteiru]] sinsi$_i$

Taking the immunity of Complex NP Constraint into account, it might be argued that relativization in Japanese does not involve movement of the relative head. In fact, Kuno (1973), Murasugi (1991, 2000a, b), and Ochi (1997), among others, have advanced the analysis of the non-movement of Japanese relative clauses. Murasugi claimed that Japanese relative clauses are a kind of pure sentential modifiers (Murasugi 2000b: 220–221) and the 'head' NP forms the 'aboutness' relation with the null/empty pronoun *pro* occurring in the gap position, as represented in (8). Hence, no movement of the relative head is involved in the course of derivation.

(8) [$_{NP}$ [$_{TP}$ [$_{NP}$ [$_{TP}$ pro_i pro_j kiteiru] yoohuku$_j$]-ga yogoreteiru] sinsi$_i$]

However, some studies including my series of work (Kitao 2011, 2016, 2017) showed that relativization in Japanese does involve movement of the relative head by providing data showing movement properties of the relative head.[4] In this paper, I will show that, based on the analysis of this phenomenon, left branch extraction in Japanese relative clauses strengthens the movement approach to relativization in Japanese.

This paper is organized as follows: Section 2 provides an overview of some of my data showing the movement properties in Japanese headed relative clauses. Section 3 deals with the phenomenon related to the Left Branch Condition in relative clauses and claims the presence of a syntactic movement in the formation of Japanese headed relatives. Section 4 concludes this paper.

---

[4] Hasegawa (1985), Ishii (1991), Honda (2002), Hoshi (2004a-c), Morita (2006, 2013), and Kitao (2011, 2016, 2017), among others, have advanced the view that relativization in Japanese involves syntactic movement.

2. Reconstruction/Connectivity Effects, Weak Crossover and Parasitic Gaps in Japanese Headed Relatives

As demonstrated in the previous section, Japanese relative clauses do not show island sensitivity with regard to Complex NP Constraint. However, when no island intervenes between the relative head and its gap, namely the θ-position of the relative head, this 'short-distance' relativization indicates the presence of movement of the relative head or its operator. In this section, I will briefly look at reconstruction/connectivity effects, weak crossover (WCO) effects and the availability of parasitic gaps in Japanese relative clauses, which indicate that syntactic movement is involved in the relativization.

First, let us consider reconstruction/connectivity effects.

(9) Reconstruction/Connectivity effects: Anaphor licensing
Katie-wa [[Paul$_i$-ga e_j egaita] kare-zisin$_i$-no e$_j$]-o taisoo
Katie-TOP Paul-NOM drew himself-GEN picture-ACC very
hosigatta.
wanted
'(lit.) Katie wanted himself$_i$'s picture that Paul$_i$ drew very much.'

(Kitao 2011: 318)

(10) Reconstruction/Connectivity effects: Idiomatic interpretation
Raibaru-wa [[John-ga mizukara e_i hotta] boketu$_i$]-o totemo
rival-TOP John-NOM himself dug grave-ACC very
yorokonda.
happy
'(lit.) The rival was very happy about the grave that John himself dug.'
(The ruin John himself brought about made his rival happy.)

(*op. cit.*, p. 319)

In (9), the anaphor *kare-zisin* 'himself' occurs in the external relative head and it can take the subject of the relative clause as its antecedent. Hence, it would cause the violation of Condition A of the Binding Theory, which requires an anaphor to be bound by the antecedent in its governing category (Chomsky 1980, 1981). The anaphor in the external relative head cannot be bound by its antecedent, which occurs in the structurally lower position than the anaphor. However, (9) is grammatical, and it means that Condition A is satisfied at some derivational point. Suppose that the relative head is reconstructed in the gap position, namely its θ-position, then the anaphor is bound by its antecedent. The availability of reconstruction shows that extraction takes place from this position (Chomsky 1976, Barss 1986, Huang 1993, etc.). Hence, the gap position and the external head position are related by a movement chain. The example in (10) shows the same point. Example (10) retains the idiomatic interpretation *boketu-o horu* 'bring about the ruin.' The availability of idiomatic interpretation indicates that the external relative head is reconstructed in the relative clause, and the idiom chunk gets interpreted in the gap position. Thus, reconstruction/connectivity effects show that the gap position and the external relative head are related by syntactic movement.

Next, let us look at WCO effects.

(11) WCO

    a. ?*[[Soitu$_i$-no sensei-ga e_j hometa] seito$_j$-ga e_i akogareteiru] jookyuusei$_i$

       he-GEN teacher-NOM praised student-NOM admire

    senior student

    '(lit.) the senior student$_i$ who(m) the student$_j$ who(m) his$_i$ teacher praised e_j admires e_i.'

    b. [e_i [soitu$_i$-no sensei-ga e_j hometa] seito$_j$-o ijimeta]

       he-GEN teacher-NOM praised student-ACC bullied

jookyuusei$_i$
senior student
'(lit.) the senior student$_i$ who e_i bullied the student$_j$ who(m) his$_i$ teacher praised e_j.' (Kitao 2017: 33)

WCO effects, giving rise to degradation in acceptability, are produced by A′-movement of a *wh*-phrase or a quantificational NP in a configuration where the moved element crosses over a coindexed pronominal that does not c-command[5] the extraction site (see Wasow 1972/1979). Given that the relative head *jookyusei* 'senior student' or its operator undergoes movement, the ungrammaticality of (11a) can be explained from the perspective of WCO effects. The movement crosses the coindexed pronoun *soitu* 'he,' as represented in (12a)—the bold arrow shows this movement. On the other hand, in (11b), the movement of the relative head, which is represented by a bold arrow, does not cross the coindexed pronoun as in (12b); hence, the movement does not yield WCO effects.

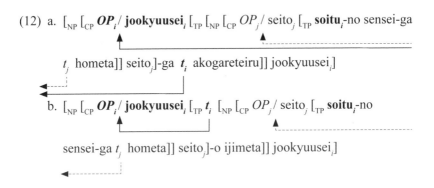

Thus, WCO effects support the movement approach to Japanese headed relatives.

---

[5] *C-command* is defined as follows:
(i) Node A c(onstituent)-commands node B if neither A nor B dominates the other and the first branching node which dominates A dominates B. (Reinhart 1976: 32)

The availability of parasitic gaps is also in favor of the movement analysis. A parasitic gap is a gap that is dependent on the existence of another gap, which is a trace of a *wh*-type movement, namely a variable. When the trace does not c-command a parasitic gap, the parasitic gap is licensed (Chomsky 1982).[6] With this in mind, let us consider (13a, b).

(13) Parasitic Gaps
   a. [[[Titi$_j$-ga   e$_i$ kau-mae-ni] pro$_j$ t$_i$ sisyoku-sita] udon$_i$]-wa
      Father-NOM   buy-before   sampled   noodle-TOP
      Sanuki-san   desu.
      Sanuki-origin   is
      '(lit.) The noodle$_i$ [that Father$_j$ sampled t$_i$ [before (he$_j$) bought e$_i$]] is of *Sanuki* origin.'
   b. [[[Musuko-ga   e$_i$ yoma-nai-node]   hahaoya-ga   huruhon'ya-ni t$_i$
      son-NOM   read-NOT-because   Mother-NOM   used bookstore-to
      utta] hon$_i$]-wa   zituwa kityoo-na   mono datta.
      sold book-TOP   in fact invaluable   thing was
      '(lit.) The book$_i$ [that Mother sold t$_i$ to a used bookstore [because (her) son didn't read e$_i$]] was in fact an invaluable one.'
                                                       (Kitao 2016: 100–101)

In (13a, b), the parasitic gap in the adjunct, represented by e_i, has the same index as the relative head (*udon* 'noodle' in 13a and *hon* 'book' in 13b). The grammaticality of (13a, b) indicates that the movement of the relative head takes place in the matrix clause and that the parasitic gap is licensed by the trace of this relativization. Thus, the fact that parasitic gaps are allowed in Japanese relative clauses reveals the presence of syntactic movement of the

---

[6] The following sentences exemplify parasitic gap constructions.
   (i) a. Which articles$_i$ did John file t$_i$ without reading e$_i$?   (Chomsky 1982: 38)
       b. Which colleague$_i$ did John slander t$_i$ because he despised e$_i$?   (Engdahl 1983: 11)

relative head.

Thus, reconstruction/connectivity effects, WCO effects, and the availability of parasitic gaps in Japanese headed relatives support the premise that syntactic movement is involved in the course of derivation.[7]

3. The Left Branch Condition in Japanese Headed Relatives

In this section, I will show that the phenomenon of left branch extraction also supports the movement approach to Japanese headed relatives. Ross (1967) proposed the Left Branch Condition (14), which claims that movement of the leftmost constituent of an NP is blocked.

(14) The Left Branch Condition
 No NP which is the leftmost constituent of a larger NP can be reordered out of this NP by a transformational rule.   (Ross 1967: 207)

The Left Branch Condition (LBC) can account for the ungrammaticality of (15a-c) below:

(15) a. *Whose$_i$ did you steal [t_i money]?
 b. *Who$_i$ did you steal [t_i's money]?
 c. *How many$_i$ did you buy [t_i sausages]?   (McCawley 1998: 526)

In (15a-c), the leftmost element X is extracted out of the [X Y] constituent of an NP, which violates the LBC defined in (14). If the whole NP constituent [X Y] undergoes *wh*-movement as in (16a, b), the movement yields a grammatical outcome.[8]

---

[7] For a more detailed discussion, see Kitao (2011, 2016, 2017).
[8] Müller (1995) provided German LBC data as follows. The example (i) violates the LBC, since only the leftmost element is extracted from the NP. The example (ii), on the

(16) a. Whose money did you steal?
b. How many sausages did you buy?   (*op. cit.*, p. 526)

However, it has been argued in the literature that the LBC is not a universal constraint of movement.[9] For example, Latin and most Slavic languages do not show LBC effects.

(17) Latin
Cuiam$_i$ amat Cicero [t_i puellam]?
whose loves Cicero girl
'Whose girl does Cicero love?'   (Uriagereka 1988: 113)

(18) Russian
a. Č,ju$_i$ ty čitaješ [t_i knigu]?
whose you are reading book
'Whose book are you reading?'
b. Skol, ko$_i$ emu bylo [t_i let]?
how many to-him was years
'How many years old was he?'   (Ross 1967: 237)

(19) Serbo-Croatian
a. Čijeg$_i$ si vidio [t_i oca]?
whose are seen father
'Whose father did you see?'

---

other hand, is grammatical because the whole NP is dislocated in the sentence-initial position.
  (i) *Wessen$_i$ hast du [$_{NP}$ t_i [$_{N'}$ Papiere über Benjamin]] gelesen?
    whose have you papers-ACC about Benjamin read
  (ii) [$_{NP}$ Wessen Papiere über Benjamin]$_i$ hast du t_i gelesen?
    whose papers-ACC about Benjamin have you read
                                                (Müller 1995: 45)
[9] For a detailed discussion, see Ross (1967), Grosu (1974), Uriagereka (1988) and Bošković (2005a, b, 2007).

b. Koliko$_i$ je zaradila [t_i novca]?
   how-much is earned   money
   'How much money did she earn?' (Bošković 2005a: 2)

Considering the fact that the applicability of the LBC differs in languages, let us examine the LBC-type extraction in Japanese. In (20), a *wh*-phrase with a genitive Case is moved out of an NP. In (21), scrambling is applied to a prenominal modifier with a genitive Case, and it is relocated in the sentence-initial position. The ungrammaticality of (20) and (21) indicates that the LBC-type extraction is not allowed in Japanese.[10]

(20) *Dare$_i$-no   Taroo-ga [t_i tegami]-o suteta   no?
     who-GEN   Taro-NOM   letter-ACC discarded Q
     '(lit.) Whose$_i$, Taro discarded [t_i letter]?
                                  (Takahashi and Funakoshi 2013: 237)

(21) *Hanako-no$_i$ John-ga [t_i kaban]-o kakusita.
     Hanako-GEN John-NOM bag   hid
     '(lit.) Hanako's$_i$ John hid [t_i bag].   (Kato 2007: 41)

Maintaining the fact that Japanese shows the LBC effects, let us now discuss relative clauses from the LBC perspective. As we have discussed in Section 1, the Complex NP effects reveal that syntactic movement is involved in English restrictive relative clauses. English *wh*-extraction obeys the LBC, as we have seen above; hence, it is deduced that relativization in English also shows the LBC effects, with the condition that the leftmost element of the

---

[10] However, Takahashi and Funakoshi (2013) argued that left-branch extraction is allowed if the relocated element is a PP, and it has a genitive Case in Japanese. The following exemplifies this:
  (i) Dare-kara$_i$-no Taroo-ga [t_i tegami]-o suteta   no?
      who-from-GEN Taro-NOM letter-ACC discarded Q
      '(lit.) From who$_i$, Taro discarded [a letter t_i]?
                                  (Takahashi and Funakoshi 2013: 237)

Left Branch Extraction in Japanese Relative Clauses

relative head—namely the X in the NP, the [X Y] constituent—is extracted out of the NP. The examples in (22) demonstrate that this prediction is valid.

(22) a. *the [man]$_i$ [$_{CP}$ whose$_i$ [$_{TP}$ I introduced [t_i mother] to you]]
    b. *the [book]$_i$ [$_{CP}$ whose$_i$ [$_{TP}$ I told you about [t_i cover]]]
    (Sportiche et al. 2014: 407)

Let us now look at Japanese headed relative clauses. The following examples demonstrate that, similar to English relative clauses, Japanese headed relatives also show the LBC effects.[11]

(23) a. *[John-ga [e_i sinsya]-o   zessansiteiru] Taroo$_i$
       John-NOM new car-ACC praise   Taro
       '(lit.) Taro$_i$ whose$_i$ John praises e_i's new car'
    b. *[John-ga [e_i sinsya]-o   zessansiteita] Taroo$_i$-wa moo
       John-NOM new car-ACC praised   Taro-TOP already
       betuno   atarasii kuruma-no koonyuu-o
       different new   car   purchase-ACC

---

[11] Inoue (1976) claimed that relativization in Japanese does not yield the violation of the LBC by providing the following example:
(i) ? [Seihu-ga   [e_i syoogakukin]-no wariate-o   hikiageta] gakusei-tati$_i$
     government-NOM scholarship-GEN   budget-ACC   raised   students
     '(lit.) the students$_i$ whose$_i$ the government raised e_i's budget'   (Inoue 1976: 182)
However, Inoue's example is not well-formed to me and the native speakers whom I have asked for grammaticality judgment. I think that the acceptability of (i), if ever, would be due to a kind of reading of a gapless non-restrictive relative clause; that is, the gap is not located in the possessor's position of the NP. The difference in grammaticality between (ii-a) and (ii-b) supports this idea. The example in (ii-b), which requires the gap of the head to be located in the possessor's position, is fully ill-formed, whereas the example in (ii-a), which allows the reading of a gapless relative clause, sounds better.
(ii) a. ?? Kare-ga [[(e_i) kuruma]-o kizutukerareta] John$_i$ desu.
        he-NOM   car-ACC   was dented   John is
        '(lit.) He is John$_i$, whose$_i$ car was dented.'
     b. *John$_j$-ga [[e_i imooto]-o aisiteiru] Paul$_i$-wa kare$_j$-no sin'yuu desu.
        John-NOM   sister-ACC love   Paul-TOP he-GEN best friend is
        '(lit.) Paul$_i$ whose$_i$ sister John$_j$ loves is his$_j$ best friend.'

133

kentoo-si-hajimete-iru.

has started thinking of

'(lit.) Taro$_i$ whose$_i$ John praised e_i's new car has already started thinking of a purchase of a new different car.'

In (23a, b), the relative head *Taroo* is extracted from the premodifier element in the object NP in the relative clause. The relocation is a type of X-extraction in the NP of [X Y] constituent, which is an LBC-type extraction. The ungrammaticality of (23a, b) shows that the LBC is valid; hence, syntactic movement is involved in relativization. If relative clauses are formed by *pro*, we can obtain the following representation. Since no LBC-type movement is involved, (23a, b) should be acceptable, which is contrary to the condition.

(24) [John-ga [*pro*$_i$ sinsya]-o zessansiteiru] Taroo$_i$

Thus, the sensitivity of the LBC extraction strongly suggests the presence of syntactic movement in relativization in Japanese.

4. Conclusion

In this paper, I have shown that relativization in Japanese shows some syntactic data for the presence of movement of the relative head or its operator. The data include reconstruction/connectivity effects, WCO effects, the availability of parasitic gaps, and the LBC effects. Among them, I have focused on the LBC effects and added further evidence for the movement approach to Japanese headed relatives.

References

Abney, S. P. (1987) *The English Noun Phrase in Its Sentential Aspect*. Doctoral dissertation, MIT.
Barss, A. (1986) *Chains and Anaphoric Dependence: On Reconstruction and Its Implications*. Doctoral dissertation, MIT.
Bošković, Ž. (2005a) On the Locality of Left Branch Extraction and the Structure of NP. *Studia Linguistica*, 59 (1), 1–45.
Bošković, Ž. (2005b) Left Branch Extraction, Structure of NP, and Scrambling. In J. Sable and M. Saito (eds.) *The Free Word Order Phenomenon: Its Syntactic Sources and Diversity*. Berlin and New York: Mouton de Gruyter, 13–73.
Bošković, Ž. (2007) What Will You Have, DP or NP? *NELS*, 37, 101–114.
Chomsky, N. (1973) Conditions on Transformations. In S. Anderson and P. Kiparsky (eds.) *A Festschrift for Morris Halle*. New York: Holt, Rinehart and Winston, 232–286.
Chomsky, N. (1976) Conditions on Rules of Grammar. *Linguistic Analysis*, 2, 303–351.
Chomsky, N. (1977) On Wh-movement. In P. Culicover, T. Wasow and A. Akmajian (eds.) *Formal Syntax*. New York: Academic Press, 71–132.
Chomsky, N. (1980) On Binding. *Linguistic Inquiry*, 11, 1–46.
Chomsky, N. (1981) *Lectures on Government and Binding: The Pisa Lectures*. Dordrecht: Foris. [Reprinted by Berlin and New York: Mouton de Gruyter in 1993]
Chomsky, N. (1982) *Some Concepts and Consequences of the Theory of Government and Binding*. Cambridge, MA: MIT Press.
Engdahl, E. (1983) Parasitic Gaps. *Linguistics and Philosophy*, 6, 5–34.
Grosu, A. (1974) On the Nature of the Left Branch Condition. *Linguistic Inquiry*, 5, 308–319.
Hasegawa, N. (1985) On the So-called 'Zero Pronouns' in Japanese. *The Linguistic Review*, 4, 289–341.
Honda, K. (2002) Han-Taisyoosei Kasetu kara Mita Nihongo Toogoron (An Antisymmetric Approach to Japanese Syntax). In Tsukuba Daigaku Gendai Gengogaku Kenkyukai (Tsukuba University Association for Modern Linguistic Research) (ed.) *Zisedai no Gengo Kenkyu I* (Linguistic Research in the Next Generation 1), 175–224, University of Tsukuba.
Hoshi, K. (2004a) Parametrization of the External D-system in Relativization. *Language, Culture and Communication*, 33, 1–50, Keio University.
Hoshi, K. (2004b) Japanese Relativization and Its Hybrid Nature. *Humanities*, 19,

51–78, Keio University.

Hoshi, K. (2004c) Remarks on N-Final Relativization in Japanese. *English Language and Literature*, 44, 113–147, Keio University.

Huang, C. –T. J. (1993) Reconstruction and the Structure of VP: Some Theoretical Consequences. *Linguistic Inquiry*, 24, 103–138.

Inoue, K. (1976) *Henkei Bunpoo to Nihongo: Joo* (Transformational Grammar and Japanese, Vol. 1). Tokyo: Taishukan.

Ishii, Y. (1991) *Operators and Empty Categories in Japanese*. Doctoral dissertation, University of Connecticut.

Kato, T. (2007) On the Nature of the Left Branch Condition: Syntactic or Phonological? In. D. Lee (ed.) *Proceedings of the 9th Seoul International Conference on Generative Grammar: Locality and Minimalism*. Seoul: Hankuk Publishing, 39–51.

Kayne, R. S. (1994) *The Antisymmetry of Syntax*. Cambridge, MA: MIT Press.

Kitao, Y. (2011) The Presence of Head-raising and Resumptive-stranding in Japanese Relative Clauses. *Acta Linguistica Hungarica*, 58 (3), 313–335.

Kitao, Y. (2016) The Availability of Parasitic Gaps and the Presence of Syntactic Movement in Japanese Headed Relative Clauses. *Literary Symposium*, 153, 91–114, The Institute for Research in Humanities and Social Sciences, Aichi University.

Kitao, Y. (2017) Nihongo Kankeisetu ni okeru Syuyoobu Josyoo Idoo (Head-raising in Japanese Relative Clauses). In T. Nishihara, S. Tanaka, N. Hayase and T. Ono (eds.) *Gendai Gengo Riron-no Saizensen* (Latest Issues in Modern Linguistic Theories), 29–46, Tokyo: Kaitakusha.

Kornfilt, J., Kuno, S. and E. Sezer (1980) A Note on Crisscrossing Double Dislocation. In S. Kuno (ed.) *Harvard Studies in Syntax and Semantics, 3*, Cambridge, MA: Harvard University, 185–242.

Kuno, S. (1973) *The Structure of the Japanese Language*. Cambridge, MA: MIT Press.

McCawley, J. D. (1998) *The Syntactic Phenomena of English (Second Edition)*. Chicago: The University of Chicago Press.

Morita, H. (2006) A Promotion Analysis of Japanese Relative Clauses. *English Linguistics*, 23 (1), 113–136.

Morita, H. (2013) Optional Movements Derive Japanese Relative Clauses. *US-China Foreign Language*, 11 (9), 645–658.

Müller, G. (1995) *A-bar Syntax: A Study in Movement Types*. Berlin and New York: Mouton de Gruyter.

Murasugi, K. (1991) *Noun Phrases in Japanese and English: A Study in Syntax,*

Learnability and Acquisition. Doctoral dissertation, University of Connecticut.
Murasugi, K. (2000a) Antisymmetry Analysis of Japanese Relative Clauses. In A. Alexiadou et al. (eds.) *The Syntax of Relative Clauses*, 231–263, Amsterdam: John Benjamins.
Murasugi, K. (2000b) Japanese Complex Noun Phrases and the Antisymmetry Theory. In R. Martin, D. Michaels and J. Uriagereka (eds.) *Step by Step: Essays on Minimalist Syntax in Honor of Howard Lasnik*, 211–234, Cambridge, MA: MIT Press.
Ochi, M. (1997) On the Nature of Relativization in Japanese. In T. Cambier-Langeveld et al. (eds.) *Console V Proceedings: Proceedings of the Fifth Conference of the Student Organization of Linguistics in Europe*, 213–228.
Reinhart, T. (1976) *The Syntactic Domain of Anaphora*. Doctoral dissertation, MIT.
Ross, J. R. (1967) *Constraints on Variables in Syntax*. Doctoral dissertation, MIT. [Published as *Infinite Syntax!* by Norwood, NJ: Ablex in 1986]
Sauerland, U. (2000) Two Structures for English Restrictive Relative Clauses. *Proceedings of the Nanzan GLOW* (*Proceedings of the Second GLOW Meeting in Asia*), 351–366, Nanzan University.
Sportiche, D., Koopman, H. and E. Stabler (2014) *An Introduction to Syntactic Analysis and Theory*. West Sussex: Wiley Blackwell.
Stockwell, R., Schachter, P. and B. Partee (1973) *The Major Syntactic Structures of English*. New York: Holt, Rinehart and Winston.
Takahashi, M. and K. Funakoshi (2013) On PP Left-branch Extraction in Japanese. *University of Pennsylvania Working Papers in Linguistics*, 19 (1), 237–246.
Uriagereka, J. (1988) *On Government*. Doctoral dissertation, University of Connecticut.
Vernaud, J. R. (1974) *French Relative Clauses*. Doctoral dissertation, MIT.
Wasow, T. (1972) *Anaphoric Relations in English*. Doctoral dissertation, MIT. [Published as *Anaphora in Generative Grammar* by Gent: E. Story-Scientia in 1979]

映画やTOEICテストにおける
能格・非対格動詞のデータの観察

倉田　誠

1. はじめに

　日本の英語教育の現場では英語が比較的堪能な学習者であっても、学習文法書や学習英和辞典に掲載されている動詞の意味を鵜呑みにし、丸暗記する傾向がある。中高の英語の教師や英語学を専門としない大学の英語教員も学校文法から一歩離れ、動詞等の持つ意味役割や項構造等の言語学の有益な知見を意識している人は多くないのが現状である。下記の映画の台詞は、筆者が動詞 break の項構造を教えるために、京都外国語大学の英語学系の授業で学生に提示したシーンである。

(1) Daphne: I was there showering. She was a friend of mine. **My shower was broken**, so she let me use theirs. <00:48:37> (15 Minutes, 2001)
(2) A man: **The dam broke**.
Superman: You're safe here, son. <02:12:13> (Superman, 1978)
（下線太字施与は筆者による）

(1)の映画の台詞は大学生たちが中学生時代に習った第3文型の break の受動文であり、彼らは違和感なくよく理解していた。問題は(2)の台詞であり、学生たちはなぜそのような文があるのかすら理解できないようであった。学生によっては "The dam broke." は "The dam was broken." の書き間違いかと尋ねる者もいた。つまり、筆者が受け持った学生は break のような能格・非対格動詞 (ergative/unaccusative verb) と呼ばれる動詞（以降、簡便に能格動詞と呼ぶ）にはほとんど意識がなく、その意味役割や項構造になると未修

得であったということになる。(1)の文は他動詞の受動化されたものであるから、シャワーを壊した行為者というのが含意されているのに対して、(2)の文は「ダムが決壊した」という意味で行為者不在の文となるので、人為的な力は加えられていないという点が暗示されている。換言すると、(1)と(2)の文のbreakの項構造は違うので、他動詞の受動構文と能格構文を入れ替えると文意が少し変わる。

　本小論では、多くの日本人英語学習者があまり意識していないと考えられる能格動詞に対する意識を調査しながら、この自動詞の変種ともいわれる能格動詞がTOEICテストでも頻繁に使用されていることを提示する。最後に映画や新聞記事での能格動詞の使用例の一部を観察しながら、この動詞をどのように教えればよいかも考えてみたい。

2.　能格動詞の概説

　下記の(3)~(8)は学校文法の枠組みでは、一般的に自他交替による単なる他動詞用法と自動詞用法と考えられている文例である。

(3) The boy broke the window.
(4) The vase broke.
(5) *The boy broke.
(6) The children ate the sandwiches.
(7) *The sandwiches ate.
(8) The children ate at eight.　　　　(Kageyama et al 2008: 79–80)

(3)と(6)は学校文法では第3文型の他動詞と教えられる。両方とも自動詞化させることはできるが、その自動詞化への行程は全く違う。(4)を見てわかるように、breakという動詞は(3)の他動詞用法の目的語のthe vaseを主語位置に上昇させることを認可するため、特殊な自他交替が起こる(Levin, B. 1993: 29)。一方、動詞eatはbreakとは違い(7)が示すように目的語の主語位置への上昇を容認しない。逆に動詞breakはeatとは違い、(5)のように目

的語を省略すると非文になるが、eat は (8) が示すように正文である。つまり (4) と (8) は学校文法では自動詞と分類されるが、その内容と振舞いが全く違うことがわかる。

このような動詞の振舞い方の差は動詞が持つ項構造の違いであることは、英語学では周知の事象である。つまり、break の項構造は「(X) break Y」とされており、動詞 break は X と Y という項を要求してくる 2 項動詞である。break の外項である行為者 (Agent) の X は省略可能であるが、主題 (Theme) である Y は省略不可であるということが (X) break Y という項構造から読み取れる。更に X が省略されると主題の Y が元々は X のあった主語位置に上昇するということが起こりうる興味深い動詞である[1]。一方、動詞 eat の項構造は「X eat (Y)」である。つまり break と同様に 2 項動詞であるが、今度は行為者の X は省略不可であり、主題の Y が省略可である。動詞 break とは違い、行為者の省略が許されず、(7) のような主題の上昇も認可されない。eat や drink のような動詞は目的語が主語位置に移動することはなく、能格動詞とはされずに、単に自他動詞 (ambitransitive verb) と呼ばれる。

能格動詞は break 以外にも数多く存在する。まず break と同範疇に入る「状態変化を表す動詞」は能格動詞であり、close, open, melt, tear などがあげられる。bake, boil, cook, fry などの「料理に関する動詞」もこの動詞の一種であり、float, move, roll, swing などの「移動を表す動詞」も能格動詞と分類される。drive, fly, reverse, sail などの乗り物に関する動詞も同種である。これらの動詞の実例は 4 節以降で取り上げる。

3. 京都外国語大学の学生への調査

Tomita (1999) は 104 人の福島大学の大学生の被験者に対して、全 24 種類の動詞についての実験が行われている。全般的に能格動詞の統語的特徴につ

---

[1] 厳密に言うと、能格構文には中間構文や受動構文等と同じ「ブルチオの一般化」(Burtio's generalization) という概念が適応されている。これは主語に意味役割を付与できないと、目的語にも格が与えられないために、目的語が主語位置に移動するという一般化概念である。

いての理解度が低かったが、特に動詞 break の場合は、他動詞としては正確に認識している (92.71%) が、自動詞としてはほとんど理解されていない (9.38%) という結果を発表している。

表1　京都外国語大学の学生への調査の結果

調査対象例文	自他	正答	正答人数	正答率
1. We have already eaten the cake.	他	Good	26/32	81.2%
2. The cake has already eaten.	自	Bad	26/32	81.2%
3. We broke the window yesterday.	他	Good	30/32	93.8%
4. The window broke yesterday.	自	Good	5/32	**15.6%**
5. We made the cake yesterday.	他	Good	31/32	96.9%
6. The cake made yesterday.	自	Bad	26/32	81.3%
7. We have already shipped most of your items.	他	Good	24/32	75%
8. Most of your items have already shipped.	自	Good	14/32	**43.8%**

今回、筆者は人数こそ若干少ないが、京都外国語大学の 32 名の日本人大学生を被験者として、付録に掲載した簡便な文例の容認度のテストを実施した[2]。調査対象にした動詞は 3 種類で、①自動詞と他動詞の機能を持つ能格動詞である break と ship、②項の位置が変わらない自他両方の機能を持つ自他動詞である eat、③他動詞の機能のみを持つ動詞の make の三種類である。これら全ての動詞を能格動詞パターンに沿って自他交替をさせた文を作為的に生成し、被験者に提示した。容認度テストの結果は上記の表1のとおりであった。全ての文に関して、32 人の被験者に Good または Bad の 2 者択一の判定を求めた。奇数番号の例文は全て他動詞用法のパターンであるが、今回は敢えて偶数番号の例文では全て目的語を主語位置に上昇させるという操作を行った。この操作が容認されるのは今回のテストの中では動詞 break と ship のみであるが、先行文献の結果と筆者の直感から、これらの動詞の自動使用

---

[2] 2015 年 9 月 14 日～15 日に開催された Mebius-ATEM Summer Session（於：あうる京北）という英語学夏季セミナーに参加した学生 32 名の京都外国語大学の学生を被験者とした。例文は代表的な能格動詞と自他動詞を利用して作ったものであるが、ship を使った例文は論中の (11) を作り変えたものである（付録の資料参照）。

法の正答率が低いであろうと考えていたので、4番目と8番目の用例に被験者たちがどのような判断を下すかに関心を持っていた。結果は予想に沿い、4番が15.6%という正答率で他の項目と比較して圧倒的に低いことがわかった。また次点としても、8番が43.8%という低い数値を示している。4番と8番の正答率の低さに関して言い方を変えると、被験者の多くは2番や6番の他動詞のeatやmakeの目的語と同様に、breakやship等の動詞も主語位置に上昇させることはできないと考えていることがわかる。このテスト結果からも、日本人大学生の能格動詞という動詞の振る舞いに関する習得率は低いことがいえる。

4. TOEIC公式問題集の能格動詞の一例

　前節では大学生の能格動詞に関する修得率は低いことを確認したが、皮肉なことに能格動詞が組み込まれた問題はTOEICテストの頻出パターンの一つであるといっても過言ではない。ビジネスでのメール文や手紙文等に頻出であるこれらの動詞は、TOEICテストのどの公式問題集を見ても必ず掲載されている。下記の(9)の問題はその一つであり、まさに能格・非対格用法を知っている受験者にとってはすぐに(D)を選べる、いわゆる「ボーナス問題」である。ただし、知らない受験者は他の選択肢を一つ一つ見なくはならない厄介な問題かもしれない。特に錯乱肢の(A)はare closedと他動詞の受動態のパターンで惑わせているので、直後の副詞yesterdayを見落とすと(A)を選んで不正解になる可能性が高い落とし穴的問題である。

(9) Businesses on Ellory Avenue ＿＿＿ early yesterday to allow work crews to repave the street.
　　(A) are closed
　　(B) to close
　　(C) closing
　　(D) **closed**
　　　　（TOEICテスト新公式問題集 vol.5, TEST 1, Part 5, #102 on p. 48)

上記の (9) の能格動詞が使われている問題の文意は「道路の舗装工事に伴い、エロリー通り沿いの店舗の数々は、昨日は早仕舞いをした」というエロリー通り沿いでの一連の閉店の流れの意味を表出するのに対して、(10) のような問題文もある。受動文になっている点から目的語が主語位置に上昇しているが行為者も存在している意味であるので、(9) のような広域の工事のために地域の店舗や会社が軒並みに早仕舞いするという意味ではなく、「改装修理のために、クラークソン図書館が独自の判断で閉館される」という文意が前面に出ることがわかる。

(10) Clarkson Library will **be closed** for renovations from May 3 to July 15, _____ which time the collection will not be open to the public.
(A) with
(B) while
(C) during
(D) between
（TOEIC テスト新公式問題集 vol.5, TEST 1, Part 5, #138 on p. 51）
（下線太字施与は筆者による）

上記の (9) と (10) は確かに白と黒ほど意味が違うわけではないが、テスト作成者の意図が入った構文（能格構文と受動構文）の選択であることは確かである。つまりテスト作成者はこの文脈では能格構文と受動構文のどちらがより適切かを判断して、出題をしているはずである。このように意図的に使い分けがされている能格動詞であるが、TOEIC では close や open 以外の動詞の問題も頻出している。下記は ship「出荷する」という動詞の能格用法である。(11) は出荷の対象になる「商品」が主語位置に来ていることが確認できる。受験者が能格動詞を意識していると、あわてずに対処できる問題であろう。

(11)　Dear Mr. Go:

Thank you for your recent order. Although most of your items have _____ **shipped**, the Full-Spectrum Desk Lamp (model B07) is 141. (A) ever

　　　(B) already

　　　(C) lastly

　　　(D) often

temporarily out of stock.

　　　（TOEICテスト新公式問題集 vol.5, TEST 1, Part 6, #141 on p. 52)

　　　　　　　　　　　　　　　　　　　　（下線太字施与は筆者による）

文意は「ご注文された商品のほとんどのものは出荷されました」であり、販売業者から商品が流れ作業という工程で運搬業者に委託されて行っている意味が含意されている。注目に値するのは、本節で例証した(9)~(11)の問題は、全て『TOEICテスト新公式問題集』vol.5, TEST 1のPart 5とPart 6のみから引用した例であることである。それほど能格動詞がTOEICテストというビジネスシーンを視野に入れたテストの問題の対象になる点を考えると、このような類の動詞を指導のポイントに入れる必要があるのではないだろうか[3]。

5.　映画に生起する能格動詞

能格動詞は英語学の統語現象として扱われるために、多くの英語教師は「机上の空論」のように考えているようであるので、書き言葉には使われても会話文では稀であるという考えがあるようである。しかしながら、能格動詞は映画の台詞にも生起し、その振る舞いが映画のシーンと相まって映画を観る

---

[3] (11)の能格・非対格用法に対応する、受動文のパターンも同じく、vol.5の公式問題集にあった。TOEICテストの性質上、ship「出荷する」という動詞は頻出動詞になるためであろう。下記の文はPart 7の長文問題からの一文である。Then, instead of making a payment, enter promotional code TY87708, and your selections will **be shipped** to your home without charge.「メーカー側が客が選択した品物を無料で送る」というメーカー側の意図が前面に出ている。（当該動詞に下線太字施与、TOEICテスト新公式問題集 vol.5, TEST 1, Part 7, the e-mail item on p. 61)

者に臨場感をもたらしている。下記の映画のシーンは能格動詞のパターン別で採取したものであるが、例証したい。

5.1. 状態変化の能格動詞

(12) Jenny: Well, Barret, what brings you to church?
　　 Oliver: **The saloons closed early**.　　<01:03:48> (Love Story, 1970)
　　　　　　　　　　　　　　　　　　　　（下線太字施与は筆者による）

　邦題『ある愛の詩』に出てくるこのシーンはクリスマスイヴに教会でジェニーが聖歌隊の指導をしているシーン。ジェニーが珍しく教会に姿を現した夫のオリバー・バレットに対して、「教会に来るなんて何の風の吹き回し?」と皮肉っぽく尋ねる。オリバーの口からは「酒場が早仕舞いしたのさ」と答える。上掲の (9) と似たような文脈が背景にあり、能格動詞を自動詞に使うことによって、クリスマスの前夜には多くの飲食店が早く閉店するのが流れという含みが前面にでている。閉められるはずの酒場という目的語が主語位置に上昇するという能格動詞の用法である。

5.2. 移動を表す能格動詞

(13) A cop: Well, **that money hasn't moved**. We got 200 eyes on that can and a bird dog in the bag.　　<01:36:18> (Speed, 1994)
　　　　　　　　　　　　　　　　　　　　（下線太字施与は筆者による）

　邦題『スピード』の 1 シーンであるが、バスの予告をしている犯人の指定どおりに身代金が入ったカバンをゴミ箱の上に置き、それを 100 名の警察官が見張っている場面である。定刻を過ぎてもカバンがピクリとも動いていないことを警察官の一人が伝えている。画面上、多数の警察官が凝視しているカバンが焦点化され、主語位置に移動したセリフになっているためにこのシーンの臨場感を盛り上げるセリフとなっている。

5.3. 料理に関する能格動詞

(14) Marin: I'm saying this because for two people convinced they've got life beat ... there was **something cooking** in the kitchen other than pancakes.   <00:55:07> (Something's Gotta Give, 2003)

（下線太字施与は筆者による）

　邦題『恋愛適齢期』で複雑な母娘の恋愛感情を描写しているシーンである。娘のマリンが付き合っていた初老の男性のハリーが、マリンの母親のエリカと相思相愛の感情をもっていることに気付く。気付いたのは、ハリーとエリカが仲良く台所で夜食のホットケーキを焼いている時であった。そのことをマリンがエリカに告げるセリフが上記の(14)である。「ホットケーキ以外に何かが調理されている」と比ゆ的に言及しており、動詞 cook の目的語であるはずの something が主語位置に移動している。

5.4. 乗り物に関する能格動詞

(15) Lord Wessex: Indeed I am a bride short ... and **my ship sails** for the new world on the evening tide.

<01:50:40> (Shakespeare in Love, 1998)

（下線太字施与は筆者による）

　上記は邦題『恋におちたシェークスピア』の終盤の場面である。ウェセックス卿が結婚したばかりで、妻を失ったままで新世界（アメリカのヴァージニア）へ今夜旅立つといっている。今晩、ウェセックス卿の意思に関わらず、船が出港することは決まっているので、行為者の存在がない文になっており、帆走される船が主語の位置に上昇する能格動詞の振る舞いを見せている。

　能格動詞の項構造と振る舞いを説明した後に、(12)~(15)のような映画のシーンを観させるという演繹的かつ実証的なアプローチは効果的であると考える。学生に意識させることにより、それまでは違和感を覚えていた能格動詞の用法が徐々に使えるようになると考える。

6. おわりに

　筆者は TOEIC 関係の科目を担当する中で、TOEIC テストの中に open や close などの状態変化を表すものや ship などの移動を表す能格動詞が頻出することを意識するようになり、その数例を収集してきた。そのような動詞を教える際に映画のシーンを観させることによって、会話文でも使われることを学生に意識させてきた。意味的には受動文にほぼ同じだが、行為者の存在の有無が文意を少し変えることも学生に説明すると理解することは困難ではない。

　映画や TOEIC 問題以外で英字新聞の記事にも、能格動詞の用法がないかと探したが、数的にはかなり少なかった。その中で下記の例は比較的理解しやすい用法かと思い、採取した。剽窃の疑惑が数週間続いた後に、オリンピック組織委員会が公式ロゴを破棄するという「ニュースが報じられる」という意味の用法である。

(16) As **news broke** Tuesday that the 2020 Tokyo Olympics organizing committee would scrap its official logo after weeks of plagiarism allegations surrounding the designer Kenjiro Sano, users of the popular 2channel gossip website posted a flurry of messages congratulating themselves.　　(The Japan Times online, Sep 2, 2015)

（下線太字施与は筆者による）

　映画などと違い、新聞記事は「誰が何をどうした」という客観的な情報を明確にする媒介であるので、囲み記事のような主観的な記事以外では能格動詞の用法が少ないのは自然なことであろうが、生起例は皆無ではない。教師が学生に対して、言語現象を教える際に、その現象が単なる机上の空論でないことを教示することは大切である。今後も映画を中心とした様々なメディアからデータを採取し、授業で効果的に使えるオーセンティックな題材を英語教育に活かしていくことを今後も課題としていきたい[4]。

---

[4] 社会言語学者の多くは、映画のような著作物は作者の「加工」が入っているので真正

＊本稿は映画英語教育学会（現：映像メディア英語教育学会が発行する、『映画英語教育研究』の第 21 号に掲載された論文を修正加筆したものである。

参考文献

A. 先行論文および書籍

Grimshaw, J. (1990). *Argument Structure*. MIT Press, Cambridge, MA.
Kageyama, T. et al. (2008) *First Steps in English Linguistics*. Kuroshio Publishers.
Levin, B. (1993). *English Verb Class and Alternations: A Preliminary Investigation*, University of Chicago Press, Chicago, IL.
Levin, B. & Rappaport, M. Hovac. (1995). *Unaccusativity: At the Syntax-Lexical Semantics Interface*. Cambridge, Mass: MIT Press.
Permutter, D. (1978). *Impersonal Passives and the Unaccusative Hypothesis*. Proceedings of the Fourth Annual Meeting of the Berkeley Linguistics Society. 4: 157–89.
Tomita, Y. (1999). *Semantic-Bootstrapping in the Acquisition Process of English Intransitive Verbs by Japanese EFL Learners*『東北英語教育学会研究紀要』, 20: 94–112
安藤貞雄・小野隆啓. (1993).『生成文法用語辞典』. 大修館書店.
Educational Testing Service. (2012).『TOEIC®テスト新公式問題集 Vol.5』. 一般財団法人　国際ビジネスコミュニケーション協会.
影山太郎. (2001).『日英対象動詞の意味と構文』. 大修館書店.
影山太郎. (1996).『動詞意味論』. くろしお出版.
倉田誠. (2011).『映画で学ぶ英語学』. くろしお出版.
高見健一・久野暲. (2002).『日英語の自動詞構文』. 研究社.

B. 映画

Bont, J. d. (Director), Yost, G. (Writer) (1994) *Speed* [motion picture]
Donner, R. (Director), Siegel, J. et al (creators) (1978) *Superman* [motion picture]
Herzfeld, J. (Director), Herzfeld, J. (writer) (2001) *15 Minutes* [motion picture]

(authentic) ではないという見解を取り、研究のスコープには入れない場合が多いようである。筆者は映像メディア英語教育学会の一員として、社会言語学者が好む雑音やいい間違えや澱みが混じった言語データを偶発的真正 (accidental authenticity) と呼び、映画を含む種々のメディアからの緻密な加工が入ったデータを専門的真正 (professional authenticity) と呼びたい。スクリプトライターや監督や役者等の作為と計算が入った上で、仕上げられた自然を超えた言葉のやり取りを味わえるのであるという事実には異論はないであろう。

Hiller, A. (Director), Segal, E. (writer) (1970) *Love Story* [motion picture]
Madden, J. (Director), Norman, M. & T. Stoppard (Writers) (1998) *Shakespeare in Love* [motion picture]
Meyers, N. (Director), Meyers, N. (Writer) (2003) *Something's Gotta Give* [motion picture]

C．オンラインサイト
The Japan Times online (http://www.japantimes.co.jp/text/fl20090712x3.html)

D．言語データベース
映画英語字幕データベース，ATEM 関西支部データベース委員会．

付録

Mebius-ATEM Summer Session (MASS) アンケート

年齢（　　才）男・女
大学名：京都外国語大学・他大学（　　　　　　　　）
英語圏留学経験（ある・なし）（ある人は　　年）
TOEIC のこれまでの最高点（　　）

下記の文が良ければ Good を、悪ければ Bad を○で囲んでください。ご自分の言語直感を信じて答えてください。

1. We have already eaten the cake.　　　　　(Good / Bad)
2. The cake has already eaten.　　　　　　　(Good / Bad)
3. We broke the window yesterday.　　　　　(Good / Bad)
4. The window broke yesterday.　　　　　　(Good / Bad)
5. We made the cake yesterday.　　　　　　(Good / Bad)
6. The cake made yesterday.　　　　　　　　(Good / Bad)
7. We have already shipped most of your items.　(Good / Bad)
8. Most of your items have already shipped.　　(Good / Bad)

第二言語習得研究のための
英語学習者コーパス利用の過去・現在・未来

阪上　辰也

1.　はじめに

　本稿の目的は、第二言語習得研究のための英語学習者コーパス利用の過去を振り返り、またその現状を把握することにより、今後の学習者コーパスの在り方を提案することである。

　元来、コーパスを用いた言語研究の多くは、英語という言語そのものにおけるさまざまな表現・現象を検証することに利用されてきた経緯がある。コーパスが利用可能となったことで、書籍等から収集された紙媒体の用例カードを作り、手作業で整理・検索するという手間と作業時間が大幅に減った。また、発話のように発せられてから即座に消えてしまい、記録に残すことが困難と思われた言語も、発話データとしてコンピュータに保存され、検索可能となった。こうしたコーパスの構築により、英語母語話者の直観や判断に依存することなく、ある言語現象の有無や傾向をより客観的に検証することが容易となった。そして、英語学習者コーパスを用いた研究が 2000 年代から始まり（Granger, 2002 など）、英語母語話者と学習者の違いを探る研究、また、学習者間での違いを探る研究が活発となった。そうした研究事例が多く積み重ねられ、第二言語習得研究においても、コーパスの存在は無視できないものとなりつつあり、それと同時に、多くの課題が残されている。本稿では、第二言語習得研究のための学習者コーパスの利用の過去と現在を概観し、そこから見える課題と将来あるべき形について論じる。

2. 第二言語習得研究における英語学習者コーパス利用の過去

　学習者コーパスの種類は、図1に示すように、さまざまなものがあり、その用途は、図2に示すように、多岐に渡っている。

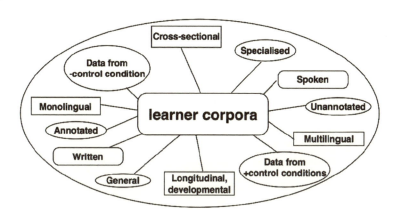

図1：学習者コーパスが含むデータの種類
（Díaz-Negrillo and Thompson, 2013: 10 を一部改変）

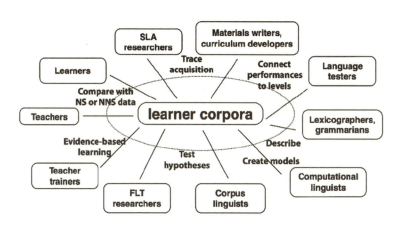

図2：学習者コーパスにかかわる研究者・教育者
（Díaz-Negrillo and Thompson, 2013: 17 を一部改変）

図2から分かるように、学習者コーパスは、従来からの言語研究に限られることはなく、教育分野においても利用されるようになり、本稿で述べるような第二言語習得研究での利用もなされつつある。ちなみに図2では、第二言語習得研究者が習得の痕跡を調査するために利用すると図示されているが、それと同時に、仮説検証の目的にも利用されることも少なくない。

　次節以降では、英語コーパスの派生系とも言える英語学習者コーパスとしてどのようなものがあるかを概観するとともに、第二言語習得研究のために利用する上でどのような課題が残され、何が必要とされているかについて述べる。まずは、2種類の先駆的な学習者コーパスの概要を説明し、研究利用上の課題を挙げる。

2.1. Child Language Data Exchange System (CHILDES)

　Child Language Data Exchange System（以下、CHILDESと略記する）は、1984年から開始された言語データの収集プロジェクトであり、公式ウェブサイトにおいて、英語を母語とする子どもによる口語英語のデータが収録され公開されている。主として、第一言語習得研究のために構築されたものであるが、後に、第二言語習得研究用のデータもウェブ上で公開され、無償で利用することができる（詳細は、http://talkbank.org/access/SLABank/ を参照）。

　CHILDESは、公開当初から当時唯一の第一言語習得（獲得）研究を主眼においたコーパスであるが、第二言語習得研究用のデータは後に追加されていることから、第二言語習得研究での利用を考慮して構築された初の学習者コーパスとも言える。さらには、CLANと呼ばれるデータ解析用のソフトウェアを提供することで研究の間口を拡げたこと、そして、Codes for the Human Analysis of Transcripts (CHAT) formatと呼ばれるデータの記録形式を採用することにより、データの可読性を高めた状態で記録・公開したことに意義がある。

　公開されている学習者コーパスについては、各研究者が、どのような種類のデータで、どのような状況で集めたデータかといった関連情報がすべて公開され、発話の書き起こしデータのみならず、録音・録画されたメディアフ

ァイルもダウンロード可能となっている。また、公開されたコーパスを用いての調査が行われ、その多くは論文として出版されていることから、データの収集経緯や分析方法なども確認することができる。一部データについては、学習者の誤用の訂正情報を含めたものもあり、使用傾向にとどまらず、誤用分析も含めた、さまざまな観点での研究を可能にしている。

　一方で、CHILDESが抱える課題は、コーパスデータが話し言葉中心となり、データ数が決して多いとは言えないこと、また、教室内で収集されたデータについては特に、産出にかかわる統制が十分に取られていない点にある。教室内を録音・録画したデータを自然発話の一種と捉えれば利用価値はあるが、複数の学習者が教室内にいる状態では個々の発話機会に差が生じたり、発話が重なることでデータ化が困難となったりするため、結果的に、ある学習者の様子を捉えることができたとしても、学習者間の比較をし、その傾向を見出すことは難しくなる。さらに、2.2節においても指摘するが、各学習者の習熟度について、客観的指標に基づいて示されているものが十分にはないことから、どれほどの習熟度であれば、何を習得し得るのかを検証・判断することができないという課題がある。

2.2. International Corpus of Learner English (ICLE)

　International Corpus of Learner English（以下、ICLEと略記する）は、日本人・フランス人・ドイツ人など、11カ国の大学学部3・4年生の英語学習者からデータを得た国際学習者コーパスである。収録データは、エッセイとして書かれたものが主に収録されている。2002年に公開された初版では、およそ200万語の規模で、大規模学習者コーパスの先駆けと呼べるものとなっている。

　ICLEが公開されたことで、母語話者と学習者の言語表現の違い、また、学習者間の言語表現の違いを調査する量的研究が数多くなされた。ちなみに、2009年には、ICLEの第2版が公開され、さらにデータの規模が大きくなっているが、現状では、その第2版も含めて以下の点で課題が残る。

　初版では特に作文時の条件統制が十分になされておらず、授業内で書かせた作文や宿題として書かせた作文などが混在しており、そのまま第二言語習

得研究向けに利用することは困難である。学習者の言語運用能力や習得状況を把握しようとする場合、時間制限の有無や参照物の有無などを含めた作文時の条件・状況ができるだけ明示されている必要がある。ICLE では、「learner profile」と呼ばれる学習者情報が付与されており、時間制限の有無や参照物の有無などは記録されているものの、第二言語習得研究に利用する上での最大の難点は、習熟度についての情報不足という点にある。前述の learner profile には、学習歴などを記録する項目は設けられているものの、何らかの能力試験等の記録はなされていない。したがって、どれほどの習熟度にある学習者が、何を産出できるのかできないのかを調査・比較することが難しくなる。なお、一部のデータについては、CEFR の指標に基づき、書き手が中上級レベルの習熟度に達しているという評価がなされているものの、データすべてについて評価されているわけではなく、中上級レベルの習熟度であるとみなした状態で分析を行うことになる。したがって、ある言語項目の産出傾向をおおよそ把握し、教育現場への還元を目指す上では価値あるコーパスと言えるが、データ収集の際に相応の条件統制などが求められる第二言語習得研究で利用するのは難しいのが現状である。

2.3. 第 2 章のまとめ

　本章では、第二言語習得研究における学習者コーパス利用の現状を概観すべく、先駆的な学習者コーパスとして、CHILDES と ICLE の概要を説明し、研究利用上の課題を述べた。いずれのコーパスも、データ規模の拡大を現在も続けているが、不十分な条件統制下において収集されたデータが少なからず含まれること、また、比較可能で客観的指標による習熟度の記録が十分にないことの 2 点が、第二言語習得研究のために学習者コーパスを利用するために克服すべき課題として挙げられる。次章では、日本人英語学習者を主な対象として構築された学習者コーパス 4 種を例に挙げ、それぞれの特徴と課題について述べる。

3. 第二言語習得研究における英語学習者コーパス利用の現在

本章では、日本人英語学習者を主な対象として構築された学習者コーパス4種について、それぞれのデータの特徴と第二言語習得研究への応用可能性と課題について論じる。なお、各学習者コーパスの詳細については、投野・金子・杉浦・和泉 (2013) を参照されたい。

3.1. The National Institute of Information and Communications Technology- Japanese Learner English (NICT-JLE) Corpus

The National Institute of Information and Communications Technology-Japanese Learner English Corpus（以下、NICT-JLEと略記する）は、日本人英語学習者1281名分の発話データを収録している。1000名を超える同じ母語の学習者から発話データを得て公開されている学習者コーパスは、NICT-JLE以外には管見の限り見当たらず、英語学習者の発話データとして貴重な資料である。NICT-JLEは、英語によるインタビューテスト時の発話が記録されており、その内容は、自己紹介やイラストの説明などをさせたもので、1名につき15分ほどの発話が文字として書き起こされた状態のコーパスデータとして収録されている。特徴としては、各データに対し、学習者の習熟度が9段階により示されている点、また、一部のデータながら発話中の誤用についてのタグが付与されている点、さらに、学習者データとの比較用に、英語母語話者による発話の書き起こしデータが用意されている点の3点が挙げられる。

NICT-JLEは、発話時の課題が統一され、事実上の時間制限がなされていること、誤用にかかわる情報が一部ながら付与されていること、習熟度が示されていることなどを踏まえると、第二言語習得研究に利用する上での課題はほとんどないように思われる。しかしながら、習熟度の指標が、独自に設定されたものであるがゆえに、他の指標との互換性がなく、分析結果の一般化が困難なことが課題として挙げられる。各データには、9段階の習熟度に加えて、TOEIC®のような標準テストの結果も記録されてはいるが、すべてのデータに対して記録されていないため、分析対象となるデータが減少して

しまうおそれがある。また、それらのスコアは、主に受容系の能力を測定していることから、発話という発表系の習熟度の相関をどのように求めるかも課題となるであろう。さらには、CHILDES のように発話そのもののデータがメディアファイルとして公開されていないため、どれほどの時間でどれほどの発話をしたのかを確認することが困難である。つまり、15 分の中でどれほどの単語をどのようなペースで発話したかなど、流暢さに関わるデータが得にくい点も課題として挙げられる。

3.2. JEFLL (Japanese EFL Learner) Corpus

　Japanese EFL Learner Corpus（以下、JEFLL と略記する）は、中学・高校の日本人英語学習者およそ 1 万人の自由英作文データ（およそ 70 万語弱）を収録している。英作文のトピックは 6 種類に限られ、中学 1 年から高校 3 年まで統一されており、教室内で実施した 20 分間の辞書使用は無しの状態で書かれたものになる。JEFLL の最大の特徴は、そのデータの種類と規模であり、中学生・高校生のデータとしておよそ 60 万語を収録し、同年齢層を対象としたコーパスとしては、国内最大規模のものと言える。なおかつ、時間制限があり、辞書使用はなく、トピック数が 6 種類に限られていることから、おおよその条件統制がなされている点も特徴的である。また、オンラインでの検索ツールも提供されており、特別な技術や知識を前提とせず、データを容易に確認できる点も特徴のひとつである。

　一方で、第二言語習得研究に利用する上での課題は、習熟度の情報が不足している点にある。JEFLL の場合、独自の 3 段階の習熟度での分類がなされているが、これは、個人の習熟度ではなく、学校全体としての習熟度を示したものであることから、各学習者の習熟度は不明である。ちなみに、学年ごとにデータを抽出することは可能であるが、学年の中にも、さまざまな習熟度の学生が混在していることは想像に難くなく、習熟度の代替の指標として利用することは難しい。

3.3. Nagoya Interlanguage Corpus of English (NICE)

　Nagoya Interlanguage Corpus of English（以下、NICE と略記する）は、大

学生・大学院生による英作文データを収集したものである。初版が公開されてから、本稿執筆時点では第3版（公式サイト上では、「NICE3系」と記載されている）が公開されている。他の学習者コーパスと同様、学習者データとの比較用に、母語話者による作文データも同梱されている。

　NICE の特徴は、データの収集状況や条件が可能な限り統制されている点にある。例えば、第3版については、education・money・sports の3つのテーマから学習者が1つを選ぶこと、1時間という時間制限があり、辞書や参考書等の参照物を使わずに書かれたものとなっていること、また、すべてデータ収集時に監督者の監督下で書かれていること、作文を終えた後にスペルチェック機能で修正をさせていることなどを使っていることが明示されている。加えて、学習者や母語話者の背景情報も、習熟度をはじめとして詳細に記録されている。

　NICE は、後述する ICNALE とともに、第二言語習得研究での利用可能性が高い学習者コーパスと言えるが、やはり課題も残されている。これまでに述べてきたように、学習者の習熟度の記録について、NICE では、TOEIC®・TOEFL® 等の標準テストのスコアが記録されるものの、ライティングそのものの習熟度は記録されていない。英作文データを収集する前後で、別途ライティング能力を測定するためにテストを実施するのは現実的ではないと思われるが、ライティングにかかわる能力を細分化し、例えば、短時間で終えられる語彙サイズテストや文法性判断課題の結果を加えるなどして、当該学習者の能力をより細かく記録することが望ましい。また、コンピュータを利用してデータを収集する際、タイプするのに要した時間データなども併せて記録することにより、タイピングの速さを考慮しつつ、習熟度を元にしたより詳細な比較分析を行うことも可能となるだろう。

3.4. The International Corpus Network of Asian Learners of English (ICNALE)

　The International Corpus Network of Asian Learners of English（以下、ICNALE と略記する）は、アジア圏内（日本を含めた10カ国）の学習者の英作文データと発話データを収録し、比較用の英語母語話者コーパスも公開さ

れている。最大の特徴は、アジア圏内の学習者データを収録しているというその希少さにあると言える。さらに、各国での条件統制も行われており、作文・発話テーマは2つに限定され、辞書の使用は禁止されている。

また、NICE と同様に、TOEIC 等のスコアが記録され、前述の 3.3 節の課題として挙げた語彙テストの結果が加えられており、より厳密に学習者の習熟度を把握できるようになっていることから、第二言語習得研究での利用可能性は高いものと言える。ただし、作文データについては、自宅での宿題として書かれたものが混在していること、また、スペルチェックを行っているものとそうでないものがあること、加えて、制限時間については、20分から40分と幅があることから、一部データを取り除き、等質のデータを抽出した上で分析する必要があるだろう。

ICNALE が抱える課題として、前節において指摘したように、コンピュータを用いて産出している際の時間関係のデータが不足していることが挙げられる。制限時間がありながらも、学習者により、産出を始めた時間・内容などを思考して産出を止めた時間・産出を完全に終えた時間、そして、各種キーを押す・1単語をタイプするのに要した時間などはそれぞれ異なるはずである。こうした個人差が現れると推測される各種時間データを含めることもまた重要な課題であり、この課題が克服されることで、学習者による英語の習得状況のより綿密な解析が期待される。

3.5. 第3章のまとめ

本章では、日本人英語学習者を主な対象として構築された4種の英語学習者コーパスの特徴と、第二言語習得研究のために利用する際の留意点や課題を述べた。総じて、時間制限や参照物の有無、また、テーマやトピックの統一といった条件統制が図られている一方で、細かい部分では、データ収集時の監督者の有無やスペルチェック機能の利用の有無、タスク実行時の指示内容などについても配慮が必要であることが分かった。

第二言語習得研究に限ることなく、学習者の習熟度は、調査を行う上で重要な指標でありデータのひとつであるものの、既存の学習者コーパスでは、習熟度にかかわる情報が不足、あるいは、詳細に記述されていないことを指

摘した。特に、学年や学習歴、CEFRのようなランク分けによる習熟度評価の記録のみならず、第4章でも後述するように、データ収集の前後で、ライティングやスピーキングに関係する能力を測定するための簡易テストを全対象者に実施し、それらを併せて記録しておくことが望ましい。こうした点も踏まえ、第4章では、今後の第二言語習得研究のための学習者コーパス利用における留意事項を挙げ、改善案を提案する。

4. 第二言語習得研究における英語学習者コーパス利用の未来

本章では、学習者コーパスを第二言語習得研究において利用する際に、今後、学習者コーパスがどのようなデータを含むべきか、またどのようなことに留意すべきかについて論じる。具体的には、1) 再現可能性の高い条件統制の実施、2) 習熟度をはじめとする学習者の属性の記述、3) 心理言語学的実験データの融合の3点を挙げて説明する。

4.1. 再現可能性の高い条件統制の実施

データ収集は、再現可能性を考慮しつつ行うべきである。その際に考えられる条件統制の項目を以下に挙げる。

1) 産出状況：自然産出か制限つき産出か
2) 時間制限：どれほどの時間を与えるのが良いか
3) トピック：産出しやすいかどうか
4) 媒　　体：手書きか、コンピュータ等を利用したタイピングか
5) そ の 他：指示内容・文体・辞書使用・語数の目標設定など

まず、1) 産出状況については、特に制限なく自然に産出をさせるか、あるいは、調査対象としたある言語項目を使用するよう求めた制限つきの産出なのかを決定してから、データ収集を行うべきであろう。冠詞や関係詞といった特定の言語項目を意識しない状態での出現頻度・傾向を調べることが目的であれば前者となり、意識しても産出できない言語項目は何かを調査するこ

とが目的であれば後者の状況を設定することになる。なお、いずれの状況であっても、自宅での宿題のような形でのデータ収集は行わず、NICE のデータ収集状況と同じように、監督者による監視のもとでのデータ収集を行うことで、データの信頼性を高めることも必要と思われる。

次に、2) 時間制限については、これまでの事例を踏まえ、書き言葉データの場合は、1 時間前後で設定するのが望ましい。過度に短い時間設定では十分な量のデータを得られないことは容易に想像でき、一方で、2 時間などの過度に長い時間設定をした場合には、疲労等が影響し、分析に利用できる質の良いデータが得にくくなるものと予想される。話し言葉データについては、話す内容や話し相手の有無なども影響するが、これまでの事例や標準テストなどの例を参考にすると、15－20 分程度での収集が時間設定としては適切であると考えられる。また、3.4 節で論じたように、時間制限がある場合でも、コンピュータを利用するのであれば、書き始めの時間や書き終わりの時間（話し言葉の場合は、沈黙した時間帯）なども併せて記録することで、より詳細な分析が可能となるであろう。

3) トピックについては、学習者にとって産出しやすいものを採用すべきである。学習者の多くは学生であることから、学校関連の話題やトピックを中心に収集することと、国際的な研究を視野に入れる場合には、政治的・宗教的な話題は避けつつも、環境問題などの国際的に共通性を見出すことができると期待できるトピックを複数設定する必要がある。

4) 媒体については、特に書き言葉データの質や量に影響する条件であり、何を利用するかしないかは、調査目的に応じて慎重に検討されるべき事項である。日本国内で収集する場合は、その多くがコンピュータを利用しているが、近年は、スマートフォンの普及や、それに伴う音声入力の容易さが影響し、タイピングそのものが十分な速度でできない学習者も少なくない。そのため、結果的に得られるデータが減少するおそれがある。学習者にとって英語の産出に最適な媒体は何か、また、書き起こしの手間は増えるというデメリットは生じるが、手書きにより産出させる方が良いのかを判断する必要があるだろう。

5) その他にも、多くの条件が考えられるが、指示内容を明確にして公開す

ること、書き言葉の場合どのような文体を産出させることを求めたか、あるいは求めなかったのかを明示することなどが必要である。また、辞書使用については、本人が持つ言語知識・言語運用能力のみで産出されたデータを得るべきであることから、通常は使用禁止とすべきである。しかしながら、この点については議論の余地が残る。ライティングという活動時に、辞書を使うことは自然な行為であり、これを制限することは、本人のライティング活動を妨げ、本来の言語運用能力が発揮できないのではないかという懸念がある。教育的な側面に重点を置く言語習得研究であるならば、辞書使用を認めた状態でのデータ収集もあり得るだろう。

4.2. 習熟度をはじめとする学習者の属性の記述

　第二言語習得研究のために学習者コーパスを活用するためには、第3章を中心にして指摘したように、学習者の属性・背景情報をできる限り詳細に記述する必要がある。前述の学習者コーパスの一部では、TOEIC® や TOEFL® 等の標準テストの結果が記録されているが、学習者コーパスのデータそのものが書き言葉・話し言葉であることから、ライティングやスピーキング能力を測るか、あるいは、それぞれにかかわる能力や知識の有無を測るような別のテストを実施し、それらの結果を併せて記録することが望ましい。例としては、3.3節で挙げたように、語彙サイズテストや文法性判断課題などが挙げられる。しかしながら、そうした対応の結果として、統一感のない多様なテストや課題が実施されるおそれもあるが、テスト問題や課題を公開し、再現性の確保に努めることで、テストや課題の乱立を抑えることに一定の効果が期待できる。

　さらに、書き言葉データを収集する際にコンピュータを利用する場合には、機械そのものへの慣れや操作性が影響することも考えられる。そのため、事前あるいは事後に、コンピュータの操作感にかかわるアンケートを実施したり、タイピングの速さや作文中の作業過程を記録したりすることで、習熟度とは別の変数で学習者を再分類し、精緻な分析につなげることが期待できる。また、学習者への負担を考慮すると、コンピュータでデータ収集用の専用のアプリケーションを開発し、アンケート実施やログの記録とった必要な機能

をすべて統合させておくのが理想的であるが、研究者一人では対応が難しくなるため、今後は、プログラマーなどの専門家との共同研究・開発が必要になると予想される。

4.3. 心理言語学的実験データの融合

　学習者コーパスを構築・分析することによってのみ、第二言語習得研究が発展することはなく、既存のさまざまな研究課題がすべて明らかとなるわけではない。認知的な活動の結果の一側面を捉えているに過ぎないことから、他の実験等で得られるデータも融合して、学習者コーパスから得られたデータと実験等で得られたデータの双方を総合的に分析・解釈することが今後求められるようになるであろう。

　例えば仮に、英語学習者コーパスの分析により、学習者が高頻度で産出する表現として、*I think* という2語表現が得られたとする。この表現が英語学習者によって高頻度で産出されるコロケーション (collocation) として扱われることも少なくないが、この表現が、実際に記憶、もしくは、心的辞書の中に貯蔵されているかどうか、また、認知的にどのように処理されているかについては、学習者コーパスの頻度分析のみで判断することは困難である。そこで、視線計測による英文の読解実験や、文法性判断課題などの心理言語学的実験を行うことで、計測された時間データや正答率のデータを織り交ぜての分析が可能となり、*I think* という2語表現が、学習者が高頻度で用いて、かつ、認知処理のしやすい表現であるかについての判断が最終的にできるようになる。認知的な処理や心的辞書の中身そのものを直接観察することはできないため、こうした実験による言語産出や言語処理を行わせること (elicitation) により得た従来型のデータも、第二言語習得研究には不可欠なものであることに変わりはない。また、それぞれが相補的な役割を果たすべく、学習者コーパスの分析から得られた知見に加えて、心理言語学的実験のデータを融合させていくことが、言語習得モデルの構築・解明をする上で、今後より重要視されるようになるものと思われる。

4.4. 第4章のまとめ

本章では、今後、学習者コーパスがどのようなデータを含むべきか、また、どのようなことに留意すべきなのかという課題に対して、1) 再現可能性の高い条件統制を行うこと、2) 習熟度をはじめとする学習者の属性にかかわる情報の記録をとること、そして、3) 学習者コーパスから得られたデータと心理言語学的実験データを融合させて分析・解釈することの3点を挙げ、それぞれの第二言語習得研究における応用可能性・必要性を述べた。

5. おわりに

本稿では、第二言語習得研究のための英語学習者コーパス利用について、過去と現在の状況を踏まえつつ、将来、どのような点に配慮して学習者コーパスを構築・分析していけばよいのかについて論じてきた。

今回は学習者コーパスのデータという分析対象に着目をしてきたが、研究者という分析する人間の側にも複数の課題が残されている。これに関連して、Tono (2003) が下記のように指摘をしている。

> Many corpus-based researchers do not know enough about the theoretical background of SLA research to communicate with them [i.e. SLA researchers] effectively, while SLA researchers typically know little about what corpora can do for them.　　　　(Tono, 2003: 806)

上記の指摘は2003年のものだが、本稿執筆時点においても、コーパス研究者は第二言語習得研究に対する背景知識が乏しく、一方で、第二言語習得研究者にはコーパスで何ができるのかについての知識が乏しいという状況に大きな変化が見られないように思われる。双方がそれぞれの利点・目的を共有し、積極的に共同研究に取り組むことが望まれる。

また、コーパス研究者および第二言語習得研究者ともに、特定のソフトウェアに頼ることがないよう、自然言語処理にかかわる基本技術の習得とその向上に努める必要もある。CHILDESやICNALEなど、現在もデータ規模を

拡大させている学習者コーパスがあり、加えて、新たな学習者コーパスも構築・公開されている。データは今後もさらに量的に増え、質的に複雑化するものと予想される。データの記録形式はコーパス間で異なることが多いため、さまざまな学習者データに対応できるよう、Python 等によるデータ加工技術や正規表現によるパターンマッチングの手法などの汎用性が高い基本的な知識と技術を習得しておくべきである。こうした基本技術の習得と向上に努めることにより、データ処理におけるデータ加工・分析の幅が拡がると同時に、特定のソフトウェアへの依存がなくなり、結果として、分析過程の「ブラックボックス化」を避け、研究調査にかかわる再現可能性を高めることにつながる。

　総じて、学習者コーパスを用いた第二言語習得研究を行う研究者として、学習者コーパスのデータそのものがどのような形式で記録されているか、研究目的を踏まえた最適な分析を行うにはどのようなデータ処理が必要となるのか、そして、その処理によりどのような結果が得られるのか、という一連の分析過程を把握し、その上で得られた結果を落ち着いて解釈できるよう、研鑽を積む必要性がますます高まっていると言える。

参考文献

Granger, S. (2002) A bird's-eye view of computer learner corpus research. In S. Granger, J. Hung, S. Petch-Tyson, & J. Hulstijn (Eds.), *Computer learner corpora, second language acquisition and foreign language teaching* (Vol. 6, pp. 3-33). Amsterdam & Philadelphia: John Benjamins.

Tono, Y. (2003) Learner corpora: design, development and applications. In D. Archer, P. Rayson, A. Wilson, & T. McEnery (Eds.), (Vol. 16, pp. 800-809). Presented at the Corpus Linguistics 2003 Conference (CL 2003), Lancaster (UK): Lancaster University: University Centre for Computer Corpus Research on Language.

投野由紀夫・金子朝子・杉浦正利・和泉絵美（編著）(2013)『英語学習者コーパス活用ハンドブック』東京：大修館書店.

Díaz-Negrillo, A., Ballier, N., & Thompson, P. (2013) *Automatic treatment and analysis of learner corpus data*. Amsterdam: John Benjamins.

コロケーションの遍在と偏在：
COCAとBNCにおける「ly副詞＋原級形容詞」を例に

滝沢　直宏

1. はじめに

　語と語の慣習的な結合であるコロケーションは、個人あるいはジャンルに依存している場合としていない場合とがある。例えば、Greenbaum (1970: 81) は、"In the stylistic analysis of literary works, a study of collocations may reveal the predilection of individual writers or genres for particular collocations, their avoidance of collocations that are frequent elsewhere, and their selection of collocations that are rare or unique." と述べ、個人あるいはジャンルごとのコロケーションの相違に言及している（堀 (2009) も参照）。また、Davies and Gardner (2010) は、Corpus of Contemporary American English（以下、COCA）を用いた語彙リストであるが、このコーパスを構成する5つのサブコーパス (Academic, Fiction, Magazine, Newspaper, Spoken) における分散率が示されている（赤野 (2011: 80)）。Davies and Gardner (2010) は分散率の測定に Juillard's D を用いているが、分散の測定方法は多々あり、詳細な議論としては Gries (2008) などがある。
　本稿では、まず前半において、Davies and Gardner (2010) と同様、COCA（その full text 版）を用いて、ジャンルに依存しているコロケーションとジャンルに依存していないコロケーションについて考える。COCA の full text 版は、WWW 上で利用できる COCA とは異なり、手元のコンピュータ上に保存できるテキストファイルであるために柔軟な処理が可能である（滝沢 (2017: xi–xii, 23)）。次に後半では、British National Corpus (XML Edition、以下 BNC) を用いて、ジャンルではなく個別ファイルでのコロケーションを見る。いずれも、例として「ly 副詞＋原級形容詞」の連鎖を取り上げる。

165

なお、本稿では、分散率の計算方法には立ち入らず、単純な頻度や全体に占める割合を見ることでコロケーションの遍在（ジャンル・個別ファイルによらず遍く（少なくとも広く）存在している連鎖）と偏在（特定のジャンル・個別ファイルに偏って存在している連鎖）を同定する。

2. COCAにおける「ly副詞と原級形容詞」

　COCAのfull text版には、語に加え、その辞書形と品詞情報が付与されたファイル（wlpで始まるファイル）が用意されている（w = word, l = lemma, p = POS)。例えば、ly副詞であるreallyと原級形容詞であるgoodは、wlpファイルにおいてそれぞれ以下のように情報が付与されている。

　　(1) really　　　really　　　rr
　　(2) good　　　　good　　　　jj

　左端の第1フィールドがコーパスで実際に用いられている語それ自体(word)を、中央の第2フィールドがその辞書形(lemma)を表している（reallyとgoodに関してはwordとlemmaは同じである）。そして、右端の第3フィールドはCLAWS7による品詞タグ(POS)である。COCAの品詞タグについて注意すべきは、BNCと同様に曖昧タグ(ambiguity tag)を採用している点である。例えば、onlyは副詞である可能性と原級形容詞である可能性があるが、機械的にどちらかに決めがたい場合には、以下のように両方の可能性が示されている。

　　(3) only　　　only　　　rr_jj
　　(4) only　　　only　　　jj_rr

(3)は、副詞(rr)としての可能性が高いが、原級形容詞(jj)である可能性もあることを示している。(4)はその逆である。COCAの曖昧タグで厄介なのは、可能性が最大で6つになることがあるという点である（BNCでは最大2つ

である)。例えば、以下の文を見てみよう。

(5) It endorses a doctrine of moral self-ownership-of each person's moral jurisdiction over himself—or some functionally equivalent (or near equivalent) right, such as a right against interference with one's person.　　　　　　　（COCA-FullText: w_acad_1990.txt より）

この文の near に対しては、以下のように4つの可能性が示されている。

(6)　near　　　　near　　　　ii_jj@_vv0@_rl

つまり、この near には、general preposition (ii), general adjective (jj), base form of lexical verb (vv0), locative adverb (rl) の可能性があるということである。更に、@ と % という記号も用いられている。これらは "rarity symbol" と呼ばれ、前者は100例中1例未満、後者は1,000例中1例未満生じることを意味する [http://www.natcorp.ox.ac.uk/docs/claws7.html]。
　このような特徴をもつ COCA から品詞タグに基づく抽出を行う場合、曖昧タグの可能性をどの程度まで考慮するのか、という問題がある。原級形容詞という理由で jj のみが与えられている語だけを指定すると、その他のタグが与えられている場合に漏れが生じる。例えば、-ed で終わる形容詞（handicapped など）の場合、品詞タグとしては vvn_jj という vvn（一般動詞の過去分詞）で始まるタグが与えられる場合もあるが、このようなタグ付けがされている限りは抽出対象にならない。一方、jj というタグが含まれている語を全て原級形容詞として扱うことにすると、原級形容詞ではない語が大量に混在してしまうという問題が生じる。機械的に与えられた品詞タグに依拠する以上は、完全な正確さをもって抽出を行うことはそもそも不可能であると考えざるをえないのである。そこで本稿では、ly 副詞に関しては rr のみが与えられているものとして扱う。したがって、(4) 型はもちろん (3) のように rr_jj というタグが与えられている語は対象外となる。また、原級形容詞については、jj 単独あるいは第1タグが jj であるタグ（jj_rr, jj_vvn など）が与え

られているものとする。したがって、vvn_jj などのタグが与えられている語は対象外となる。なお、抽出は辞書形 (lemma) で行う。

　連鎖の抽出にあたっては、「一行一語」の形式になっている wlp ファイルの境界を改行ではなく半角スペースに整形する（COCA 中の半角スペースは␣で示す）こととするので、「ly 副詞＋原級形容詞」の連鎖は、次のような正規表現で指定できる。

(7)　_[a-z]+ly:rr␣[a-z-]+_[a-z]+:jj[␣_]

　この正規表現中での網掛け部分のうち、前者が ly 副詞の辞書形 (lemma)、後者が原級形容詞の辞書形に該当する。（lemma は必ず小文字で与えられているので、抽出後に大文字・小文字の統一を行う必要はない。）なお、ここでは、語を指定するにあたっての文字指定では [a-z] とし、[a-z-] とはしていないので、self-consciously や non-existent のようにハイフンが介在する語は抽出対象としない。この指定で、例えば以下からは、really good, legally binding, technologically advanced, fully guaranteed, relatively wet が抽出される。

(8)　a. really_really:rr␣good_jj␣
　　　b. legally_legally:rr␣binding_binding:jj_vvg␣
　　　c. technologically_technologically:rr␣advanced_advanced:jj_vvn_vvd␣
　　　d. relatively_relatively:rr␣wet_wet:jj_vvd@_vv0@_vvn@␣

　抽出後は Linux の標準的なコマンドの組み合わせによって頻度を降順に求める (sort | uniq -c | sort -rn)。一連の処理を具体的に示すと以下のようになる（ここでは Academic（ファイルの指定は wlp_academic_*）を例にするが、他のジャンルについては academic の箇所を fiction などに置き換えて実行する。COCA 全体に対しては wlp_* と指定する）。

(9) perl -ne 'while (/_([a-z]+ly):rr_[a-z]+_([a-z]+):jj[_]/gi) {print "$1 $2\n"}' wlp_academic_* | sort | uniq -c | sort -rn

3. COCAにおける「ly副詞+原級形容詞」の遍在と偏在

前節で述べた方法を用いると、COCAのジャンルごとに「ly副詞+原級形容詞」を抽出し、その頻度を出すことができる。実際にこの処理を行い、上位5位までを示すと以下の通りとなる。(COCA全体における「ly副詞+原級形容詞」は、タイプとして173,314個ある。) 最後にCOCA全体での頻度も示す。

(10) COCAのAcademicにおける「ly副詞+原級形容詞」(上位5位)
  3,189 statistically significant
  1,131 significantly different
  1,103 relatively small
   767 relatively low
   691 relatively high

(11) COCAのFictionにおける「ly副詞+原級形容詞」(上位5位)
  545 really good
  259 really bad
  257 really sorry
  249 completely different
  247 barely audible

(12) COCAのMagazineにおける「ly副詞+原級形容詞」(上位5位)
  796 really good
  727 finely chopped
  542 thinly sliced
  487 relatively small
  430 readily available

(13) COCA の Newspaper における「ly 副詞 + 原級形容詞」（上位 5 位）
　　　949　really good
　　　460　relatively small
　　　335　finely chopped
　　　313　completely different
　　　312　politically correct

(14) COCA の Spoken における「ly 副詞 + 原級形容詞」（上位 5 位）
　　2,543　really good
　　1,373　exactly right
　　1,289　absolutely right
　　1,132　really important
　　　923　really hard

(15) COCA 全体における「ly 副詞 + 原級形容詞」（上位 5 位）
　　4,999　really good
　　3,396　statistically significant
　　2,355　relatively small
　　1,935　completely different
　　1,841　really important

　really good が Academic を除いて首位に来ているが、その他の連鎖についてはジャンルごとの違いが見て取れる。

4. COCAにおける「**ly副詞+原級形容詞**」：ジャンルにおける遍在

　前節の処理で COCA 全体および COCA を構成する各ジャンルにおける「ly 副詞 + 原級形容詞」の頻度を見ることが可能になった。前節で述べた通り COCA には「ly 副詞 + 原級形容詞」の 173,314 個（タイプ）の連鎖があるが、それらのジャンルごとの頻度をまとめることによって、コーパス中における遍在・偏在を考える基礎資料が整う。具体的には以下のような形式でデ

ータを整理する。左端が COCA 全体での頻度で、それ以外は各ジャンルでの頻度である（冒頭の3行のみを示す）。

(16) COCA 全体と各ジャンルにおける「ly 副詞＋原級形容詞」の出現頻度

全体	連鎖	Acad	Fic	Mag	News	Spok
4,999	really good	166	545	796	949	2,543
3,396	statistically significant	3,189	6	115	48	38
2,355	relatively small	1,103	41	487	460	264

一度、この形式でデータを整理しておけば、全体に占める各ジャンルの割合を知ることも容易にできる。例として、COCA 中での共起頻度50以上の連鎖で、各ジャンルでの出現割合の最大値から最小値を引いた値が 10% 未満の連鎖を、その値の小さい順に全て示すと以下のようになる。

(17) highly intelligent, deeply grateful, absolutely necessary, painfully clear, entirely different, totally inadequate, overly cautious, really useful

例として、highly intelligent と really useful のジャンル別の頻度と割合を示す。

(18) COCA における highly intelligent（全171回）のジャンル別の分布
　　　 Academic　　34回　　19.9%
　　　 Fiction　　　30回　　17.5%
　　　 Magazine　　35回　　20.5%
　　　 Newspaper　 38回　　22.2%
　　　 Spoken　　　34回　　19.9%

(19) COCA における really useful（全84回）のジャンル別の分布
　　　 Academic　　19回　　22.6%
　　　 Fiction　　　11回　　13.1%

Magazine	19 回	22.6%
Newspaper	18 回	21.4%
Spoken	17 回	20.2%

これらの連鎖は、ジャンルに関わらずCOCAに遍在していると考えられる。

5. COCAにおける「ly副詞＋原級形容詞」：ジャンルにおける偏在

一方で、特定のジャンルに偏在している連鎖も多数存在する。以下では、頻度10回以上の連鎖で、且つ特定のジャンルにのみ現れるものを示す（但し、Academicにのみ生じる連鎖は頻度10回以上に限っても123個と数が多いので、このジャンルに関してのみ頻度25以上の12個を示す）。（　）内は頻度である。

(20) COCAのAcademicにのみ生じる「ly副詞＋原級形容詞」（頻度25以上）

marginally significant (117), socially prescribed (114), abnormally dangerous (51), significantly positive (37), sexually impositional (32), significantly negative (32), spatially explicit (31), statistically nonsignificant (31), sexually questioning (29), behaviorally disordered (27), highly able (27), severally liable (25)

(21) COCAのFictionにのみ生じる「ly副詞＋原級形容詞」（頻度10以上）

suddenly dry (29), suddenly furious (22), suddenly uncomfortable (16), slightly bored (14), suddenly unsure (14), freshly shaven (13), suddenly excited (13), suddenly certain (12), suddenly glad (12), suddenly heavy (12), suddenly sad (12), surprisingly young (12), determinedly cheerful (11), suddenly warm (11), suddenly awkward (10), unnaturally silent (10)

(22) COCA の Magazine にのみ生じる「ly 副詞＋原級形容詞」（頻度 10 以上）
freshly shredded (30), coarsely shredded (20), highly breathable (14), lightly browned-about (13), laterally stiff (12), reasonably light (12), comfortably possible (10), externally adjustable (10), infinitely adjustable (10), permanently mounted (10)

(23) COCA の Newspaper にのみ生じる「ly 副詞＋原級形容詞」（頻度 10 以上）
mostly harsh (15), racially identifiable (10)

(24) COCA の Spoken にのみ生じる「ly 副詞＋原級形容詞」
なし

次に、頻度 10 以上の「ly 副詞＋原級形容詞」の連鎖（タイプとして 9,192 個）で、1 つのジャンルに 90% 以上出現している連鎖の個数を示す。

(25) COCA の 1 つのジャンルに偏在している「ly 副詞＋原級形容詞」
Academic   255 個
Fiction   45 個
Magazine   26 個
Newspaper   5 個
Spoken   5 個

Academic にそのジャンル固有の語が現れやすいことは学術的専門用語が多い以上、容易に想像がつくことであるが、このことは「ly 副詞＋原級形容詞」の連鎖についても言えることがわかる。もちろん、専門領域に関わると一口に言っても、分野によって用いられる連鎖は大きく異なる。例えば、上記のリストに 2 回出現している statistically も、統計が意味をもたない学問領域であれば出現しない副詞だろう。Academic といっても分野によって多様ということである。

Fiction でまず目につくのは suddenly である。この suddenly は直後の原級形容詞を局所的に修飾しているというよりは、その前に現れる be/feel などの動詞と関連をもっている。例えば、以下のような使い方である。

(26) Her face was suddenly serious. (COCA: Fiction)
(27) She felt suddenly angry. (COCA: Fiction)

　こうした連鎖の COCA 全体における MI-score（コロケーションの強度を測る指標）は、さほど高くはならない。suddenly certain (0.6), suddenly heavy (1.5), suddenly warm (1.8), suddenly glad (2.6), suddenly sad (2.7), suddenly dry (3.3), suddenly excited (3.6), suddenly awkward (4.0), suddenly uncomfortable (4.1), suddenly furious (5.4), suddenly unsure (5.7) である。Academic における連鎖では、例えば severally liable が 16.5 を示すなど高い値のものが多いことと対照的であり、「suddenly+ 原級形容詞」の連鎖が強固なものではないことが示唆される。
　Spoken の 5 つの連鎖は really unclear (14 回)、incredibly personal (11 回)、really senseless (11 回)、really chilling (10 回)、really hopeful (10 回) である。この 5 連鎖のうち 4 連鎖には、極めて高頻度の副詞 really が使われており、COCA 全体における原級形容詞との MI-score も高くはない (really unclear: 1.9, really senseless: 3.9, really chilling: 2.5, really hopeful: 1.4)。

6. BNCにおける「ly副詞+原級形容詞」

　前節までは COCA の full text 版を用いて、ジャンルにおける「ly 副詞+原級形容詞」の遍在と偏在を見た。しかし、ここで考えるべきは、ジャンルごとに見てよいかという問題である。コロケーションの遍在と偏在は、特に Academic の場合、専門領域に依存しているため、ジャンルではなく個別ファイルごとに見ることも有益である。そこで本節以降では BNC が 4,049 の個別ファイルの集合体であることに着目し、ジャンルごとではなくファイルごとに扱うことで、コロケーションが BNC 全体に分散して生じている（そ

の場合、英語全体に遍在している可能性がある）のか、それとも少数（極端な場合には 1 つ）のファイルに偏在しているのかを、「ly 副詞＋原級形容詞」の連鎖を例にして考える。

具体的には、「ly 副詞＋原級形容詞」の連鎖をファイル名と共に抽出し、ファイルごとに頻度を算出する。例えば、really good は、BNC において以下のように情報が付与されている。AV0 は副詞を、AJ0 は原級形容詞をそれぞれ意味している。

(28) <w c5="AV0" hw="really" pos="ADV">really </w><w c5="AJ0" hw="good" pos="ADJ">good</w>

この中から ly 副詞である really と原級形容詞である good を抽出するための正規表現は以下の通りとする。この網掛け部分を抽出することは、すなわち、BNC に見られるすべての ly 副詞とその直後の原級形容詞の連鎖のみを抽出することになる。ここでは辞書形 (lemma) ではなく実際に用いられている語を抽出対象とする。

(29) (?i)<w c5="AV0" [^]+> *[a-z]+ly *<\/w> *<w c5="AJ0" [^]+> *[a-z]+ *<\/w>

ただし、このタグの指定では、c5 がいわゆる曖昧タグ (ambiguity tag) になっている可能性については考慮されていない。例えば、副詞という指定のある ly で終わる語（ly 副詞）の後に生じる handicapped は、以下のように c5 の値が AJ0 であることが多いとはいえ、AJ0-VVN, VVN-AJ0 などの曖昧タグ（VVN は一般動詞の過去分詞を意味するタグ）を含め、他のタグが与えられていることも多い。

(30) BNC における handicapped
  374 <w c5="AJ0" hw="handicapped" pos="ADJ">
  291 <w c5="VVN-AJ0" hw="handicap" pos="VERB">
  207 <w c5="AJ0-VVN" hw="handicapped" pos="ADJ">

76 <w c5="VVN" hw="handicap" pos="VERB">
 1 <w c5="NN0" hw="handicapped" pos="SUBST">

しかし、本節では、こうしたタグの揺れは考慮せず、原級形容詞の指定としてAJ0の場合に限って抽出することとする。この点で、COCAからの抽出においてjjを第1タグとするものとしていたのとは扱いが異なっている点に注意されたい。COCAにおいて、そのような扱いをしたのは、BNCは曖昧タグが2通りの可能性しか示していない一方、COCAは最大4通りの可能性まで示しており、jjのみを対象にすることは大幅な抽出漏れを生じさせると見込まれたためである。

(29)の正規表現において、網掛けをした要素がly副詞と原級形容詞にあたる語であると見なし、以下の方法で、「ly副詞＋原級形容詞」の連鎖を抽出する。抽出された網掛けの語は、小文字に統一 (lc) した上で頻度を降順に算出 (sort | uniq -c | sort -rn) する。その際、各ファイルでの分布を見るために、「ly副詞＋原級形容詞」の連鎖が出現しているファイルの名称（$ARGV、例えばA00.xml）も併せて書き出すこととする。

(31) perl -ne 'while (/(?i)<w c5="AV0" [^>]+> *([a-z]+ly) *<\/w> *<w c5="AJ0" [^>]+> *([a-z]+) *<\/w>/g) {$a = lc $1; $b = lc $2; print "$ARGV\t $a $b\n"}' *xml | sort | uniq -c | sort -rn

この段階での出力形式は以下のようになる（冒頭の5行のみを示す）。左端は頻度であり、次がファイル名（但し、拡張子.xmlは省いて示す）、そして「ly副詞＋原級形容詞」の連鎖である。

(32) BNCにおけるファイル別の「ly副詞＋原級形容詞」（頻度順）

  136 CJK easily accessible
  123 CJG visually handicapped
  112 ANA mentally handicapped
   59 J7A ordinarily resident
   55 HHV absolutely right

ここから、CJK.xml というファイルに現れている easily accessible が、BNC における単一ファイル中での頻度を見た場合、最も高頻度の連鎖であることがわかる。この抽出作業とは別に、BNC 全体における「ly 副詞＋原級形容詞」の連鎖の頻度を以下によって算出する。

(33) perl -ne 'while (/(?i)<w c5="AV0" hw="([a-z]+ly)" pos="ADV">[a-z]+ly *<\/w><w c5="AJ0" hw="([a-z]+)"/g) {print "$1 $2\n"}' *xml | sort | uniq -c | sort -rn

結果は以下のようになる（冒頭の 5 行のみを示す）。

(34) BNC 全体における「ly 副詞＋原級形容詞」の出現頻度
　　　846　really good
　　　651　relatively small
　　　574　particularly important
　　　572　slightly different
　　　507　completely different

そして、各ファイルの頻度に BNC 全体の頻度を融合させ、更に BNC のファイルのうちのいくつに当該コロケーションが出現しているかを示す。(32) にこの情報を埋め込むと以下のようになる。

(35) BNC 全体と特定ファイルにおける「ly 副詞＋原級形容詞」の分布

A	B	C	D	E	F
136	290	47%	CJK	easily accessible	131
123	127	97%	CJG	visually handicapped	5
112	200	56%	ANA	mentally handicapped	63
59	87	68%	J7A	ordinarily resident	21
55	192	29%	HHV	absolutely right	100

（A=ファイル中の頻度、B=BNC 中の頻度、C=割合、D=ファイル名、E=連鎖、F=出現ファイル数）

177

こうした整理をすることで、特定の1つのファイルにその出現が偏っている連鎖と、多くのファイルに分散している連鎖、そして、その中間に位置づけられる連鎖があることがわかる。

　例えば、BNCでの総頻度が50の「ly副詞＋原級形容詞」の連鎖は304個あるが、その連鎖は最低でも39ファイルに分散しており、英語の中に広く存在している可能性が窺える。

(36)　BNCにおける頻度50の「ly副詞＋原級形容詞」の分布（抜粋）

A	B	C	D	E	F
2	50	4.0%	HNJ	barely audible	47
3	50	6.0%	K5M	bitterly disappointed	43
2	50	4.0%	KRP	entirely sure	41
2	50	4.0%	J7B	equally applicable	47
2	50	4.0%	HPN	fairly constant	45
2	50	4.0%	HAC	potentially harmful	42
3	50	6.0%	GUY	relatively long	39

（A〜Fは同上）

　次にBNCにおける頻度が10以上で特定ファイルにのみ見られる連鎖（偏在している連鎖）を全て示す。

(37)　BNCにおける特定の1つのファイルのみに出現する「ly副詞＋原級形容詞」（頻度10以上）

頻度	ly副詞＋原級形容詞（ファイル名）
17	morbidly obese (HWT)
16	simply degenerate (EWW)
15	strongly aromatic (FEB)
15	totally symmetric (H9R)
11	fully turbulent (J12)
11	traditionally qualified (HX1)
10	strongly verifiable (F9K)

morbidly obese は、BNC では HWT というファイルにのみ見られる。BNC の "List of Sources" を見ると、HWT は *Gut: Journal of Gastroenterology and Hepatology* から抜粋して作成されたファイルであることがわかる。Gastroenterology は「消化器病学 , 胃腸病学」、Hepatology は「肝臓学」を意味するから、医学系の専門ジャーナルであることがわかる。同じジャーナルからは 5 つのファイル (HU2, HU3, HU4, HWS, HWT) が BNC に収録されているが、morbidly obese は HWT にのみ見られる。ということは、仮にこのジャーナルのたまたま HWT というファイルが BNC に収録されていなければ、morbidly obese は全く存在しないことになり、この連鎖がイギリス英語に存在しないという誤った解釈に至る可能性がある。simply degenerate 以下の出典も、その全てが学術的な英文からのものである。

逆に、以下は、同じく頻度が 17 の連鎖のうち、各ファイルの出現回数が 1 回のみの連鎖（つまり 17 ファイルに分散している連鎖）である（全例）。

(38) BNC における分散している「ly 副詞 + 原級形容詞」（頻度 17）
barely distinguishable, justly famous, totally unrealistic, purely functional, particularly poignant, disproportionately high, physically ill, reasonably satisfied, relatively crude, entirely innocent, extremely reluctant, increasingly urgent, physically impossible, entirely accurate, immediately evident, reasonably easy, equally powerful, increasingly active, greatly concerned, particularly dramatic, completely successful, virtually free, really helpful, really powerful, especially high

同じ頻度 17 といっても、morbidly obese は 1 つのファイルにのみ現れ（偏在し）、(38) の連鎖は BNC の 17 のファイルに分かれて出現しているということである。コーパス全体での頻度は同じであっても、英語の中でもつ意味は大きく異なっているのである。

179

7. まとめ

　本稿では、「ly 副詞＋原級形容詞」のコロケーションについて、その遍在と偏在を観察してきた。前半では COCA（full text 版）を用いてジャンル別の処理を行い、後半では BNC（XML 版）を用いて個別ファイル別の処理を行った。

　コロケーションは、英語の記述のみならず、辞書編集（井上・赤野（編）の『ウィズダム英和辞典』（第 3 版、2013）はコーパスの利用もあって、コロケーション記述が格段に充実している）、更には英語教育においても重要な役割を果たすわけだが、その際、英語一般に当てはまるコロケーションと、特定のジャンル・個人に当てはまるコロケーションを区別することは、精密なコロケーション記述のためには不可欠である。本稿では、「ly 副詞＋原級形容詞」に限定した極めて狭い範囲での記述を行ったにすぎないが、今後は他の種類のコロケーションの遍在・偏在にも目を向けていきたい。

参考文献

Davies, M. and D. Gardner. (2010) *A frequency dictionary of contemporary American English: Word sketches, collocates, and thematic lists.* New York: Routledge.

Greenbaum, S. (1970) *Verb-intensifier collocation in English: An experimental approach.* The Hague: Mouton.

Gries, S. Th. (2008) Dispersions and adjusted frequencies in corpora. *International Journal of Corpus Linguistics*, 13, 403–437.

赤野一郎 (2011)「辞書とコロケーション」堀正広（編）『これからのコロケーション研究』(pp. 61–106) ひつじ書房.

井上永幸・赤野一郎（編）(2013)『ウィズダム英和辞典』第 3 版. 三省堂.

滝沢直宏 (2017)『ことばの実際 2 コーパスと英文法』（シリーズ　英文法を解き明かす——現代英語の文法と語法 10）内田聖二・八木克正・安井泉（編）. 研究社.

堀正広 (2009)『英語コロケーション研究入門』研究社.

母語話者・学習者作文の語彙的特徴

田中　道治・石川　保茂

1. はじめに

　テクストの言語的・語彙的特徴を示す指標には多数あるが、本研究では、日本語母語話者ならびに上級レベル日本語学習者作文コーパスを利用し、3つの指標を使い、両データの語彙的な特徴を分析、比較する。

　第一に、テクストの語彙的多様性やテクストそのものの複雑さを数量的に計測する「語彙密度」を、先行研究結果とも比較しながらみる。
次に、「頻度別語彙構成比率」の値を計測し、テクストに使用される高頻度語と低頻度語の偏りをみる。一般に、語彙は少数の高頻度語とそれよりはるかに多い低頻度語から成っている。現実の語彙使用における両者のバランスは、話し言葉・書き言葉、一般的な話題・専門的な話題などの違いにより変わる。通常は、高頻度語の使用語彙全体に対する占有率が高ければ、そのテクストの内容は一般的・限定的であり、話題の違いを問わず使用される汎用語が多い。一方、低頻度語の比率が高ければ、内容が幅広く、トピックやジャンルごとの内容語の使用が多くなる。
そして最後に、「品詞別語彙構成比率」をみる。具体的には、2種のコーパスから抽出された内容語を品詞ごとに、使用語彙全体に占める割合を算出し、母語話者、学習者間に差が認められる品詞に対し分析を加える。
以下、まず本研究の調査で使用するデータについて説明し、その後「語彙密度」、「頻度別語彙構成比率」、「品詞別語彙構成比率」の順に調査分析結果を示す。

　なお、本研究での語彙抽出、品詞別頻度順リスト作成などの作業はすべてKHcoder を利用した。[1]

---

[1] KHcoder　立命館大学の樋口耕一氏によって開発された内容分析（計量テキスト分

2. 作文コーパス

2.1 2種のコーパス

本研究で使用される2種のコーパスは、すべて筆者らにより一定の条件で収集された800字程度の論述文である。[2]「母語話者作文コーパス」(以下、JC)と「学習者作文コーパス」(以下、LC)のサンプル数と延べ語数、異なり語数は次の通りである。

表1

作文コーパス種類	サンプル数	延べ語数	異なり語数
母語話者作文コーパス（JC）	243	48,628	4,902
学習者作文コーパス（LC）	311	49,103	4,803

2.2. データ内容の修正

LCについては、当然のことながら誤用が存在する。分析のための正しい語の抽出を可能にすべく、次のような修正を加えた。

(1) 内容語に限り、表記間違いや通常日本語辞書に登録されないと思われる語（中国語との混同など）は訂正した。
(2) 活用語の間違いも正しく語として抽出されないので訂正した。
(3) 内容語の表記で、ひらがなと漢字が混在した語（例えば「韓国」を「かん国」とするなど）はいずれかの表記に統一した。ただし、「干ばつ」などのようにそれが通常の表記である場合の変更はない。

3. 語彙密度

現在、日本語の語彙密度を計測する方法はまだ確立されていない。本研究では、先行研究で使用された2つの語彙密度計測方法（佐野・丸山(2008)、

析）もしくはテキストマイニングのためのフリーソフトウェアである。
[2] 収集した作文は、母語話者がワープロ作成、学習者が手書きである点を除き、同一条件で書かれた。
  (1) 与えられたトピックごとに800字程度
  (2) 構成は、導入（1割から2割）、本論（6割から8割）、まとめ（1割から2割）を目安
  (3) 制限時間は60分程度（入力中のトラブル処理、保存などにかかる時間は除く）

石川 (2012)）を使い、その指標値を求めた。なお、語彙密度は当然のことながらテクストサイズが大きくなれば同一語が繰り返し使用される可能性が高まるため、テクストサイズに反比例して低くなる。そのために、本研究で使用する 2 つのコーパスサイズをほぼ同じにした。

3.1. 語彙密度 A

TTR(type/token ratio) と呼ばれる語彙密度（語彙多様性）計測方法である。任意のテクスト中にどれだけ多様な語を使用しているかをみる計測方法である。値が高ければ同一語の反復使用が少なく、豊富な語を使い分けていることが分かる。その値の求め方は次の通りである。

語彙密度 A(TTR)= 延べ語数／異なり語数

コーパス別の延べ語数・異なり語数、TTR の値は次の通りである。

表2

コーパス	延べ語数	異なり語数	TTR(%)
母語話者作文コーパス（JC）	48,628	4,902	10.08
学習者作文コーパス（LC）	49,103	4,803	9.78

この結果を見る限りは母語話者と上級学習者の作文の語彙密度に大きな違いはないと言える。ただ、前述のとおり内容語に限り学習者作文には修正を加えているので、語彙選択・用法や表記の間違いなど別の問題はある。その問題は別として、テクスト中の語彙の多様性の程度に限れば、母語話者に近いことが分かる。

3.2. 語彙密度 B

次の計測方法では、テクスト内に含まれる内容語の数、テクスト内に含まれる述語を持つ節の数からその指標値を求める。次の式で求められる。

語彙密度 B= 内容語数／節数

3.2.1. 内容語と節

　内容語と節の具体的内容・分類については次のようにみなし、その集計に基づき算出を行う。

　まず内容語については、一般的な日本語品詞分類でいう「名詞」「動詞」「形容詞」「形容動詞」「副詞」「連体詞」がそれに相当する。ただ、「形容詞」の中で非自立的なもの（「読みやすい」の「やすい」など）と、「連体詞」の指示表現（「この」「こう」など）は除外する。

　次に節は「一つの述語と通常従属していくつかの成分とから成り立っている。意味的には、単一の叙述内容つまり単一の事態を表している。」（『日本語学研究辞典』）と定義される。一般に節は、「主節」とそれ以外の「従属節」に分類され、さらに「従属節」は形態・統語・機能などのレベルで下位分類される。[3] 本研究では、テクストの「複雑さ」の違いを反映すると考えられる節分類・名称を設定し、集計・分析を行った。節の種類としては、「主節」に加え、従属節として「連用節1」「連用節2」「連体節」「補足節」「引用節」の合計7種を設定した。「連用節1」は活用語の中止形、テ形で接続する節であり、「連用節2」は、「連用節1」以外の連用節である。並列節もこれに含めた。[4]

---

3 主なものとしては、「補足節」「連体節」「副詞節」「並列節」（益岡・田窪 1992）、「名詞節」「連体節」「連用節」（野田 2002）などがある。内容語、機能語の峻別には、形式名詞などの問題があるがここでは問題にしない。
4 各節の例文を示しておく。
　「連用節1」若者は電車内でも携帯をさわり、食事中でも手から離さない。
　「連用節2」川の上流に大きなホテルが建設されたため、水質汚染がさらに進んだ。
　「連体節」私の国では、子供たちが塾帰りに食事ができる店が多くみられる。
　「補足節」環境問題の解決には国民の声で政策的な変化を起こすことが重要だ。
　「引用節」世代の異なる家族との生活は子供の教育にとって理想的だと思う。

3.2.2. コーパス別・品詞別抽出語数

表3

品詞名	名詞	サ変名詞	形容動詞	固有名詞	組織名	人名	地名	ナイ形容	副詞可能	未知語	感動詞
母語話者	14,105	8,640	3,152	110	33	24	515	705	1,620	352	9
学習者	13,418	4,785	1,923	17	43	123	744	422	1,883	498	89

品詞名	動詞	形容詞	副詞	名詞B	動詞B	形容詞B	副詞B	名詞C	否定助動詞	形容詞（非自立）	総語数
母語話者	6,364	1,053	589	259	6,203	326	1,135	1,510	1,748	176	48,628
学習者	6,800	1,254	537	481	7,117	1,245	2,186	3,286	2,117	133	49,101

　上表にある品詞は分析ツールとして利用したKH Coder内のデフォルト品詞体系である。[5] 品詞名の後にBがついたものはひらがなのみの表記語、Cがついた品詞は漢字1文字のみの語である。この中で内容語に含まれない品詞は「未知語」「感動詞」「否定助動詞」「形容詞（非自立）」である。他に記号類、そして機能語では最も使用頻度が高い「助詞」「助動詞」は語の抽出対象から除外されているが、これらの機能語は本研究の調査には不要であるため、敢えて品詞体系設定の変更はしなかった。

3.2.3. コーパス別・節種類別集計結果

表4

コーパス	主節	連用節1	連用節2	連体節	補足節	引用節	合計
母語話者	4,178	1,970	2,001	2,621	1,827	728	13,325
学習者	5,749	2,668	1,520	2,013	1,182	1,498	14,630

　節の合計数を比較すると明らかにLCが多い。節の種類ごとに詳しくみると、LCに「連用節1」「引用節」が特に多い。「連用節1」は連用中止形、テ形の節であるが、「連用節2」（「ために」「かぎり」「あとに」「ながらも」など）が前接する活用語語形の選択や制限のルールがあるのに対し、中止形、

5　デフォルトのKH Coderの品詞体系では助詞や助動詞などはない。ここでは内容語に限った語の抽出ができればいいので、設定の書き換えはせずにデフォルトの品詞体系で処理をする。

テ形という活用形の知識があれば使用できるという意味で、より単純な構造であると言える。また、「引用節」が多い理由は「と思う」「と考える」の多用である。論述文（意見文）として筆者の意見・見解を述べるために使われる表現であるが、学習者作文の問題点の一つの反映である可能性もある。学習者の作文サンプルを見ると、論述文の作文構成（導入・本論・まとめ）の中で、本来意見を支持する根拠の提示、反対意見との議論が中心になるべき本論部分でも引用節（特に「と思う」）が多用されている。上の調査結果はその反映であると想像できる。

3.2.4. コーパス別集計結果と語彙密度

表5

コーパス	節数	内容語数	語彙密度(%)
母語話者	13,325	46,343	3.48
学習者	14,630	46,264	3.16

　日本語と英語では節と内容語の集計方法も異なり、単純に結果を比較することはできないが、英語の語彙密度の目安は、インフォーマルな話し言葉では約2、一般の書き言葉で約6、科学的な文章で約13になるという。（佐野・丸山(2008)）

　日本語の場合、佐野・丸山(2008)が『現代日本語書き言葉均衡コーパス(BCCWJ)』の「白書」「書籍」のサンプル（「白書」28サンプル総語数23,850、「書籍」28サンプル総語数24,269）を使い、それぞれのサンプルごとの語彙密度を計測している。「白書」の語彙密度中央値は11.07、「書籍」は3.41であった。節の認定方法など少し異なるので単純な比較はできないが、今回本研究で使用した作文データの語彙密度は一般の書籍程度のものであると想像される。

　また、この結果からは語彙密度A(TTR)の結果同様、母語話者と上級レベル学習者との間には、文章に含まれる語彙的な密度（多様性）に関しては大きな差はないと考えてよいようである。

4. 頻度別語彙構成比率

表6は、コーパスごとにすべての語を頻度順に並べ、その上位から10語、20語、50語、100語、それ以降は100語ごとに累積語数を集計し、それぞれの累計語数がコーパス全体で占める割合を示している。図1は、その結果をグラフにしたもので、高頻度語も低頻度語も学習者のほうがやや比率が高いことが分かる。表6にはないが、2種の構成比率が並ぶのは3000語の96%であった。

表6

母語話者頻度順位	累積語数	割合	学習者頻度順位	累積語数	割合
10	8763	18	10	10281	21
20	12060	25	20	13678	28
50	17250	35	50	19726	40
100	21874	45	100	24858	51
200	27265	56	200	30513	62
300	30676	63	300	33714	69
400	33090	68	400	35787	73
500	34990	72	500	37335	76
600	36521	75	600	38579	79
700	37769	78	700	39599	81
800	38794	80	800	40455	82
900	39662	81	900	41196	84
1000	40424	83	1000	41846	85

図1

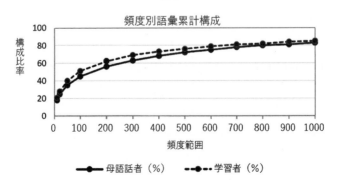

石川 (2012) では、『現代日本語書き言葉均衡コーパス (BCCWJ)』の「白書」「書籍」のサンプル（「白書」6 ジャンル 10 種合計 60 サンプル、「書籍」7 ジャンル 10 種合計 70 サンプル）を使用して同様の調査をしているが、「白書」「書籍」ともに上位 1000 語までの全体に占める割合は 60% 台後半である。上表では上位 1000 語までの累計語数が全体に占める割合は 85% 程度である。この差には 2 つの理由が考えられる。一つは、コーパスの規模であり、石川 (2012) で使用されたデータサイズは、本研究データサイズのおよそ 2.5 倍であり、必然的に使用される延べ語数、異なり語数ともに拡大する。もう一つは、トピック数の違いである。トピックが多岐にわたれば多くの異なる語彙が必要となる。本研究の使用作文データのトピックは 2 種類ともに 6 つに限られている。上述の先行研究の調査では上位 3000 語でおよそ 9 割以上の占有率（構成比率）となることが述べられているが、本研究の調査では上位 2000 語までで母語話者が 92%、学習者が 93% であった。

　今回の調査結果から、母語話者作文と上級レベル学習者作文との間には頻度別の語彙構成比率はかなり近い傾向を示すことがわかり、上級レベル学習者が 6 トピック程度の作文を書く際に必要となるおおよその語数が推定可能である。

5.　内容語品詞構成比率

　表 7 にある構成比率は、内容語に相当する主要な品詞が使用総語数の中で占める割合を示す。

表7

品詞名	名詞	サ変名詞	名詞B	名詞C	動詞	動詞B	形容詞	形容詞B	形容動詞	副詞	副詞可能	副詞B
母語話者	14,105	8,640	259	1,510	6,364	6,203	1,053	326	3,152	589	1,621	1,135
構成比率	29.01	17.77	0.53	3.11	13.09	12.76	2.17	0.67	6.48	1.21	3.33	2.33
学習者	13,418	4,785	481	3,286	6,800	7,117	1,254	1,245	1,923	537	1,884	2,186
構成比率	27.33	9.75	0.98	6.69	13.85	14.49	2.55	2.54	3.92	1.09	3.84	4.45

　集計結果をみると、ひらがな表記の「名詞 B」「動詞 B」「形容詞 B」に関しては、2 種コーパス間に大きな差がみられる。この差は、一定の学習者、

特に韓国語母語話者に特徴的にみられる傾向であるが、他の日本語知識・能力が上級レベルに達していても漢字での筆記能力に欠ける学習者が多いという理由による。次に示すのは、韓国人学習者が書いた作文の一部である。

　きゃっかん的なりゆうでも、子供をほしがっていないことがふかいとは言えない。ふけいきの中、夫婦りょうほうがはたらいて、子供のめんどうを見る時間がないこともしぜんにかんじられる。しかしそれだけではない。子供をもつことに、せいしん的にていこうをかんじる人も少なくはない。自分のりょうしんを思いうかべて、そういうたちばにいることはいやだとかんがえる人だっている。

　次に、「サ変名詞」の比率の差も大きい。ここに分類される語は名詞としても動詞としても使用可能であるが、その用法（名詞か動詞か）に使用傾向（偏り）がみられないかを調べたが、両コーパス間での一定した傾向はみられない。[6] この数字からは、「サ変名詞」の使用の多様性においては母語話者のほうが高いということしか分からない。

　「動詞」「動詞B」にもいくらかの差がみられるが、一般に動詞を含む節を名詞句にすることで短い文により多くの情報を入れることができる。つまり語彙密度も高くなる。例えば次のように、動詞を含む複数の節を持つ文と、それぞれの節を名詞句にした文を比較すればその違いが分かる。

(1) 海面の上昇で島が水没したり、気温上昇のために干ばつが起きたり、疫病が発生するなど、人々の生活への影響も大きい。（節数4）
(2) 海面上昇による島の水没、気温上昇による干ばつ、疫病の発生など、人々の生活への影響も大きい。（節数1）

---

[6] 両コーパスの「サ変名詞」高頻度語である「生活（する）」という語の使われ方を見ると、JCでは使用184回中、名詞としての使用は169回、動詞として15回であり、LCでは326回中、名詞285回、動詞41回であったが、「影響」については、JCでは111回中、名詞101回、動詞10回であるのに対し、LCでは66回中、名詞64回、動詞2回であった。

一般的に、節を名詞句にすることで文がより簡潔になり、一定の文長での情報量が多くなると言える。2種のコーパスを比較して、LCに動詞が多用される傾向があるとすれば、その理由の一つとして動詞を述語にする節の多用があるのではないかと考えられ、節数調査で得られた数字とも一致する。

6. まとめ

　以上、日本語母語話者作文、上級レベル日本語学習者作文の2種のコーパスデータを使い、それぞれの語彙的な特徴を語彙密度、頻度別語彙構成比率、内容語の品詞別構成比率の3つの観点で概観した。

　語彙密度は2つの方法で計測したが、データ間に大きな違いは認められなかった。母語話者作文の語彙密度がいずれの計測でもやや高いものの、大きな違いは認められなかった。より大規模なデータを使った先行研究の調査結果との比較からは、今回使用した2種類の作文はいずれも専門的な文書などのように語彙の密度（多様性）が高いものではなく、一般的に使用されるトピックのキーワードや論述文で使用されやすい汎用性の高い語彙などに限られたデータであることがわかる。

　頻度別語彙構成比率では学習者作文が一定して高い割合を示したが、語彙密度同様に大きな違いは認められなかった。日本語学習者の場合、学習レベルと語彙数の目安として、かつて旧日本語能力試験各レベルの認定基準[7]が示されていた。上級レベルに相当する1級の語彙認定レベルは1万語程度とされている。上述したとおり、このレベルの学習者が持つ語彙知識は日本語母語話者に極めて近く、その表記や用法の正確さにむしろ母語話者との違い

7　上級レベルは、おおよそ旧日本語能力試験の1級に相当するが、その語彙認定基準は1万語程度とされていた。その下のレベルである2級（中級終了程度）、3級（初級修了程度）はそれぞれ6000語、1500語であり、上級レベルとの差が明らかである。今回の調査で6つのトピックで書かれた作文をカバーする語彙数が2000語で母語話者作文が92%、学習者作文が93%であったことからすると、日本語上級レベル学習者が量的には母語話者に近い語彙知識を持っていると想像できる。なお、現行の新日本語能力試験の語彙認定基準は公表されていない。新試験ではN1と呼ばれるレベルが旧試験の1級に相当する。違いは、新試験では旧試験の1級の上限より高いレベルまで測れるようになった点である。

があると思われる。

　内容語品詞構成比率では、比率の差が大きい品詞について分析した。学習者のひらがな表記（漢字筆記能力）の問題を指摘、分析した。漢字表記をすべき語彙をある程度明確にしたうえでの教育・学習の必要もあり、上級レベル学習者の問題の一つとして詳細な実態の調査、指導方法の開発が必要であろう。また、今回は分析ツールによる語の抽出が前提であったので、抽出に支障がある誤用は修正せざるを得なかったが、実際には「死刑する」「完全的な」、あるいは活用形の誤用などが数多く存在する。中国語話者にとっても漢語名詞が一般の「名詞」か「サ変名詞」かの区別は容易でない場合がある。

　上級レベルの学習者であっても母語話者との比較では、語彙使用においてある程度の差があると予想したが、以上の調査結果を総合的に見る限り、母語話者、学習者間の語彙使用の特徴に大きな違いは認めらなかった。ただ、今回の調査では詳細を確認できなかった語彙用法上の問題については誤用分析などを通しての調査が必要であろう。

参考文献

石川慎一郎 (2012)『ベーシックコーパス言語学』（ひつじ書房）
佐野大樹・丸山岳彦 (2008)「システミック文法に基づく書きことばの複雑さ測定――日本語大規模コーパスを用いた語彙密度計測――」『言語処理学会第14回年次大会発表論文集』（言語処理学会）
野田尚史 (2002)「単文・複文とテキスト」『日本語の文法4　複文と談話』（岩波書店）
益岡隆志・田窪行則 (1992)『基礎日本語文法改訂版』（くろしお出版）
丸山岳彦他 (2016)「現代日本語における節の分類体系について」『言語処理学会第22回年次大会発表論文集』（言語処理学会）
南不二男 (1993)『現代日本語文法の輪郭』（大修館書店）
村木新次郎 (2002)「日本語の文のタイプ・節のタイプ」『現代日本語講座第5巻　文法』（明治書院）
村木新次郎 (2007)「日本語の節の類型」『同志社女子大学学術研究年報第58巻』
Teruya, K (2007) A Systemic Functional Grammar of Japanese. London: Continuum

英語辞書レーベルの性質と精緻化

田畑　圭介

1. はじめに

　現在の英英辞典、英和辞典において学習者に語彙情報を効果的に伝達する手法の一つにレーベルの提示がある。レーベルは研究者によって(1)のように異なる名称で呼ばれてきたが、これはさまざまな視点でレーベルが研究されてきたことを意味している。Brewer (2016:488) は、"From early on, dictionary makers have realized that a definition alone is not enough to characterize a word." とレーベルの有用性を説いており、Svensén (2009:317) は、"a label ... provide[s] information about a single lexical item ... to differentiate between the item concerned and the other items of the same kind." と述べ、レーベルが持つ同種語間の識別指標の機能を指摘している。現在の英英辞典で採用されているレーベルを包括的にまとめたものが表1である。

(1) a. diasystematic information or diasystematic marking
　　　　　　　　　　　　　　—Hausmann (1989) and Svensén (2009)
　　b. usage information　　　　　　　　　　—Landau (2001)
　　c. stylistic glosses　　　　　　　　　　—Yong and Peng (2007)
　　d. linguistic labels　　　　　　　—Atkins and Rundell (2008)

　本稿ではレーベルの性質に関する先行研究を概観し、[offensive] や [spoken] といったレーベルの精緻化の必要性を検証する。*Longman Dictionary of Contemporary English 6th edition* (LDOCE) では [offensive] は採用しておらず、*Oxford Advanced Learner's Dictionary 9th edition* (OALD) では [spoken] を採用していないが、該当語の使用状況から両者を含めた幅広いレーベル採用が求められることを論じていく。

表1 Diasystematic marking in a contemporary general-purpose dictionary
Svensén(2009:316)

Criterion	Uunmarked centre	Marked periphery	Examples of labels
Time	contemporary language	archaism–neologism	arch, dated, old use
Place	standard language	regionalism, dialect word	AmE, Scot, dial.
Nationality	native word	foreign word	Lat., Fr.
Medium	neutral	spoken–written	colloq, spoken
Socio-cultural	neutral	sociolects	pop., slang, vulgar
Formality	neutral	formal–informal	fml, infml
Text type	neutral	poetic, literary, journalese	poet., lit
Technicality	general language	technical language	Geogr., Mil, Biol., Mus.
Frequency	common	rare	rare, occas.
Attitude	neutral	connoted	derog., iron., euphem.
Normativity	correct	incorrect	non-standard

2. レーベルの性質

レーベルの性質について Svensén(2009:316) は、"a label represents an area that has a certain extension somewhere between centre and periphery. For instance, expressions belonging to the area 'colloquial' can be colloquial to varying degrees." と述べ、図1のような中心部と周辺部との関係からその性質を捉えようとしている。たとえば [colloquial] の表現は [colloquial] の center が設定され、口語表現の特性が最も強いものが center に位置し、口語表現の属性が弱まるにつれ、周辺部に離れていくと Svensén は考えている。

使用地域に関する代表的なレーベルとして [US English]、[British English] がある。OALD では dodge a bullet に [especially US English] のレーベルを

つけている。これは dodge a bullet が主にアメリカ英語で用いられ、イギリス英語ではあまり用いられないことを意味している。[especially US English] を center と periphery の関係で見ると、図2のように dodge a bullet は US の中心部には位置せず、中心から離れた位置に置かれることになる。Svensén (2009:315) はこのことを次のように記述している。"[I]f the dictionary is describing both US and UK English, then phenomenon in question, if it is US/UK neutral, is located near the centre of the US/UK area and is thus unlabelled. If, on the other hand, it is typically US, it is near the periphery and must therefore be labelled."

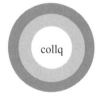

図1　[Colloquial]の　　　　図2　[especially US english]
　　　Center と Periphery　　　　　　のCenter と Periphery

これまでの研究でレーベルは中心部と周辺部から成る領域として規定されるが、対極関係にあるレーベルについては(2)のように左右二極に対立するレーベルを配置するスケールによって捉えることができる。(3)のような OALD に採用される中間段階のレーベルが(2)のスケール上に均等に配置されることになる。

(2) a. **US/UK**: [US English] — [especially US English] — unmarked — [especially British English] — [British English]
　　b. **Formality**: [informal] — [rather informal] — unmarked — [rather formal] — [formal]

(3) a. **autumn** noun [*especially US English*]

b. **quote** noun [*rather informal*]
  c. **participate** verb [*rather formal*]   (OALD)

それぞれのレーベルは中心部と周辺部からなる領域を形成し、対極レーベルについては (2) のように左右 2 極のスケールで表記できる。Ptaszynski (2010: 437) は、"the decisions of whether to label or not label, and how to do it appropriately, must be based on the genuine purpose of the dictionary in relation to the profile of its intended users. The decision of how many points there are in each scale would depend on the requirements of intended users." と言及し、どのようにスケールを細緻化するかは辞典利用者の要求の度合いに応じたものになるとしている。学習英和辞典では辞典の規模が大きくなればなるほど、レーベルの精緻化が求められることになる。

3. レーベルの精緻化

LDOCE と OALD は英英辞典の代表的な存在であるが、採用するレーベルには違いが見られる。OALD は [offensive] を採用しているが LDOCE は採用せず、また LDOCE は [spoken] を採用しているが、OALD は採用していない。3 節ではレーベルの細緻化が学習上有用となることをコーパスデータを適宜参照しながら検証していく。

3.1 [offensive] と [spoken]

OALD は foreigner に対して [sometimes offensive] のレーベルを付けている。

  (4) **foreigner** noun [*sometimes offensive*]
   a person who comes from a different country (OALD)

この foreigner の用法では相手が劣っていてばかにしているわけではないことから《侮辱》や《蔑》のレーベルは適切ではない。また非難しているわけでも

195

なく、(5) の《けなして》が英和辞典のレーベルとして最適となる。[1]

(5) foreigner 名 1《ときにけなして》外国人（He is from abroad [another country]. などを用いる方が良い）

OALD の [offensive] やそれに相当する《けなして》を表示することで、該当語は相手に不快の念を抱かせうる表現だと学習者に認識させることができる。またこれらのレーベルを採用することで、相手を責める、あるいは正すことを意味する [disapproving]《非難して》との差異を学習者に示すことができる。[offensive]《けなして》は学習英語辞典には有用なレーベルであり、英語学習者に不適切な使用を避けさせる役割を果たすものとなる。

　LDOCE は [spoken] のレーベルを採用しているが、OALD は採用せず該当の語を [informal] と記載している。LODCE は [spoken] ≠ [informal] の立場であるのに対し、OALD は [spoken] が [informal] に含まれる立場をとっている。

(6) **you could have fooled me** [*spoken*]
used to show that you do not believe what someone has told you
(LDOCE)

(7) **you could have fooled me** [*informal*]
used to say that you do not believe something that somebody has just told you
(OALD)

The Corpus of Contemporary American English (COCA) を使って you could have fooled me を検索してみると、表 2 にあげた 15 例が検出される。検出先は SPOKEN のセクションだけでなく、FICTION や NEWS も見られる。各例を順に見ると実際にはいずれも会話文中での使用となっている。you

---
[1] (5)(8) および後述の (11) は独自に記述したものである。また《けなして》や後述の《話》はウィズダム英和辞典に採用されているレーベルである。

could have fooled me は会話表現で用いられることから、OALD のように [informal] と記すのでなく、LDOCE のように [spoken] のレーベルを別立てにし、学習者に伝達することが適切である。英和辞典でも (8) のように《話》のレーベルを立て、話し言葉と書き言葉を区別する環境が望ましい。Atkins and Rundell(2008:496) は、"The corpus can help us to a degree, but in general, labelling is an area of lexicography where there is more work to be done." と述べ、レーベル付与にはさらなる創意工夫が必要だと考えている。レーベルは各語の類似性、相違性を示す特性を持ち合わせている。豊かなレーベル表示は多様な語彙情報を簡潔且つ直感的に学習者に伝達する環境の構築に不可欠な働きをするものである。

(8) You could have fooled me. 《話》その手はくわないよ。

表2　COCA 内の You could have fooled me

1	FIC	Bk:TrialByFireNovel	? There have been several times the last couple of years when **you could have fooled me.**? It was true. Since returning to her hometown, Ali Reynolds had
2	FIC	Bk:OutSightCourtAngels	lived the high life. " Sykes cocked a brow. " **You could have fooled me.** " She smiled and pushed her hair behind her shoulders again. "
3	FIC	Bk:TheseHighGreen	" We're no spring chickens, you know. " " **You could have fooled me.** " " I'll be ninety my next birthday, but Louella does
4	FIC	GoodHousekeeping	" # " He isn't, Poppy. " # " **You could have fooled me**. He wants to throw you out of our home so he can install
5	FIC	ScholasticChoices	Jeff: I know. I'm not either. Danny: **You could have fooled me.** Jeff: That's just because that's how everyone treats me around
6	SPOK	Ind_Geraldo	out. Ms-RABIN: Flirting is the first step... Mr-NIES: **You could have fooled me**, Rhonda. RIVERA: Hey, listen, I don't want anymore clothes
7	FIC	Mov:Legionnaire	what their chances are. # ALAIN # (side-glances Mackintosh) **You could have fooled me**. Alain walks off, leaving Mackintosh with his thoughts. CUT TO:
8	FIC	Bk:ThornsTruth	" Only she kept her voice light, teasing almost. " **You could have fooled me**. Last night, you acted like you couldn't wait to get rid
9	FIC	Bk:LowCountry	beee-stro. " " She sent to Charleston for the baguette. **You could have fooled me**. All this time I thought I was eating French bread. " Despite

10	SPOK	Ind Springer	from my manhood at all. Not one bit. BRITTANY: **You could have fooled me.** DAVID: Not -- not one bit. You know what? Had you
11	SPOK	CBS Morning	liquid, like, kind of hovering around here. ZAHN: **You could have fooled me.** Now let's talk a little bit about this role you play.
12	MAG	WashMonth	" The truth is, we eschew political power " Well, **you could have fooled me.** He can brown-nose with the best. Elizabeth Dole holds forth at the
13	FIC	Bk:CerealMurders	open. This is an environment of trust. " Well, **you could have fooled me.** The receptionist buzzed once more. While Mr. Perkins was again deep in
14	FIC	Bk:TreasureSun	a step behind, wore a puckish expression of mirth. " **You could have fooled me.** " Throwing him a matching expression, Damian inquired, " Are we
15	NEWS	SanFranChron	and oil is evidence of " a kinder, gentler nation " **you could have fooled me.** # SANDRA ROOS # Los Altos Hills # BUSHSPEAK # Editor -- A

3.2 spoken ≠ informal

[spoken] の該当語を OALD では [informal] として扱っている。本節では [spoken] は常に [informal] でない可能性があることを同義の副詞 fortunately と luckily を使い検証してみる。

LODCE は fortunately を (9) のように記述し、luckily と同義とし、また register の囲みの中で日常の堅苦しくない場面では fortunately よりも luckily のほうがよく用いられると説明している。

(9) **fortunately**

happening because of good luck SYN **luckily**:

Fortunately, everything worked out all right in the end.

> REGISTER **In everyday English, people usually say** luckily **rather than** fortunately: Luckily, no one was hurt.

fortunately と luckily を COCA の SPOKEN で検索すると、表3に示す結果が得られる。luckily よりも fortunately のほうが2倍以上の頻度で用いられている。SPOKEN では他の書き言葉のセクションと違い、luckily が多数の結果を想定したが、COCA の SPOKEN では fortunately が優勢の結果とな

った。この事実は COCA の SPOKEN の出典が大きく影響していると推察される。(10) に COCA の SPOKEN の構成を挙げたが、その構成は報道番組の発話データが中心となっている。報道番組は話し言葉ではあるが、視聴者・聴衆を意識した発話となり、おのずと改まった表現が優先されることが推測できる。改まった発話の影響により、COCA の SPOKEN では luckily の 2 倍以上 fortunately が用いられていると考えられる。話し言葉は必ずしもくだけた表現とは限らず、表 3 の COCA の検索結果は spoken ≠ informal を暗示している。

表3　COCAのSPOKEN内の頻度

	fortunately	luckily
SPOKEN	1107	532
SPOK: ABC	140	38
SPOK: NBC	67	49
SPOK: CBS	136	65
SPOK: CNN	252	105
SPOK: FOX	54	19
SPOK: MSNBC	15	6
SPOK: PBS	67	15
SPOK: NPR	192	103
SPOK: Indep	31	18

(10) COCA Spoken: (109 million words [109,391,643]) Transcripts of unscripted conversation from more than 150 different TV and radio programs (examples: *All Things Considered* (NPR), *Newshour* (PBS), *Good Morning America* (ABC), *Today Show* (NBC), *60 Minutes* (CBS), *Hannity and Colmes* (Fox), *Jerry Springer*, etc).

(http://corpus.byu.edu/coca/)

4. 話し言葉コーパス

　口語用例の抽出源としてテレビドラマのセリフを集積したコーパスが活用できる。[2] 該当のテレビドラマでそれぞれの使用場面を映像で確認でき、話し手の表情やしぐさを見知できる。テレビドラマのセリフには一般に日常会話の形式張らない表現が多用される印象があるが、本節ではテレビドラマをはじめとする話し言葉コーパスが形式性の点で均一なのかどうか検討する。

　まずジャンルの異なるテレビドラマをいくつか選出し、それぞれのドラマにおいて前節で論じた fortunately と luckily の使用頻度を調査してみる。結果は表4のようになり、*Desperate Housewives* と *HOUSE* の二つのドラマで luckily が優位となっている。その他のドラマでは作品の設定などにより luckily が優位な結果とはならなかった。*Oxford Learner's Thesaurus* は fortunate と fortunately に対して [rather formal] を付しており、またイギリス人のインフォーマントはこれに同意し次のように述べている。"This fits the general rule that words that come from Latin (eg, fortune) are considered more formal than words that come from German (eg, luck)." fortunately には (11) のように rather formal に相当する［ややかたく］のレーベル付与が適切だと帰結される。

　　(11) fortunately 副（ややかたく）運よく、幸運にも、幸いなことに (luckily)

　fortunately と luckily の頻度差をフォーマルの度合いを示す指標と捉えると、話し言葉コーパスの形式性が見えてくる。COCA SPOKEN と、両副詞の頻度差が明確に現れた *Desperate Housewives*、*HOUSE* と共に、TED Talk を検索する TED corpus search engine (TCSE) (https://yohasebe.com/tcse/) (Hasebe 2015) 及びロンドンの 13–17 歳の少年少女の会話を収めた The Bergen Corpus of London Teenage Language (COLT) (http://clu.uni.no/

---

[2] 本稿で論じるテレビドラマのデータは TVsubtitles.net (www.tvsubtitles.net) からダウンロードし編集したものである。

英語辞書レーベルの性質と精緻化

表4　テレビドラマコーパス

Title	Friends	Ugly Betty	Desperate Housewives	LOST	24	Prison Break	ER	HOUSE
Genre	sitcom	comedy	comedy/mystery	mystery	suspense/action	suspense	medical drama	medical drama
Season	1〜10	1〜3	1〜6	1〜6	1〜8	1〜4	1〜7	1〜7
Episode	222	65	133	117	192	80	155	134
Words	555052	367645	707446	379183	897435	341291	838668	720887
luckily	2	2	24	1	2	3	1	17
fortunately	6	2	4	4	6	3	3	4

icame/colt/) を新たに加えて、fortunately と luckily の頻度差を調査した結果が表5である。

表5　話し言葉コーパスのFormality

	COCA SPOKEN	TCSE	HOUSE	Desperate Housewives	COLT
fortunately(A)	1107	123	4	4	0
luckily(B)	532	83	17	24	9
A/B	2.08	1.48	0.24	0.17	—
Formality	formal	rather formal	unmarked	rather informal	informal

話し言葉コーパスにはそれぞれ fortunately と luckily の使用に差異があり、相対的にかたい話し言葉コーパスとくだけた話し言葉コーパスに段階的に分類できる。表 5 から COCA SPOKEN が最も多く形式的な話し言葉を含み、COLT がくだけた話し言葉を最も多く含むコーパスである可能性が読み取れる。話し言葉コーパスは均一的にくだけた表現で構成されるわけではなく、発話の場面に応じた形式さが適宜選択されていることがこの調査結果から窺える。

5. おわりに

英語辞書レーベルの精緻化によって学習者は該当語の用法とともに同種語間の類似性と相違性を把握できるようになる。英英・英和辞典での詳細なレーベル立ては、少なからず学習者に有益な情報を提供する場面を生み出すことになる。レーベルの利便性を活用することで (12) の dinky の意味がイギリス英語、アメリカ英語で対照的になることも学習者に明解に伝達できる。英語教育の分野でも有用となるレーベル機能がさらに発達し、レーベルの有効性への注目が高まることが今後期待される。

(12) **dinky** adjective [informal]
  1 [*British English, approving*] small and neat in an attractive way
   What a dinky little hat!
  2 [*North American English, disapproving*] too small
   I grew up in a dinky little town that didn't even have a movie theater.　　　　　　　　　　　　　　　　(OALD)

＊本論文は英語コーパス学会第 43 会大会研究発表「英語辞書レーベルとコーパス」(2017 年 9 月 30 日於関西学院大学）の内容に加筆修正を施したものである。

参考文献

Atkins, B. T. S. and M. Rundell (2008) *The Oxford Guide to Practical Lexicography*. Oxford: Oxford University Press.
Brewer, C. (2016) "Labelling and Metalanguage." In Durkin, P. (ed.), *The Oxford Handbook of the Lexicography*. Oxford: Oxford University Press, pp.488–500.
Davies, M. (2008–) The Corpus of Contemporary American English: 520 Million Words, 1990–present. [Online]. URL: http://corpus.byu.edu/coca/
Hasebe, Y. (2015) Design and Implementation of an Online Corpus of Presentation Transcripts of Ted Talks. *Procedia: Social and Behavioral Sciences 198*, 24: 174–182.
Hornby, A. S. (2015) *Oxford Advanced Learner's Dictionary Ninth Edition*. London: Oxford University Press.
Landau, S. I. (2001) *Dictionaries: The Art and Craft of Lexicography*. Second Edition. Cambridge: Cambridge University Press.
Lea, D., Bradbery, J., Poole, R. and H. Warren. (eds.) (2008) *Oxford Learner's Thesaurus: A dictionary of synonyms*. Oxford: Oxford University Press.
Marwick, K. L., Hollingworth, L., Manning, E., Murphy, M. and L. Wedgeworth (eds.), (2014) *Longman Dictionary of Contemporary English Sixth Edition*. Harlow: Pearson Education.
Perrault, S. J. (ed.). (2008) *Merriam-Webster's Advanced Learner's English Dictionary*. Massachusetts: Merriam-Webster.
Svensén, B. (2009) *A Handbook of Lexicography*. Cambridge: Cambridge University Press.
Yong, H. and J. Peng (2007) Bilingual Lexicography from a Communicative Perspective. Amsterdam: Benjamins.
浅野博・阿部一・牧野勤（編）(2002)『アドバンストフェイバリット英和辞典』東京書籍.
池上嘉彦・Leech, G.・長尾真・上田明子・柴田元幸・山田進（監修）(2006)『ロングマン英和辞典』桐原書店.
井上永幸・赤野一郎（編）(2013)『ウィズダム英和辞典第3版』三省堂.
小西友七・南出康世（編）(2001)『ジーニアス英和大辞典』大修館書店.
小西友七・南出康世（編）(2014)『ジーニアス英和辞典第5版』大修館書店.
瀬戸賢一・投野由紀夫（編）(2012)『プログレッシブ英和中辞典第5版』小学館.
竹林滋・小島義郎・東信行・赤須薫（編）(2005)『ルミナス英和辞典第2版』研究社.
野村恵造・花本金吾・林龍次郎（編）(2013)『オーレックス英和辞典第2版』旺文社.
山岸勝榮（編）(2007)『アンカーコズミカ英和辞典』学習研究社.

和英辞典におけるコロケーションの扱いについて[1]

塚本　倫久

1. はじめに

　英和辞典にどのような情報を記述するかについては、かなりの均質性があるように思われる。一方、和英辞典に記述されている情報は各種辞典によって異なっている。発信型を謳う昨今の英和辞典はコロケーションの扱いについて、コロケーション欄の囲みを設けて記述している辞書が多い。和英辞典ではコロケーション欄を設けている辞書はごく少数であるが、日本語コロケーションの自然な英訳ができることは英語学習において極めて重要である。和英辞典におけるコロケーションの記述には、英和辞典のそれとは異なる視点が必要になると思われる。まず、よく使われる日本語コロケーションの英訳が和英辞典に記述されているかどうかということがある。また、「甘い」"sweet"のような多義語の場合、「(飲食物が)甘い」では日英の語義が共通であるが、sweet view「美しい眺め」では英語は"sweet"であるが日本語は「美しい」、「点が甘い」(mark leniently)、「ピントが甘い」(be out of focus)のような周辺の語義になると日英のズレが大きくなる。「証拠を握る」(obtain evidence)、「政策を練る」(work out a policy)のようなメタファーを英訳する際にも、しばしば日英表現にズレが生じる。さらに、「災害に備える」「グローバルな視点」のように英語圏では高頻度ではないが、現代日本の社会状況の中でよく使われる連結、「世間を渡る」「おみくじを引く」のような文化的なコロケーションもある。類義語では「言葉を選ぶ」「委員長を選ぶ」などで「選ぶ」に対応するchoose, select, pick(out), electなどの類義語の意味の区別とそれぞれのコロケーションの違いの問題などがある。近年、辞書の編

---

[1] 本稿の内容は、2017年3月5日（日）に早稲田大学で行なわれた語学教育エキスポ2017シンポジウム「和英辞典：コロケーションと日本文化発信」における発表に基づいている。

纂にコーパスを利用することは一般化しているが、和英辞典の編纂にコーパスを利用している辞典は少数である。コーパスから得られる情報を和英辞典にどのように応用するかについての議論はこれまであまり行われてこなかった。和英辞典では日本語表現からの英訳という観点が重要であることを踏まえると、近年充実してきた日本語コーパスは和英辞典の編纂にも極めて有効であると思われる。本稿では和英辞典におけるコロケーション記述について、日本語コーパスの成果をどのように応用したらよいかという視点から、類義語の例を用いて若干の問題点を考察することにしたい。

2. 和英辞典におけるコロケーションの扱いの現状

　まず、和英辞典のコロケーション記述の現状についてみておく。コロケーションを囲みで記述した最初の和英辞典は『カレッジライトハウス和英辞典』(1995) であった。名詞と動詞を基語 (base) として、名詞では動詞＋名詞、形容詞＋名詞、動詞では副詞＋動詞が扱われている。後継の『ルミナス和英辞典』(2001)、姉妹編の『ライトハウス和英辞典』(1996, 2002, 2008) も同様の編集方針でコロケーションを囲みで記述している。その他にコロケーションを囲みで扱っている辞典として、『フェイバリット和英辞典』(2001)、『アドバンストフェイバリット和英辞典』(2004) が挙げられる。フェイバリットでは名詞の見出しで形容詞との連結のみを扱っている。

　囲みではないが、コロケーションが重視されている和英辞典として、『ジーニアス和英辞典』(第 3 版) がある。「まえがき」では「日本文とその英訳文との間に意味的・語用論的・文体的な差異が生じないよう、何度もネイティブ・スピーカーと意見交換をし、必要によって『ジーニアス英和辞典〈第 4 版〉』編纂のために編者らが構築した「ジーニアス・コーパス」、および Corpus of Contemporary American English (COCA), British National Corpus (BNC) などのコーパスを用いてコロケーションの頻度、英米の相違などをチェックした」としている。このほかに、コロケーションが充実した和英辞典には、『ウィズダム和英辞典』(2013[2])、『オーレックス和英辞典』(2016[2]) などがある。

　英和辞典であるが、『プログレッシブ英和中辞典』(2012[5]) では、「日英発想

別コロケーション」をコラムにして、例えば service の見出しでは、a delivery service, a community service のように日英で共通なものを 共通、public services「公共事業」、voluntary service「ボランティア活動」のように英語では service を使うが日本語では異なる表現のものを 英▶日 の表示で、「サービス残業をする」work overtime for free のように、日本語では「サービス」を使うが英語では service を使わない表現を 日▶英 で表示してコロケーションの違いに注意を向ける記述をしている。

3. どのようなコロケーションを扱うか

　学習辞書においてどのような語の結びつきをコロケーションとして記述するのかについて、海外で出版された代表的コロケーション辞典である *The BBI Combinatory Dictionary of English* (2009[3] *BBI*), *Oxford Collocations Dictionary for Students of English* (2009[2] *OCD*), *Macmillan Collocations Dictionary* (2010 *MCD*), *Longman Collocations Dictionary and Thesaurus* (2013 *LCDT*) を例に挙げて検証する。これらはいずれも名詞、動詞、形容詞を見出し語にあげている。*BBI* はコロケーションを文法的コロケーション (Grammatical Collocations) と語彙的コロケーション (Lexical Collocations) に分けて記述し、文法的コロケーションでは名詞＋前置詞、名詞＋to 不定詞、動詞＋to 不定詞・動名詞、動詞＋interrogative word (how, what, when etc.) などを扱っている。*BBI* 以降の *OCD*、*MCD*、*LCDT* では語彙的コロケーションを中心に記述し、文法的コロケーションは名詞・動詞・形容詞＋前置詞のみ扱っている。*MCD* では get over, take out のような句動詞も見出し語に立てて、get over の見出しでは、"V+over feeling **disappointment, excitement, feeling, shock, surprise**" のような、句動詞＋名詞の連結を記述している。コロケーションは従来、例えば動詞＋名詞、形容詞＋名詞のコロケーションは名詞を base として検索していたが、*LCTD* では動詞、形容詞の見出し語から動詞＋名詞、形容詞＋名詞のコロケーションを検索できる新機軸を打ち出した点で注目される。どのようにコロケーションを記述するかについて、その編集方針は辞書によって異なっている。

またコロケーションは品詞の連結のパターンのみならず、定義でよく言われる「語と語の慣習的な結びつき」をどのように解釈するかの視点も重要である。LCTD の Introduction には次のような解説がある。"Some people make a distinction between 'transparent' collocations, where you can easily guess the meaning, for example **serious crime**, and 'opaque' collocations, where the meaning of the word is less obvious, for example **petty crime**. In this book we show both types of collocations, because they are both useful to students."

petty crime のような opaque collocation を記述することには異論がないであろう。「夢を見る」(have a dream) のような、母語の干渉を受けやすいコロケーション、make/ do+ 名詞なども opaque collocation に分類できるであろう。問題となるのは serious crime のような transparent collocation を記述する場合の基準である。これについて LDCT は 'they are both useful to students' と述べているが、useful の判断の基準については述べていない。磐崎 (1995) は umbrella のコロケーションから put up an umbrella, carry an umbrella, buy an umbrella を例に挙げて次のように述べている。「「傘をさす」という動作を示す put up an umbrella の方は「雨に濡れないようにする」という用途に直結しているから、語彙連結と呼ぶのである。carry an umbrella (傘を持っていく) はどうだろう。確かに「傘をさす」ほどは用途に直結していないかもしれないが、「傘を買う」よりは、よほどかかわりが深い。」つまり、「用途に直結した」結びつきは、意味が透明であってもコロケーションとして扱い、buy an umbrella のように連結する名詞に制限のない結びつきは自由コロケーション (free collocation) ということになる。その考え方に従えば、a loud [small/ low/ deep/ quiet / gentle/ flat] voice のように voice と連結して「声の特徴を表す」形容詞、significantly[slightly, rapidly, steadily, gradually]+decrease のように decrease と連結して「減少の程度を表す」副詞なども意味は透明であるが、これらは「特徴・状況に直結した」結びつきと言えるであろう。このような連結も学習上コロケーションとして扱うのが有効であろう。

4. 和英辞典の記述に日本語コーパスをどう生かすか
——類義語について

　近年日本語コーパスの発達により、頻度の高い自然な日本語コロケーションの検索が可能になってきた。森口 (2005) は日本語コーパスの研究成果を利用して、「和英辞典が記載している日本語コロケーションを調査した結果、和英辞典の用例には、まだ日本語のコロケーション情報が十分に利用されていない」ことを「結果を生む」「反発を買う」など 30 例のコロケーションを例に検証している。また、赤瀬川 (2016) は英語コーパスを資料として「冷たくなる」「寒くなる」の英語表現である V+cold と日本語の「冷める」「冷える」のコロケーションを日本語コーパスを使って分析し、「冷める」では「料理」や「お湯」よりも「高まった感情や気分が静まる」という意味の「興奮」「熱」「情熱」が主語に来る例が多いことを示して和英辞典の記述の改善を促している。類義語のコロケーションの扱いにはいくつかの考慮すべきことがある。「決心」「決意」「決断」と結びつく語を見ておこう。「決心する」「決意する」「決断する」の英訳はいずれも "make a decision" となる。日本語コーパス (NINJAL-LWP for TWC) でもっとも頻度の高いパターンである「決心［決意・決断］を＋動詞」の結びつきを示したのが図 1 である。

図1　　(a)　　　　　　　　(b)　　　　　　　　(c)

決心を… 148種類				決断を… 318種類				決意を… 437種類			
コロケーション	頻度	MI	LD	コロケーション	頻度	MI	LD	コロケーション	頻度	MI	LD
決心をする	1,558	29.63	14.55	決断をする	2,248	28.86	13.78	決意をする	2,183	28.38	13.30
決心を固める	103	12.11	7.85	決断を下す	751	12.57	9.59	決意を固める	714	13.17	10.22
決心をする	81	10.44	6.32	決断をいる	487	11.63	8.70	決意をする	502	11.34	8.75
決心を持つ	41	4.52	0.49	決断をいる	165	10.17	7.22	決意を持つ	414	6.12	3.82
決心を表す	26	7.52	3.45	決断を行う	112	4.20	1.47	決意を表明する	350	11.89	9.04
決心をつける	13	4.71	0.67	決断を求める	77	5.96	3.21	決意を示す	292	7.64	5.30
決心をなさる	12	8.19	4.48	決断を促す	65	8.79	5.85	決意を述べる	273	8.41	6.04

　高頻度の結びつき「決心［決意］を固める」、「決意を表明する」「決意を示す」「決断を迫る」に注目してみよう。「決心」「決意」「決断」のコロケーションはこれらの語が交換可能なこともあるが、交換不可能な場合もある。「決心［決意］を固める」は用いられるが、「*決断を固める」とは言わない。

「決意を表明する」「決意を示す」は自然な結びつきであるが、「*決心［決断］を表明する」「*決心［決断］を示す」は通例用いられない。「表明する」「示す」は「決意」とのみ結びつく。「決断を迫る」では「*決心［決意］を迫る」は不自然である。このように類義語のそれぞれがコロケーションにおいて共通の語と結びつくこともあるが、独自のふるまいをする場合もある。和英辞典 (A~F) でこのような類義語の自然な日本語コロケーションの英訳が記述されているかどうか、「決意を表明する」「決意を示す」「決断を迫る」を例にみた結果は下記のとおりである。

表1

	A	B	C	D	E	F
決心を固める	×	×	×	×	×	○
決意を固める	×	○	○	○	×	○
決意を表明する	×	×	○	×	×	×
決意を示す	×	×	×	×	×	×
決断を下す	×	○	○	×	○	○
決断を迫る	○	○	○	×	×	○
決断を促す	×	×	×	×	×	×

辞書はすべての情報を記述することは不可能であるから、記述がないことが必ずしも、辞書の優劣につながらないことを前提にしたうえで、結果を見てみる。日本語コーパスで高頻度の「決意を示す」(show one's determination) は上記和英辞典には記述されていない。「決意を表明する」(express one's determination) も高頻度であるが、記述があるのは1辞典のみである。「決意を示す」、「決意を表明する」はコンテキストによってはどちらも交換可能な場合もあるが、それぞれ日本語コーパスで高頻度で用いられることを考えると、双方ともに記述しておくことが望ましいであろう。次に、「決意を固める」(714例)、「決心を固める」(103例) の辞書の扱いをみる。結果はその頻度を反映して「決意を固める」の方が多くの辞書に記述されていることがわかるが、「決意（決心）を固める」(make up one's mind) のように併記して

記述することも考えられよう。「決断を迫る」は、B以外の辞典では「決断を迫られる」(be pressed for decision (A, C), be pressed[forced] to make a decision (F)) で記述されている。日本語コーパスの用例検索からもしばしば受け身で用いられることがわかる。類義語における日本語のコロケーションのふるまいの違いを辞書を記述する際に意識することが重要と思われる。日本語コーパスの発展により、このような分析が容易にできるようになり、その成果を和英辞典の編集にも応用することが可能となってきた。

次に形容詞「広範な」「幅広い」のコロケーションについてみてみよう。日本語コーパスで「広範な＋名詞」、「幅広い＋名詞」を検索したのが図2 a, b である。

図2　　　　　　(a)　　　　　　　　　(b)

広範な＋名詞 1089種類				幅広い＋名詞 2196種類			
コロケーション	頻度	MI	LD	コロケーション	頻度	MI	LD
広範な分野	258	8.67	5.78	幅広い分野	2,690	9.55	8.96
広範な地域	152	6.23	3.37	幅広い知識	1,874	8.79	8.23
広範な知識	132	7.45	4.57	幅広い年齢	1,055	8.76	8.07
広範な領域	119	8.79	5.84	幅広い層	719	8.66	7.86
広範な国民	104	6.92	4.04	幅広い視野	615	9.74	8.46
広範な大衆	90	10.42	7.18	幅広い教養	515	10.56	8.67
広範な人々	76	6.47	3.59	幅広い活動	479	5.51	5.08
広範なもの	72	2.76	-0.09	幅広いジャンル	459	10.08	8.38
広範な裁量	68	11.00	7.46	幅広い世代	383	7.97	7.11
広範な人民	65	9.95	6.72	幅広い年代	380	7.58	6.82
広範な社会	57	4.50	1.64	幅広い業務	370	6.29	5.76
広範な影響	56	5.79	2.92	幅広い視点	356	7.58	6.79
広範な情報	53	4.02	1.17	幅広い用途	338	9.09	7.70
広範な研究	51	4.64	1.78	幅広い情報	289	3.98	3.58
広範な支持	50	8.97	5.85	幅広いもの	262	2.13	1.76
広範な市民	48	6.53	3.63	幅広いニーズ	257	7.66	6.71
広範な問題	42	3.59	0.74	幅広い領域	251	7.37	6.50
広範な議論	41	6.48	3.58	幅広い事業	216	4.24	3.81
広範な内容	39	4.39	1.53	幅広い観点	213	7.20	6.32
広範な範囲	37	6.09	3.19	幅広い研究	209	4.18	3.75

「広範な」「幅広い」と名詞との結びつきから頻度の高い表現をまとめると次のようになるであろう。

表2

広範な分野［地域・領域・知識・国民・大衆・裁量・影響・情報・支持］
幅広い分野［知識・**年齢**（層）・視野・**教養**・活動・**世代**・**年代**・**観点**］

「広範な知識」「幅広い知識」のように、交換可能な場合もあるが、名詞との結びつきに制限がある場合に注目すると、例えば、「幅広い年齢（層）、幅広い教養、幅広い世代、幅広い年代、幅広い観点」とは言えるが、「広範な」は「年齢（層）、教養、世代、年代、観点」とは連結しない。和英辞典の記述にこのことがどのように反映しているかを見てみる。

表3　「広範な」　　　　　　　　「幅広い」

A	コロケーションなし	A	通り、教養、知識
B	知識、影響、支持、調査	B	支持、年齢層、ジャンル、知識、人気
C	分野	C	階層、知識、読書
D	知識、地域	D	活動、層
E	知識	E	知識、論議
F	地域	F	活動、知識、年齢層

「幅広い知識」はほとんどの辞書が記述していることが分かる。「幅広い年齢層、教養、世代、年代、観点」のように、「幅広い＋名詞」に特徴的なコロケーションに注目すると、A辞典が「教養」、B, F辞典が「年齢層」を記述しているが、全体としては日本語コーパスからわかる実態を必ずしも反映していない。このように「広範な」「幅広い」の双方と連結するコロケーション、「幅広い」とのみ連結するコロケーションでは、頻度情報などに基づき、その特徴を踏まえて、記述すべきコロケーションを選択する必要がある。

　日本語の類義語の英訳に関する和英辞典の扱いについてみてきたが、一つの日本語の見出し語に複数の英語が対応する場合についてみておく。オーレックス和英辞典 (2016^2) の「厳しい」の見出しでは、hard, tough, severe, stern, harsh など複数の訳語のニュアンスの違いを表で説明している。また、*Longman Collocations Dictionary and Thesaurus* (2013) では図3bのようにシソーラスの欄を設けてそれぞれの類義語の典型的なコロケーションを示すことにより、学習者がコロケーションから語のニュアンスの違いを理解できるようになっている。

　日本語コーパスで「厳しい＋名詞」の結びつきを検索したのが図3aであ

る。日本語コーパスでは、「厳しい状況」「厳しい環境」「厳しい財政」「厳しい現実」「厳しい時代」「厳しい条件」「厳しい意見」などがコロケーションの上位に来ている。

図3　　　　(a)　　　　　　　　　　　　　　(b)

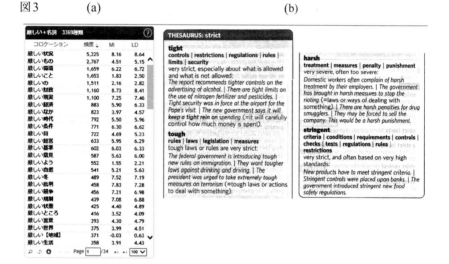

次にBNCで「harsh, tough, strict, tight＋名詞」のコロケーションから、それぞれ上位10語を表にしたのが図4である。harsh conditions、harsh environment、a harsh reality、strict[harsh] conditionsのような、日本語で高頻度であったコロケーションが英語でも高頻度であることがわかる。一方、「厳しい目」(a hard stare/ one's stern eyes)、「厳しい自然」(harsh nature) は日本語コーパスでは高頻度であるが、BNCを検索すると、英語では高頻度ではないこともわかる。日本語で高頻度のコロケーションが英語では必ずしも高頻度ではないこと、またその逆の場合もある。コロケーションは文化的背景や自然環境が表現に反映することがある。

図4

harsh 1488		tough 2961		strict 2043		tight 1681	
words	51	time	57	rules	77	budget	29
realities	42	guy	53	liability	71	smile	28
reality	29	year	29	sense	64	security	27
voice	26	decisions	28	control	51	control	25
treatment	25	action	27	limits	36	ball	22
conditions	16	line	26	instructions	23	corner	22
laugh	16	times	24	controls	22	corners	22
world	13	job	22	adherence	19	trousers	21
environment	12	measures	22	discipline	19	junctions	18
winter	11	competition	21	conditions	18	schedule	18

　和英辞典の機能である日本語からの発信を重視する観点から考えると、英語では頻度が高くないが、日本語では高頻度のコロケーションの英訳を記述することは重要である。日英双方の典型的なコロケーションを示すことにより、類義語のニュアンスの違いを理解するとともに、英語の運用に活かすことが可能となる。日本語と英語のコーパスを参照して双方の特徴的なコロケーションを和英辞典の記述の観点からまとめると表4のようになる。

表4

harsh	厳しいことばharsh words、厳しい現実a harsh reality、厳しい処置［処遇］a harsh treatment、厳しい批判harsh criticism、厳しい環境harsh environment、厳しい冬harsh winter、厳しい自然harsh nature
tough	厳しい［つらい・過酷な］時期［年］a tough time[year]、厳しい［苦渋の・難しい］決断a tough decision、厳しい措置［断固たる行動］tough action
strict	厳しい規則strict rules、厳しい管理strict control、厳しい制限strict limits
tight	厳しい予算a tight budget、厳しい［厳重な］セキュリティtight security、厳しい管理tight control、厳しい財政状況tight fiscal situation

　この表から、harshは気候や自然、ことば、状況の厳しさ、toughは過酷なイメージ、strictは規則や管理を厳格にすること、tightは財政、制御が厳しい状況で用いられることが明らかになる。日英のコーパスを利用して双方のコロケーションを調査したうえで、日本語からの発想も踏まえて、学習者にとってどのようなコロケーションを記述することが有効かつ語感を養うのに適切であるかを吟味することが重要である。

5. まとめ

　和英辞典の記述においても、英和辞典と同様にコロケーションの記述を充実させることは重要である。近年の日本語コーパスの充実により、日本語コロケーションの分析が可能になってきた。その成果を和英辞典の記述にどのように応用できるのか、本稿では類義語を中心に注意すべき点や英語コーパスと日本語コーパスの両方をどのように利用したらよいかについて述べてきた。
　和英辞典におけるコロケーションの記述は、英語で頻度の高いコロケーションを記述することはもちろんであるが、英語では必ずしも高頻度でないが、日本語で高頻度のコロケーションを積極的に記述することが必要になる。また日本語コーパスを利用することで「決断を迫る」「*決心［決意］を迫る」、「幅広い世代」「*広範な世代」のようにコロケーションに制約があることなど、より詳細な分析が可能となる。そのような分析を通して自然な日本語表現の英訳が和英辞典の記述に反映していることが重要である。また、「厳しい」でみたように、一つの日本語の見出しに複数の英語の類義語が対応する場合に、ニュアンスの違いをコロケーションで示すことも有効である。その際も日本語コーパスを活用することができる。
　日本語コーパスは類義語の記述のみならず、日本語特有のコロケーションや「練る」のような多義語において「考えを練る」「文章を練る」などのメタファー表現、「顔」において「顔を直す」（化粧を直す）のようなメトニミー表現のように英語と意味にズレを生じるコロケーションの記述の英訳を充実させるのにも極めて有効である。それらについてはまた機会を改めて述べることにしたい。

参考文献

赤瀬川史朗 (2016)「日英双方のコーパスから見たコロケーションと辞書記述への応用」『英語辞書を作る──編集・調査・研究の現場から』大修館書店.
磐崎弘貞 (1995)『続・英英辞典活用マニュアル』大修館書店.
森口稔 (2005)「和英辞典に見る日本語コロケーションの問題とその解決策」『JACET関西紀要』8, 57–69.

Dictionaries:
『アドバンストフェイバリット和英辞典』2004. 東京：東京書籍.
『ウィズダム和英辞典』2013. 2版. 東京：三省堂.
『オーレックス和英辞典』2016. 2版. 東京：旺文社.
『カレッジライトハウス和英辞典』1995. 東京：研究社.
『ジーニアス和英辞典』2011. 3版. 東京：大修館書店.
『スーパー・アンカー和英辞典』2012. 3版. 東京：学研教育出版.
『フェイバリット和英辞典』2001. 東京：東京書籍.
『プログレッシブ英和中辞典』2012. 5版. 東京：小学館.
『ライトハウス和英辞典』1996. 3版., 2002. 4版., 2008. 5版. 東京：研究社.
『ルミナス和英辞典』2005. 2版. 東京：研究社.
Longman Collocations Dictionary and Thesaurus. 2013. Harlow:Pearson Education.
Macmillan Collocations Dictionary. 2010. Oxford: Macmillan Education.
Oxford Collocations Dictionary for students of English. 2nd ed. 2009. Oxford University Press, Oxford.
The BBI Combinatory Dictionary of English. 3rd ed. 2009.John Benjamins Publishing Company, Amsterdam/Philadelphia.

Corpora:
The British National Corpus [BNC]
NINJAL-LWP for TWC

happy/gladと共起する補文標識thatの有無とその要因

土屋　知洋

1. はじめに

(1)にあげる形容詞 happy と glad は、補文標識 that（以下、that）が省略されやすい形容詞として扱われ、何ら説明なく省略を認められる傾向にある。

(1) a. I'm happy (that) you could come. 　　　($OALD^8$ s.v. happy)
 　b. I'm glad (that) you're feeling better. 　　　($OALD^8$ s.v. glad)

本稿では、今一度、両形容詞が共起する that の有無に関し、文献とデータに基づき綿密な調査を行い、that と共起しない形式を好むとされる両形容詞が、実はそれぞれの有する意味の相違が that の有無の傾向に密接な関係があること、両形容詞の文脈中の意味が that の選択に大きく影響を及ぼしていることを主張する[1]。

尚、本稿は、従来の that 省略 (*that*-deletion) という考えをとらず、that と共起しない形式を ZERO 型、that と共起する形式を THAT 型とそれぞれ異なった二つの形式を認める立場で論を進める。

2. 先行研究

That 省略の研究は、古くは Jespersen (1928) に通時的見解を含む記述がみ

---
[1] 本稿の焦点は、各形容詞の意味と that の有無との関係にあるため、形容詞と補文との間への副詞句・節の挿入、等位接続詞による節の反復といった、構造を明確にする機能で利用される that は分析の対象外とする。

られ、Bolinger (1972) 以降、特に盛んに議論され、日本でも安井 (1981) や中右 (1981, 1983) などがあがる。最近では、コーパスを用いた Biber et al. (1999)、Yaguchi (2001)、Tsuchiya (2012) などの先行研究が多数存在する。しかしながら、これらの研究の中心は動詞であり、個々の形容詞に焦点を当てた詳細な研究は皆無に等しく、土屋 (2014) の感情を表す分詞形容詞に限られる。このような背景から、本節では、まず先行研究を概観し、その問題点と本稿の論点を明確にする。

2.1　That の有無に関する一般的説明：頻度とレジスター

形容詞と that の有無に関わる先行研究は、(2)(3) にみられるように、個々の形容詞の振る舞いは軽視され、頻度やレジスターの相違によるものが多い。特に、会話・口語では that と共起しない傾向にあるという説明は枚挙にいとまがない。

(2) We can leave out *that* in clauses after some common adjectives
(Swan 2005: 578)

(3) a. When the *that*-clause is direct object or complement, the conjunction *that* is frequently omitted except in formal use, leaving a zero *that*-clause　　　　　　　　　　(Quirk et al. 1985: 1049)

　　b. In conversation, the omission of *that* is the norm, while the retention of *that* is exceptional　　　　(Biber et al. 1999: 680)

また、渡辺 (1989: 266–267) のように、形容詞と共起する that 節の種類に基づき、that の有無の傾向を具体的な形容詞と共にリスト化するものもみられる[2]。

---

[2] 渡辺 (1989: 266–267) では、「人 be 形容詞 that」構造のうち、非因果的用法の that、因果関係を表す that、仮定法現在を節内にとる that、を従える形容詞の順で that を欠く頻度が高いとしている。因果関係を表す that を従える形容詞リストに、本稿で取り上げる glad と happy が含まれている。

2.2 Bolinger (1972), 中右 (1981, 1983), 土屋 (2014) の各研究

That の有無に関する先駆的研究である Bolinger (1972) は指示詞 that の"前方照応的 (anaphoric)" な性質から、引き起こされた状態を表すのに that を伴う理由があると説明している。(4a) は、感情の原因を表す必要があり THAT 型が、一方の (4b) は、先立った事象の表明を必要としないため ZERO 型としている。

(4) a. I'm flabbergasted that he lost.
b. I'm glad you're here.   (Bolinger 1972: 53)

中右 (1981) は、that の省略に関して既定的・非既定的という概念を用い、「補文化辞 that は、その補文の命題内容が非既定的なときにかぎり省略できる」(中右 (1981: 427)) としている。ここでの既定的とは、「ある事柄の知識（概念、命題）が、発話の時点に先立って、あらかじめ確定した話題として、話し手の意識の中にあるとき、その知識は既定的である」(中右 (1981: 426)) としている。

Bolinger (1972) の鋭い言語直観と中右 (1981, 1983) の理論的説明は、感情の形容詞を論じる上で参考となるが、我々の感情に至る経路を考えると、全ての感情は何らかの原因・要因（既定的な要素）によって引き起こされると考えられ、本稿で扱う happy や glad をはじめ全ての心理形容詞が THAT 型のみ共起するのではないか、と推察されるのである。中右 (1983: 553) の既定述語のリストには be surprised が含められているが、土屋 (2014) では、実証的調査から be surprised は that と共起しない ZERO 型が無標形式であるとしており、中右 (1981, 1983) の説明は言語実態を必ずしも反映したものとはいえない。

土屋 (2014: 230) では、surprised, pleased, satisfied, frightened, concerned の五つの心理を表す分詞形容詞を取り上げ、(5) のように各形容詞の意味の相違——「持続的感情」か「瞬時的感情」——と that の有無との傾向に関係があることを論じ、「客観的判断」か「主観的判断」といった感情に至る経路の違いも、that の有無を決定づける要因の一つであると主張している。

(5) a. 持続的感情：pleased/satisfied (with), concerned (about) ⇒ THAT 型
　　b. 瞬時的感情：surprised (at) ⇒ ZERO 型
　　c. 瞬時的感情＜持続的感情：frightened (of) ⇒ ZERO 型＜THAT 型[3]

　上記の各先行研究には共通して、広義の"照応"という概念が見られるが、各説明には相反する点、実態を反映していない点、感情のメカニズムとは一致しない点、また説明不足と考えられる点があり、議論の余地が残される。これらの論点は、(6)のようにまとめられ、具体的に happy と glad を取り上げ4節以降で検証していくことにする。

(6) a. 頻度とレジスター（特に会話・話し言葉）の ZERO 型への影響
　　b. Bolinger (1972) と中右 (1981, 1983) の説明と言語実態
　　c. 各形容詞の意味・感情に至る経路と that の有無との関係

3. 形容詞 happy と glad の意味特性

　(6) にあげる三つの論点を調査する前に、(6c) に関わる形容詞 happy と glad の意味特性を、辞典類と統語的振る舞いから再確認する。

3.1 辞典による語義記述

　Happy と glad は、*LEA*[2] (s.v. HAPPY2) に於いて、「何か良いことが起きて嬉しい (happy because something good has happened)」といった大きな枠組みで捉えられている。しかしながら、英米の学習辞典を比較してみると、(7) のように happy には glad と共通した pleased の語義（cf. は glad の語義定義）に加え、satisfied や satisfaction といった「満足した・満足感」の語義を認めるものが見られる（以後、下線、イタリック、φの記号は全て著者）。

---

[3] 各感情を表す分詞形容詞と共起する前置詞は、最も頻度の高いものを提示している。(5c) の frightened は (5a)(5b) の分詞形容詞に比べ、従える型に大きな差が見られなかったため、＜の不等号で傾向を示している。

(7) a. feeling pleased and <u>satisfied</u> / <u>satisfied</u> that something is good or right, and therefore not worried about it　　(MED^2 s.v. happy)
　　　cf. happy and pleased about something　　(MED^2 s.v. glad)
　b. Feeling, showing, or causing pleasure or <u>satisfaction</u>
　　　　　　　　　　　　　　　　　　　　　　　　($CALD^3$ s.v. happy)
　　　cf. Pleased and happy　　　　　　　　　　($CALD^3$ s.v. glad)

『英語基本形容詞・副詞辞典』では、各語の使用場面についても触れられ、happy には、感情を抱く時間が一時的・持続的にも利用可能との説明がみられる。

(8)　... glad はごく普通の喜びの表現にも、<u>感情の高揚による喜びの表現</u>にも用いられる：... happy は glad よりも一般的な語で、主に<u>願望が達成されることによってもたらされる喜びを表すが、その喜びが一時的な場合にも持続的な場合にも使える</u>：
　　　　　　　　　　　　　　　（『基本形容詞・副詞』s.v. glad Ⅲ 4)

3.2　統語的観点から見る両形容詞の意味特性

(9) の文法性の違いは、限定用法の容認度の差である。Glad は (9a) のように「嬉しい」という感情の限定用法は非文法的とされ、happy では容認される。

(9) a. *a <u>glad</u> woman　　　　　（『基本形容詞・副詞』s.v. glad 1a NB2)
　b. She's a <u>happy</u> girl: she enjoys life.
　　　　　　　　　　　　　　　（『基本形容詞・副詞』s.v. happy 1a NB2)

この統語的相違は、安井・秋山・中村 (1976: 97) の「限定用法は永続的意味をもち、分類的であり、名詞の特徴的属性を示すのに対して, 叙述用法は主語の一時的状態、あるいは内在的特性が一時的に問題となっている場合に用いられる」という記述からも、happy は永続的或いは一時的嬉しさを表し、

glad は一時的嬉しさのみを表すという両形容詞の意味特性の違いを明示している。

影山（編）(2001: 84-85) では、従える前置詞から心理形容詞の（時間に関わる）意味を分類している。At と共起する心理形容詞は"点的・瞬間的感情"を、with や of と共起するものは"持続的感情"を持つという[4]。

(10) は、本稿で扱う happy と glad の共起する前置詞を BNC で検索し、影山の分類に基づき対比させたものである。共通して、about と for は従えるが、イタリックで示すように happy は持続性を表す with を、glad は派生的に持続的意味を表す of を従えるという相違がみられる。

(10) happy: about, for, *with* ⇔ glad: about, for, (at), *of*[5]

3.3 両形容詞の意味特性のまとめと仮説

これまでの調査から、happy と glad の意味特性は概略以下のようになる。

(11) happy: 望んできた事柄の成就に対して、一時的或いは持続的に「嬉しい」「満足だ」という感情を表す
(12) glad: 感情の高まりにより、「嬉しい」という一時的な感情を主に表す

各形容詞の意味特性に基づき先行研究を振り返ると、Bolinger (1972) の引き起こされた状態という広義の"照応"が happy には多分に含まれているため THAT 型になる傾向が予測される。また、意味の相違から分析した土屋 (2014) の主張を適用すれば、持続性を含む happy が THAT 型傾向に、一時

---

[4] 前置詞 with の持続性は以下のように広く認められている。
with: コアは「…とともに」であり、一定時間持続する感情との結びつきで用いる。
(田中・佐藤・阿部 2006: 55)
Of の持続性は、「of のコアは〈切っても切れない〉関係である。」(佐藤・田中 (2009: 203-204)) に示されるように、原因と感情が漠然と絡んでいるために帯びると考えられ、本稿では、with の持続性を中核的意味、of の持続性を派生的意味と位置づけることにする。
[5] 田中・佐藤・阿部 (2006: 57) では、原理的可能性として glad と前置詞 at の共起をリストにあげているが、共起件数は 0 件である。また、著者の BNC による調査でも、用例は検索されなかった。

性の強い glad が ZERO 型傾向になることが仮説として立てられる。

4. 量的調査

表1は、BNC を用いて happy と glad を量的に調査した結果である。

表1. BE happy と BE glad の従える統語形式と ZERO 型・THAT 型の頻度

形容詞［総数］	前置詞	ZERO 型	THAT 型
happy [489 / 3045]	with:333 / 777	9 / 8	18 / 44
glad [389 / 2165]	of:14 / 242	194 / 234	26 / 150

注：前置詞は最も頻度の高いものを提示。左の数が話し言葉、右の数が書き言葉。

頻度を分析すると、happy の方が glad よりも頻度は高く、文献の記述が正しければ happy が ZERO 型傾向にあることが推測されるが、実態は glad の方が ZERO 型と共起する傾向にあり、happy は THAT 型を好む傾向がみられる。レジスターの観点から分析すると、happy は話し言葉で ZERO 型が9件に対し THAT 型が18件、書き言葉でも ZERO 型が8件で THAT 型が44件と、レジスターに関わらず THAT 型と共起する傾向にある。一方、glad は、両レジスターで圧倒的に ZERO 型と共起する傾向が見られる。これらの調査結果は、頻度とレジスターで説明をする先行文献への大きな反証といえる。この各形容詞と共起する形式（THAT 型か ZERO 型）の傾向に見られる相違は、各形容詞の意味特性から説明できると考える。つまり、持続的感情を表す happy が THAT 型、一時的感情を主に表す glad が ZERO 型傾向にある、と関係性が見出せるのである。

5. 質的調査

前節では、従来の頻度とレジスター研究に対する反証をあげ、むしろ各形容詞の意味にこそ that の有無と関係があるのではないか、という仮説を数値

から論じた。本節では、that の有無を決定づける要因と各型における形容詞の表す意味について更に実例から探ってみる。

5.1　形容詞 happy の THAT 型と ZERO 型

量的調査からも happy は THAT 型との共起傾向にあることが確認されたが、その実例は主に次の三つの形で検索される。強意語を伴う、或いは that 節内に主節と同時間の完了形が用いられる (13a)、主節と that 節内の時間に明らかなずれが存在する (13b)、理由節（他の実例として、条件句など）を従える (14)、ものである。それぞれ、that が、感情の原因への反芻を経た客観的感情を表すと同時に、感情に至るまでの時間的距離（長さ）を表していると考える。この THAT 型では、客観的・反芻的な持続性をもった喜びを表し、満足感とも解釈できる。

(13) a. The Council is *obviously terribly* happy *that* it's got this new service running from nine a.m. to five p.m.

　　 b. After half an hour or so he was happy *that* the fault had been corrected—for the time being.

(14) Well I'm *happy that* the flats are coming down because I don't think that they're really fit places for people to live.

次の (15) では that 節内に seem と推定的な不確定命題が、(16) では 's gonna get と確定的命題がみられる。ここでも、感情に至る時間から説明可能だと考える。(16) のように確実に実現に向かっている事象に比べ、(15) の不確定な事象では、感情の原因を判断するのに時間を要する。従って、that 節内が推断的命題の場合には THAT 型、即座に判断できる確定的命題では ZERO 型と共起する傾向にある。

(15) ... and eventually you're happy *that* everything seems to be working alright.

(16) Stuart was very happy ϕ he's gonna get a bottle of whisky ....

223

(17)には、二形式が混在している。精神に問題を抱える母親について話をしている場面であるが、母について問われた話し手は、即答しようと試みる（ZERO 型）が、母の状況を思い返して、言葉を選びながら応えようとしている（THAT 型）。各実例の ZERO 型は、話し手のその場の状況への好意的態度表明や主観的な嬉しさを表す表現形式であると考える[6]。

　(17) ... I, I'm, I'm happy φ she[= my mum: 著者による]'s er *that* she's comfortable Yeah. er i in her place.

　持続的意味特性から THAT 型と共起傾向にある happy は、特に「客観的或いは反芻的な原因判断」、また「感情に至るまでに時間を要する」場合に THAT 型と共起し、「満足感にも似た持続的喜びや嬉しさ」を表す。一方、「感情に至る時間が短いその場の状況判断」では ZERO 型と共起し、「主観的喜びやその場の状況に対する好意的態度表明」を表すのである。(14)(15)の実例からも、Bolinger の引き起こされた状態で THAT 型を従えるという説明よりも、客観的或いは反芻的判断やそれに伴う感情に至る時間の長さによる説明の方がより明示的に説明が可能だと考える。

5.2　形容詞 glad の ZERO 型と THAT 型

　量的調査からも、glad は ZERO 型と共起する傾向にあるが、その実例には (18)(19) のようなものが検索される。(18) は、主節と that 補文の間に時間の差は存在するが、電話をしたという事実への好意的態度を示しているにすぎない。(19) では、that 節内に完了形や照応を指す代名詞 that が用いられているが、強意語により嬉しさが強調されている。つまり、glad は、反芻や客観的根拠によらない感情やその場での状況判断による態度表明、感情の高揚により瞬時に感情を爆発させる場合に、ZERO 型との共起傾向が高いといえる。これらの例では、「嬉しい」という意味は希薄化され状況への好意的

---

[6] ここでの「主観」とは、話し手が [1] 補文命題を証拠や根拠に基づいていない、[2] 発話時に感情的になっている、場合に用いられている。一方、(13)(14) で触れた「客観」とは、概略、補文命題が何らかに依拠している、発話までに反芻を経て時間を要する場合、を指す。

態度表明や突発的に溢れ出る歓喜を表す。

(18) ... anyway I'm *glad* φ you phoned.
(19) I'm I'm I'm absolutely *glad* φ you've told me that and of course what is the big day that's coming up on Monday?

一方、THAT 型の実例はどうか。既に論じた happy と同じ要因が THAT 型を引き出していると考えられる。(20a) では、下線からも、反芻していることが明らかであり、(20b) には、always と完了形と持続を示す表現が確認される。

(20) a. It was rather exasperating that the great and radical William Temple [=statesman: 著者による] soft-pedalled. In retrospect I am glad *that* he did.
b. Leeds are aggressive so you're always quite glad *that* you've beaten them ....

(21) は、話し手が目指すべき方向性について論じており、また感情の原因となる that 節内の事象が現在進行中で、方向性の反芻のため THAT 型で表現されている。(22) には二つの glad がみられる。一つ目は、自身の状態の判断にすぎず、反芻が不要なため ZERO 型で表現され、二つ目は、never, some of them, again という表現からも、既存の事象を振り返り客観的な嬉しさや喜びを表すため THAT 型で表現されていると考える。

(21) I think that [= to have something to help yourself with: 著者による]'s where we ought to be aiming and I'm very *glad that* the world leaders are heading straight in that direction.
(22) I'm *glad* φ I'm out and I'm *glad that* I never see some of them bloody people again

ZERO 型を無標とする glad は、多くの場合、感情の原因となる that 節内の命題に対して何ら依拠しない、或いはその場の状況に対する「主観的・即断的喜び」「好意的な態度表明」を表す。また、強意語を伴い感情の高揚によるその場での「強い嬉しさ・喜び（歓喜）」を表す。これは、I'm glad you like it. というフレーズが ZERO 型で表現される説明にも通ずる。一方、類義語 happy との混同とも推察されるが、「明確な反芻要素が感情を引き起こす原因に含まれる」場合、客観的な「満足感に似た喜び・嬉しさ」を表し、THAT 型と共起する傾向がみられる。

6. インフォーマント調査

この最終節では、これまでの検証結果の妥当性を確認するため、ネイティブスピーカーの反応を調べてみる。

6.1 調査概要

調査は、質的調査から得られた傾向に基づき、コーパスを加工して作成した (23) の各用例の選択肢を選ぶ形（複数回答可）で実施した（被験者 10 名：アメリカ 3 名、カナダ 3 名、イギリス 2 名、ニュージーランド 1 名、オーストラリア 1 名 ;20 代 1 名、30 代 5 名、40 代 1 名、60 代 2 名、未回答 1 名 ; 教員 9 名、博士課程学生 1 名）。この内、カナダ人 1 名は「全選択肢が可能で、会話では that を省略する (All answers would be correct but in spoken English "that" would be omitted.)」とコメントするのみであったため、傾向を明示するため表 2 には反映させていない[7]。

(23) a. "He's very {**happy / happy that / glad / glad that**} he's going to get a new PC."

b. "I've (always) been {**happy / happy that / glad / glad that**} I've played soccer as a professional player for more than 10 years."

---

[7] (23) の各英文は、調査中に指摘があった表現の内、調査結果に影響しないものに限り修正を施した文である。尚、作成者の意図に関わる指摘に関しては ( ) で示している。

c. "I'm {**happy** / **happy that** / **glad** / **glad that**} I'm feeling better because the fever has gone down and my appetite has increased."
d. [*You received an unexpected call from your girlfriend/boyfriend*]
"Oh, er I'm I'm (absolutely) {**happy** / **happy that** / **glad** / **glad that**} you phoned."
e. "Joan feels {**happy** / **happy that** / **glad** / **glad that**} everything will work."

6.2　調査結果

(23a) の文は、感情の原因に確定未来を従えているため、happy の ZERO 型が選択されることを想定したが、結果は THAT 型が選択される傾向にあった。2 名は ZERO 型を選択したが、主語の種類を含め再検討する必要がある。(23b) は、習慣性を強調した文脈で、予想通り happy の THAT 型が好まれる傾向がみられた。5 名が glad の THAT 型を選んでいる点も、感情の原因への反芻が、that と共起する重要な要素であることを裏付けているといえる。

表2. インフォーマント調査の結果

質問番号	happy	happy that	glad	glad that	調査からの予想
(23a)	2	6	1	1	happy
(23b)	1	6	1	5	happy/glad that
(23c)	3	3	5	3	happy/glad that
(23d)	3	4	4	0	glad
(23e)	1	9	1	2	happy/glad that

(23c) は、客観的原因が明記されているため、両形容詞とも THAT 型の選択が圧倒的に多いと予想したが、glad の ZERO 型が 5 名とそれ以外を選んだものが 3 名ずつと回答がわれた。まさに今感じている自分の体調の回復への好意的態度表明に過ぎず、glad の ZERO 型が最も自然だと感じた被験者もいれば、because 節による客観的原因が存在することから、両形容詞の THAT 型を選んだ被験者もいると推察される。回答が分かれたことで、各話

し手の「客観的・反芻的」な判断による感情か、「主観的・即断的」な判断による感情・態度表明かという感情に至る相違が各型と密接に関係していることが再確認できた結果ともいえる。

(23d) は、予期せぬ電話に対し瞬時的に喜びを表す文で、glad の ZERO 型を4名、happy の ZERO 型も3名が選んだ。(23c) 同様、その場の状況に対する態度表明や即断的感情では、ZERO 型傾向にあるとまとめることができる。逆に、(23e) のような推断や不確定未来の要素がある場合は、感情の原因に至る時間を要し、THAT 型、特に happy の THAT 型で表現される傾向にあることがわかる。

本調査では、(23a) のような更なる検証が必要な問題も残ったが、回答の数値だけでなく内容も詳細に考察すると、「客観的・時間を要する反芻的」判断による喜びであれば THAT 型 ((23b)(23c)(23e)) を、「主観的・即断的」判断による喜びや状況に対する好意的態度表明であれば ZERO 型 ((23c)(23d)) を選択している傾向が確認できる。この傾向は、質的検証の結果と一致するもので、これまでの検証結果の妥当性を十分主張できると考える。

7. 結語

本稿では、これまで個々に取り上げられてこなかった形容詞、特に happy と glad が共起する補文標識 that の有無に関して、先行研究の問題点 ((6)) に一つずつ答えながら、各形容詞の有する意味・文脈で表す意味と that の有無が密接に関係しているという仮説を、量的、質的、インフォーマントの調査で実証的に論じた。結果、段階性は存在するものの図1のようにまとめられ、以下三つの新たな言語実態を主張できると考える。

[1] 頻度やレジスターの差ではなく、各形容詞の有する意味、「一時性」か「持続性」により、どちらの型を従える傾向にあるかが決定
[2] 引き起こされた状態や既定性という説明よりも、感情に至る経路、「主観的・即断的判断」か「客観的・時間を要する反芻的判断」、ということが、各型を選択する大きな要因となっているという明示的説明が可能

[3]「主観的な喜びや状況に対する好意的態度表明」「その場で抱く強い喜びや嬉しさ（歓喜）」か「持続的な満足感を伴う喜び」という形容詞の文脈で表す意味が THAT 型と ZERO 型の選択に密接に関係

図1. GLAD と HAPPY の従える形式と意味・要因との関連性

GLAD	HAPPY
一時性	持続性
主観的・その場の即断的判断	客観的・時間を要する反芻的判断
ZERO 型 ← →	**THAT 型**
主観的な喜び／好意的態度表明 その場で抱く強い歓喜	持続的な満足感を伴う喜び

　特に [2] [3] の知見は、本稿で焦点を当てた形容詞に限らず、土屋 (2014) で論じた感情の分詞形容詞とも一致する傾向である（(5) 参照）。つまり、本稿の個別事象を探る語法研究は、各語の新たな知見を実証するだけでなく、類似した意味要素を持つ語は同じ形式を選択する傾向にあるという、包括的な意味と形式との関連性、という非常に興味深い示唆をも与えているといえる。本稿の成果は、未だ取り上げられていない個別事象の研究促進と、補文標識 that の有無のメカニズムを再度意味から分析を試みるために大きく貢献するものである。

参考文献

Biber, D., S. Johnasson, G. Leech, S. Conrad and E. Finegan. (1999) *Longman Grammar of Spoken and Written English*. London: Longman.
Bolinger, D. (1972) *That's That*. The Hague: Mouton.
Jespersen, O. (1928) *A Modern English Grammar* III. London: Allen &Unwin.
影山太郎（編）(2001)『日英対照 動詞の意味と構文』大修館書店.
中右実 (1981)「変形と意味の原理」『英語青年』第127巻第7号 (pp. 2–6) 研究社.
中右実 (1983)「文の構造と機能」『英語学大系5：意味論』(pp. 548–626) 大修館書店.
Quirk, R. S. Greenbaum, G. Leech and J. Svartvik. (1985) *A Comprehensive Grammar*

of the English Language. London: Longman.
佐藤芳明・田中茂範. (2009)『レキシカル・グラマーへの招待：新しい教育英文法の可能性』開拓社.
Swan, M. (2005) *Practical English Usage.* 3rd ed. Oxford: Oxford University Press.
田中茂範・佐藤芳明・阿部一. (2006)『英語感覚が身につく実践的指導：コアとチャンクの活用法』大修館書店.
Tsuchiya, T. (2012) *A Semantic-Syntactic Study on the Differences between the That-complement and the ZERO That-complement.* Tokyo: Kaitakusha.
土屋知洋. (2014)「心理形容詞の意味と従える補文標識 that の有無との関連性」JELS 31, 228–234. 日本英語学会編.
渡辺登士. (1989)『英語の語法研究・十章』大修館書店.
Yaguchi, M. (2001) "The Function of the Non-deictic That in English." *Journal of Pragmatics* 33, 1125–1155.
安井泉. (1981)「補文化子thatの出没」『現代の英語学』, 181–191. 開拓社.
安井稔・秋山怜・中村捷. (1976)『現代の英文法 第7巻 形容詞』研究社.

辞典と本稿での略称
Cambridge Advanced Learner's Dictionary 3rd ed. (2008) Cambridge: Cambridge University Press. (*CALD*[3])
Longman Essential Activator 2nd ed. (2006) Essex: PearsonEducation Limited. (*LEA*[2])
Macmillan English Dictionary 2nd ed. (2007) Oxford: Macmillan Education. (*MED*[2])
Oxford Advanced Learner's Dictionary 8th ed. (2010) Oxford: Oxford University Press. (*OALD*[8])
『英語基本形容詞・副詞辞典』. (1989) 東京：研究社. (『基本形容詞・副詞』)

コーパス
BNC: British National Corpus the world edition. 小学館コーパスネットワーク

to death の強意読みについての一考察*

都築　雅子

1. はじめに

(1) の to death は結果述語と呼ばれ、状態変化を表す動詞、接触・打撃を表す他動詞、行為を表す目的語省略動詞・非能格自動詞に許され、いわゆる結果構文を形成する（結果構文については、Goldberg (1995), 影山 (1996, 2008) などを参照されたい）。

(1) a. John bled to death.
　　b. Mary stabbed John to death.
　　c. John drank himself to death.

(1) の結果構文は「動詞の表す行為・過程の結果、主語・目的語名詞句のジョンが死んだ」という意味になる。一方、同じ to death による結果構文であっても、(2) の to death は動詞の表す行為の程度の甚だしさを強調し、「死ぬほど」という強意副詞的な解釈になる ((2c) は、奥野 (2002) で容認度に問題はないとされているが、複数のインフォーマントにより容認度が若干落ちると判断された)。

(2) a. John laughed himself to death.
　　b. I worked myself to death last week.
　　c. ?I drank myself to death last night.
　　d. Mary was being beaten to death by her husband last night.

例えば (2a) は「ジョンは死ぬほど笑った」という意味になる。本稿では、to death による結果構文において「どのような場合に強意読みが生じるのか」

「強意読みと結果読みはどのような関係にあるのか」について考察していく。[1]

2. 先行研究と問題の所在

ここでは、結果構文の強意読みの関する先行研究をみていく。まず Goldberg (1995)、影山 (1996) は、結果構文の中で、行為を表す目的語省略動詞・非能格自動詞による結果構文（以下、非能格結果構文）が強意読みとして解釈される場合が多いことを指摘している。

(3) I cried my eyes out.

(3) は非能格動詞による結果構文であり、「目が飛び出るほど（腫れるくらい）、大泣きした」という強意読みに解釈される。さらに影山 (1996) は、強意読みの場合、(4) のように結果構文のもともとの概念構造「上位事象 + 下位事象」という形式は取ってはいるものの、意味的な力点は上位事象（行為事象）のほうにあり、下位事象（変化事象）は無理やりくっつけた程度だと思われると述べている。

(4) [上位事象 x **ACT ON** y] CAUSE [下位事象 y BECOME [y BE AT- ○○]]

Jackendoff (1997) は、強意読みの結果構文を、結果構文と同じ構造を用いる強意句イディオムであると分析し、通常の結果構文と異なり、事象が非完結的であることを for/in 句と共起の可否により示している。

---

[1] 本稿では、(i) のような強意句 to death については取り扱わない。
 (i) I sweated to death at the press conference.
(i) の文は、動詞が (1) に示されるような状態変化動詞でも、接触・打撃他動詞でも、非能格動詞でもなく、いわゆる結果構文とは考えられないからである。一方、奥野 (2002) が論じているように、強意読みの解釈となる (2c) のような文は、(ii) に示されるように、結果構文の形式をとらなければ非文法的になるため、結果構文の一タイプと考えられる。
 (ii) *I drank (beer) to death last night.

(5) He cried his eyes out for/*in an hour.

　Miyata (2000) は、結果構文に 1) 強意読みのみ可能な場合、2) 両方の読みが可能で曖昧な場合、3) 結果読みのみ可能な場合、の 3 種類あるとし、(3) のように強意読みのみ可能な場合は、動詞の表す行為により結果述語の表す状態が引き起こされることが現実世界で考えづらいときだと述べている。泣く行為により「目が飛び出る」ことは現実世界ではあり得ないため、強意読みとして解釈されることになるのである。さらに (6) のように両方の読みが可能な場合は、結果述語の表す状態が引き起こされるのに動詞の表す行為の反復が必要なときであると述べている。

(6) a. I cried my eyes red.
　　b. He ate himself sick.

例えば、目が赤くなるまでには相当程度、泣く行為の反復が必要である。そのような場合、強意読みが可能になり、結果読みと曖昧になる。一方、(7) のように他動詞による結果構文の場合、他動詞の表す行為 ((7a) では「拭く」) と結果述語の表す結果状態 ((7a) では「きれいになる」) の間に緊密な因果関係が成立するため、通常の結果読みのみになるとしている。

(7) a. Terry wiped the table clean (in/* for five minutes).
　　b. John broke the door open (in/*for five minutes).

　Miyata (2000) の主張は基本的に正しいと思われるが、(6) と同じような非能格結果構文 (1c) で強意読みがなぜ許されないのか、また逆に他動詞による結果構文 (2d) で強意読みがなぜ生じるのかについて説明できない。
　一方、奥野 (2002) は to death による結果構文に関して、(8) のような進行形や until 節と共起している強意読みの用例を提示している点で興味深い。

(8) a. For the last five years Volkov has been drinking himself to death.

(Boas 2000)

b. As soon as they see their names on the leaderboard they worry themselves to death until their name's gone off the board.

しかしながら、「そもそも to death は強意句であり、いわゆる結果読みである「死んだ」という意味が生じるのは推論によるもの」と主張しているので、(1)のような結果構文について、強意読みが許されないのはなぜかについて説明できない。

3. 考察

3.1 強意読みの生じるメカニズム―誇張表現としての非能格結果構文

本節では、結果構文に強意読みの生じるメカニズムについて探っていく。影山 (1996)、Miyata (2000)、阿部 (2015) などで、非能格結果構文において強意読みが生じやすいことが指摘されている。さらに Miyata (2000) では、そのような結果構文は、結果状態が引き起こされるのに動詞の表す行為の持続・反復が必要であり、使役行為の行為事象に焦点が置かれやすいことが指摘されている。ここではまず、強意読みが生じやすい非能格結果構文の特徴についてあらためて考えてみよう。

非能格結果構文においては、目的語位置に生起するのは、動詞の本来の目的語ではなく、主語の体の一部（例 (3), (9a)）や再帰代名詞（例 (9b)）である。

(9) a. I cried my eyes red. (=(6a))
b. He ate himself sick. (=(6b))

したがって、目的語名詞句（動作主の体の一部など）は、動詞の表す行為の直接的な働きかけの結果、変化を被るのではなく、動詞の表す活動・行為の間接的な影響により、副次的に変化を被るのである。影響が直接的でない分、対象が変化するには十分な行為の持続や反復が必要になる。例えば、目が赤

くなるには、相当程度、泣き続けなければならない。そのため、これらの結果構文は、通常、活動・行為の過度の持続・反復の意味が読み込まれることになる。

　さらに、そのような結果構文は、(7) のような他動詞による結果構文の場合と異なり、目的語名詞句の変化を意図しているわけではない。(7a) では、動作主は通常、テーブルをきれいするという目的達成のために拭くという行為を行う。行為の結果、テーブルが実際にきれいになったか否かは重要な関心事である。一方、非能格結果構文では、動作主は変化をもともと目論んだのではなく、動詞の表す活動・行為の影響により、自然に引き起こされた副次的な変化が表されている。そのような副次的な変化、例えば泣いた結果、実際目が赤くなったかについては、重要な関心事というわけではない。非能格結果構文は、行為の結果、目的語名詞句がどうなったのかについて述べるというより、行為の程度の甚だしさを強調する誇張表現として用いる場合が多いのである。

　結果読みに解釈しても強意読みに解釈しても、大きな意味の違いがない上、強意読みの方がむしろ話者の言いたいこと（すなわち、行為の程度の甚だしさ）であるような場合、まさに強意読みの解釈が生じる素地が整ったと考えられよう。

(10)　形式：　　　　　　　　　　意味：
　　　I cried my eyes red.　=　泣きすぎて、目が赤くなった。（結果読み）
　　　　　　　　　　　　　　=　目が赤くなるほど泣いた。　　（強意読み）

「泣きすぎて、目が赤くなった」という結果読みでも「目が赤くなるほど泣いた」という強意読みでも、実質的に大きな意味の差はない。実際に目が赤くなったかどうかは別にして、泣いた程度の甚だしさを伝えるために、「泣きすぎて、目が赤くなった」と誇張して言うことはよくある。動詞の表す行為の過度の持続・反復が読み込まれる非能格動詞結果構文において、結果読みでも強意読みでも大きな意味の違いがない場合、強意読みが生じるようになったと考えられる。誇張表現としての強意読みの方がより的確に言いたい

ことを表しているからである。
　非能格結果構文が誇張表現として強意読みを有するようになったとする主張の傍証として、(11) に示されるような、強意読みのみ可能な誇張表現専用の結果構文の存在が挙げられる。

(11) a. I cried my eyes out. (=(3))
　　　b. John laughed himself to death. (=2a))

(11a) に示されるように、目が飛び出ることは現実世界ではあり得ないことであるが、そのような極端な表現を用いることにより、インパクトのある誇張表現が可能になる。(11b) の場合も同様である。Jackendoff (1997: 551) では、そのような用例が強意イディオムとして多数挙がっており、(12) はその一部である。

(12) a. Suzan worked /swam/danced/ her head off last night.
　　　b. Sam programmed/yelled/ his heart out.

(12a) は「(頭がぶっ飛ぶほど) 過度に働いた / 泳いだ / ダンスした」という意味になり、(12b) は「(心臓が飛び出るくらい) 思いっきりプログラミングした / 大声で叫んだ」という意味になる。
　非能格結果構文が誇張表現として強意読みを有するようになった経緯をこれまで考察してきたが、歴史的観点からも、これまでの考察が裏付けられる。Visser (1963: 582) によると、非能格結果構文が出現したのは、古英語・中英語の時代から存在する他動詞による結果構文から、かなり遅れをとり、近代英語になってからとされるが、その初期の頃、すなわちシェイクスピア作品からの用例の多くも誇張表現だからである。

(13) a. And cry my self awake? (1611 SHAKES. Cymp. III.iv. 46)
　　　b. weepe our sad bosomes empty. (1605 SHAKES. Macb. IV. iii2)

(OED より引用)

(13a) は「ひどく泣いて、目が覚めてしまうのか？」という結果読みでも、「目が覚めてしまうほど、ひどく泣いたのか？」という強意読みでも実質的に大きな意味の差はなく、行為の激しさや過度の持続を誇張する表現として用いられている。一方、(13b) は「我々の寂しい胸が空っぽになるほど泣いた」という強意読みの誇張表現として用いられている。

最後に、to death による結果構文の例に戻ろう。

(14) John drank himself to death. (=(1c))

強意読みの解釈のみ可能な場合（例 (11b)）を除き、to death による結果構文に強意読みが生じないのはなぜだろうか？ (14) は、(9) の結果構文と異なり、「死ぬほど飲んだ」という強意読みは許されない。(14) と (9) の結果構文の違いはどこにあるのだろうか。違いは、結果述語の表す情報としての重大さにあると思われる。(9) の「目が赤くなった」や「気持ち悪くなった」と異なり、(14) の「死んだ」はまさに生死にかかわる情報である。「ジョンが飲み過ぎで死んだ」という結果読みと「死ぬほど飲んだ」という強意読みで、実質的に大きな意味の違いがある。そのため、二つの読みで曖昧であると重大な誤解が生じる可能性があり、「聞き手に（大きな）誤解を与える危険は回避せよ」といった語用論的原則が働き、もともとの結果読みが優先され、強意読みが抑制されると考えられる。

このことは、誤解を生じないように almost, nearly などの副詞を加えたり、主語を一人称にして文脈を整えれば、強意読みが可能になることにより支持されよう。

(15) a. John almost/nearly drank himself to death last month.
　　 b. I worked myself to death last week. (=(2b))
　　 c. ?I drank myself to death last night. (=2c)

(15a) は副詞 almost/nearly の存在により、「死ぬ」という結果状態の達成が無効になるため、「飲み過ぎでもう少しで死ぬところだった」という結果読

みでも、「あやうく死にかけるほど酒を飲んだ」という強意読みでも、意味の差がなくなる。そのため強意読みが可能になる。(15b), (15c) は、一人称主語（話者）による発話であり、死者が発話することは現実にあり得ないという推論により、結果読みが抑制され、強意読みが可能になる（ただし、(15b) と異なり、(15c) の容認度が少し落ちる点については、3.4 節で取り上げる。）。

　本節では、非能格結果構文において強意読みが生じるメカニズムについて、これらの結果構文に行為の過度の持続・反復の意味が読み込まれること、結果読みと強意読みで実質的な差がみられないこと、といった特徴が関わっていると論じた。さらに使用の際、「聞き手に（大きな）誤解を与える危険は回避せよ」というような語用論的原則も関わると論じた。以下の節では、進行形などの文法手段により、他動詞や状態変化動詞による結果構文においても強意読みが生じる可能性について論じていく。

3.2　進行形などの文法手段と強意読み

　前節で、非能格結果構文において行為の過度の持続・反復の意味が読み込まれ、結果読みと強意読みで実質的な差がみられないときに、誇張表現として強意読みが可能になることをみてきた。ただし to death の場合、実際に死んだのか、あるいは死んでいないかで、実質的な意味の差があるため、誤解の危険性を回避する語用論的原則により、強意読みが抑制される。ここでは、進行形など文法的手段により、to death による結果構文に強意読みが生じる可能性をみていく（複文の用例の場合、便宜上、筆者が該当箇所に下線を施した。以下、同様。）。

(16) a. For the last five years Volkov has been drinking himself to death.

(=(8a))

　b. Then it was Matthew who was doing all the work: Ted was drinking himself to death quietly in his room. He was no trouble, but he couldn't work.　　　　　　　　(COCA 2000: FIC)

(16a) は「ここ 5 年間、フォルコフは酒を飲み続け、死にかけている（死に向かっている）。」あるいは「ここ 5 年間、フォルコフは死ぬほど酒を飲み続けている」という意味になり、結果読みにも強意読みにも解釈でき、曖昧である。(16b) は「テッドは自分の部屋で静かに死ぬほど酒を飲んでいた」という意味になり、強意読みが可能になる。

Dirven & Verspoor (2004: 94–95) は、「進行形は、進行中の出来事の内的局面に焦点が当てられ、その結果、出来事の始まりと終わりがスコープの範囲の外に置かれる」と論じている。(16) では、進行形の使用により、動詞の表す行為の反復・持続に焦点が当てられ、行為の終結および「死んだ」という結果状態がスコープの範囲外となり、無効となる。そのため、結果読みと強意読みの実質的な違いがなくなり、強意読みが可能になるのである。同様に、否定形の使用も、変化結果を無効にする文法手段となる。

(17) Kevin Lloyd was not a nuisance and didn't cause any trouble. <u>He certainly didn't drink himself to death in my pub</u>. If someone walks in, asks for a drink and is well-behaved there's no reason we should refuse to serve him. (BoE: sunnow)

(17) は「彼は確かに私のパブで死ぬほど酒を飲んだというわけではなかった」という意味になる。

進行形などの手段により、他動詞による結果構文においても、強意読みが可能になる場合がある。

(18) a. <u>John had been beating his wife to death</u> until we forced him to stop it.
b. … he chased and caught another youngster who had bullied his brother, and <u>was in the process of strangling to death</u> until a teacher intervened. (BoE: usbooks)

(18a) は「ジョンは、我々が無理やり止めさせるまで、妻を死ぬほど殴り続

けていた」という意味であり、(18b)は「教員が介入するまで、若者は弟の首を死ぬほど締め続けていた」という意味になる。1節の(2d)も、同様の例である。

3.3 状態変化動詞による結果構文の強意読み

ここでは、状態変化を表す自動詞による結果構文においても、進行形などの手段により強意読みが生じる場合があることをみていく。

(19) a. She started out as a modern dancer. "But I was starving to death," she recalls. So she took jobs in restaurants to pay the bills.
(COCA: NEWS)
b. But now he had to be freezing to death because all he had on was a T-shirt that said PUERTO RICO and pictured what looked like a cartoon frog. (COCA: FIC)
c. Damn man, you gonna invite me in, or jus' leave me freezin' to death out here? (BoE: usbooks)
d. Bill Morris, the T&G's general secretary, was yesterday warned that manufacturing jobs would continue to bleed to death until the strength of sterling against the euro was addressed. (BoE: times)

(19a)はお金がなく、ひもじい思いをした昔を回想して「死ぬほど飢えていた（お腹がすいていた）」と述べており、(19b), (19c)は「死ぬほど寒い思いをした/している」と述べている。(19d)は「製造業は血を死ぬほど流し、瀕死の状態であり続けるだろう」と比喩的に語っている。(19)は、進行形や'continue to'などの文法手段により、強意読みが生じている。そのような文法手段がない場合は、(20)の例に示されるように、結果読みになり、それぞれ餓死、凍死、失血死の意味になる。

(20) a. The boy starved to death.
b. They froze to death in the mountain.

c. The woman bled to death.

(19a, b, c) で特筆すべきは、動詞自体は状態変化を表すが、強意読みで強調されているのは、餓死・凍死へ向かう状態変化の度合いというより、主語名詞句の感じる空腹の度合い、寒さの度合いである点である。特に "I am starving (to death)" と "I am freezing (to death)" は、"I am hungry"、"I am cold" の誇張表現として定着している。主語名詞句の感じる状態の程度の甚だしさを表す誇張表現としては、心理動詞による結果構文がある。

(21) a. I am bored to death.
b. I am frightened to death.
c. He was shocked to death.
d. He was worried to death.

(21) は主語名詞句の感じる退屈さ、恐ろしさ、ショック、心配の度合いの甚だしさを表す誇張表現であり、これら心理動詞による結果構文は強意読みの結果構文として一つの大きなグループを成している。[2] (19) の結果構文の強意読みは、主語名詞句の感じる状態の程度の甚だしさを強調している点で、心理動詞による強意読み結果構文と共通点がみられる。

3.4 work による結果構文の強意読み

ここでは work による結果構文の特異性についてみていく。(22) の例文は一人称主語による発話であったり、継続事態を要求する until 句の存在により、結果読みが抑制され、強意読みとなる例であるが、程度差があるものの全て容認度が落ちる。

(22) a. ?I drank myself to death last night.
b. ???I was beaten to death by my husband last night.

---

[2] 2 節の (8b) は、(21d) に示されるように心理動詞による強意読み結果構文の例であると考えられる。

  c. ?John had drunk himself to death until I forced him to stop it.

  d. ?John starved to death until we came up to him and gave some food.

一方、対応する work による結果構文は、容認度が落ちない。

(23) a. I worked myself to death last week.

  b. They had worked him to death until they were arrested by the police.

容認度の違いはなにに因るのであろうか。work の語彙的特性にあるのではないだろうか。work は、beat, drink と同じように行為は表すものの、一つ一つの行為というより、行為の集合を表すと考えられる。例えば運転手の仕事なら、「客を乗せて走る」という一回一回の行為を指すのではなく、それらの集合を抽象的に表している。このことは副詞句 all day long との共起可能性からも支持されよう。

(24) a. He worked all day long.

  b. *He beat his wife all day long.

  c. He was beating his wife all day long.

行為の集合を表す work は単純過去形で all day long と共起できるが、一つの行為を表す beat は共起できない。beat は行為の持続・反復に焦点を当てる進行形という文法手段の使用により、all day long と共起可能になる。

 (22) と (23) にみられる結果構文の容認度の差の話に戻ると、行為の集合を表す work に対して、beat の場合は強意読みを生じるのに十分な行為の反復の読み込みが、進行形などの文法手段なしには可能でないと考えられる。drink の場合は、それ程ではないものの、work に比べると、読み込みが若干しづらくなるのであろう。このことは、(22) の用例を進行形にすると容認度に問題がなくなることから裏付けられる。

(25) a. I was drinking myself to death last night.
   b. I was being beaten to death by my husband last night.
   c. John had been drinking himself to death until I forced him to stop it.
   d. John was starving to death until we came up to him and gave some food.

以上で論じてきたように、work による結果構文は、行為の集合を表すという work の特異性から、進行形という文法手段によらずとも、強意読みが可能になる。コーパスにも進行形でない強意読みの用例が多数みられる。(26) はその一部である。

(26) a. I watched them all graduate and go on to colleges. They got great jobs and earned lots of money. And <u>I just worked myself to death here</u>. It just wasn't fair. None of it was fair!   (BoE: usbooks)
   b. We were there 36 hours and <u>they worked us to death</u>. We were shattered by the time we got back on the plane.   (BoE: times)

「自分は死ぬほど働いた」、「彼らは我々を死ぬほど働かせた」という強意読みの例である。死者が発話することはあり得ないという推論により、結果読みが抑制されている。

4. 終わりに

結果構文において強意読みが生じるメカニズムについて考察した上で、to death による結果構文において強意読みが生じる状況に関して、進行形などの文法手段の利用や「聞き手に大きな誤解を与える危険は回避せよ」という語用論原則など、様々な要因が関わっていることを示した。

＊本稿は、Morphology and Lexicon Forum (2003 3/29) で口頭発表した論考の一部を発展させたものである。インフォーマントとしてご協力いただいたジョン・エスポジート氏、メラ・ベルコウィッツ氏、クリス・アームストロング氏に感謝の意を表したい。

参考文献

阿部明子(2015)「英語の結果構文における「程度」読み解釈に関する一考察」『英語と文学、教育の視座』(pp.192–203) 日本英語英文学会25周年記念刊行物.
Boas, H. C. (2000) *Resultative Construction in English and German*. Ph.D. dissertation. Uni. of North Carolina at Chapel Hill.
Dirven R. & M. Verspoor (2004) *Cognitive Exploration of Language and Linguistics*. Amsterdam: John Benjamins Publishing Company.
Goldberg A. E. (1995) *A Construction Grammar Approach to Argument Structure*. Chicago and London: The University of Chicago Press.
影山太郎 (1996)『動詞意味論』くろしお出版.
── (2008)「英語結果述語の意味分類と統語構造」小野尚之（編）『結果構文研究の新視点』(pp.33–66) ひつじ書房.
Jackendoff, R. (1997) "Twistin' the night away," *Language* 73–3. 534–59
Miyata, A. (2000) "Object- vs. Event-Oriented Resultatives," *Tsukuba English Studies* 19, (pp.81–98)
奥野浩子 (2002)「*To death* has been annoying me to death」『英語青年』5月号, pp. 122–123.
都築雅子 (2003)「結果構文の強意（誇張）読みについての一考察」第9回 Morphology and Lexicon Forum（2003 3/29　関西学院大）における発表ハンドアウト.
Visser, F.Th. (1969) *An Historical Syntax of the English language*. Part III. Leiden E.J.Bril: The Netherlands.

[利用したコーパス]
　The Bank of English（BoEと略記）（2003年当時に採取）, The Corpus of Contemporary American English. [http://corpus.byu.edu/coca/] (COCA), Oxford English Dictionary Online [http://www.oed.com/] (OED)

日本語母語話者が持つ音象徴の感覚
―― 架空キャラクターのネーミング調査から ――

中西　のりこ

1. はじめに

1.1 先行研究

　音象徴とは、特定の言語音が何らかの意味やイメージを喚起するという考え方である (Hinton, Nichols, & Ohala, (Eds.), 1994)。Sapir (1929) が「特定の母音や子音は他よりも大きく聞こえる (certain vowels and certain consonants 'sound bigger' than others) (p. 235)」と述べているように、このような考え方は1世紀近く前から取り上げられている。

　オノマトペに焦点をあてて言語音のイメージを追究したものには Hamano (1986); 浜野 (2014); 筧・田守 (1993); 窪薗 (2017); 篠原・宇野（編）(2013); 田守 (2002); 田守・スコウラップ (1999) などがある。人名や商品名、動植物の名称に含まれる音を分析し言語音のイメージを描写した研究には Berlin (2014); 川原 (2015); 窪薗 (2008) などがある。

　このような、語彙より小さい単位の音韻が人の感覚に何らかの影響を及ぼすという現象に対して、共感覚と関連付けた説明 (Harrison, 2001; 吉村（編）、2004)、脳科学的な視点からの言及 (Ramachandran & Hubbard, 2001)、音響学的な説明 (Ohala, 1980) などがこれまでになされてきた。英語音声学でも、子音の直前や語末の [ɫ] 音を「dark "l"」と呼ぶことから、"l" は調音法によって「明るさ・暗さ」という2種類のイメージを持つことが示唆される。語が持つ意味とは別に、音そのものに対してヒトが無意識に感じるこのようなイメージが実際に存在するなら、音声面での外国語習得の一助となる可能性が期待される。

1.2 本研究の目的

本研究では、日本の若者が持つ音象徴のイメージの傾向を、架空キャラクターのネーミング調査という手法を通して探る。中西 (2017) では、日本語・英語・中国語母語話者 ($N = 322$) が、英語の特定の母音と子音で構成される無意味語に対してどのようなイメージを持つかを「評価性・力量性・活動性」という3つの尺度を用いて分析した。この調査は聞こえてきた音を各母語話者がどう知覚するかを探るものであったが、本研究では音声の産出面に焦点を当てる。

2. 方法

2.1 調査フォーム

「新作の映画・ドラマ・ロールプレイイングゲームなどのクリエーターとして架空のキャラクターをイメージし名前をつける」というタスクを以下の手順で課した (付録 A 参照)。

1) 提示された18対の形容詞を用いてキャラクターの特徴を描写する。
2) 提示された7子音・6母音から1つずつ選択し CVCV という構成のキャラクター名を決定する。
3) そのキャラクターが登場する場面を想定してストーリーを作成する。

1) で提示した形容詞対は中西 (2017) と同様、「評価性・力量性・活動性」の3つの尺度を構成すると考えられる18対を用いた。これらは SD 法 (Semantic Differential) 法 (Osgood, Suci, & Tannenbaum, 1957) で広く用いられる手法である。2) で提示した英語の音素は、母音については前舌 - 後舌の対、緊張 - 弛緩 -r 音性母音という対応関係を成すように、子音については阻害音（閉鎖音・摩擦音）が有声 - 無声の対応関係を成すように抽出し、さらに子音共鳴音（鼻音・側面接近音・軟口蓋接近音）を1音ずつ追加した。3) は、1), 2) で設定したキャラクターの特徴と名前を調査協力者が具体的にイメージすることを手助けするためのタスクとして課した。

2.2 調査協力者と手順

関西圏の高校生・大学生を対象とした英語授業の導入時に発音記号を指導し、発音記号を見れば調音法と調音された音をイメージできるかどうかを確認する活動の一環として「音のセンス調査」を実施した。調査は2017年1月から4月にかけて1高校2クラス・1大学3クラス・1大学1クラスの6回に分けて実施された。各クラスとも発音記号の指導に約30分、形容詞およびキャラクター名の選択に約10分、ストーリー作りに約10分を要した。ストーリーを作成しているうちにキャラクターのイメージが変わった場合は形容詞や名前を修正してもよいこととした。授業出席者全員がフォームに形容詞およびキャラクター名を入力したが、授業終了前に本研究の目的と見通しを説明し、調査に協力する意思がある人のみ入力済みのフォームを提出するよう依頼した。その際には、個人を特定できない状態で回答データ開示の可能性があること、回答フォームを提出しなくても成績評価などで不利益をこうむることはないことも合わせて説明し、倫理的配慮を行った。

入力済みフォームはCALL教室に装備されているシステムを介して回収された。高校2年生88名（男性46名・女性42名）、大学1年生140名（男性68名・女性72名）、大学3年生39名（男性16名・女性23名）の267名がフォームを提出した。

2.3 分析の方法

上記で得られたデータを元に、コレスポンデンス分析を行った。第1アイテムには18対の形容詞、第2アイテムには7子音・6母音それぞれが選択された頻度を用い、散布図の出力形式は「アイテム間合成・分散正規化」とした。分析にはSeagull statアドイン2010年版（石川・前田・山崎編、2010）を用いた。

3. 結果

3.1 キャラクター名と選択された形容詞・音素の分布

回収された267回答のうち、1つのキャラクター名の中で子音や母音を2

つ以上選択していた28回答を除外し、239回答を有効回答とした。その結果、vɪvɪ (28), pɪpɪ (23), bɪbɪ (10), fi:fi: (10), lɪlɪ (10), mɪmɪ (9), momo (9), fɪfɪ (8), voəvoə (8), bobo (7), popo (7), vi:vi: (7), wɪwɪ (7) をはじめとする41種類のキャラクター名が得られた（カッコ内は頻度）。

表1に示した形容詞の分布によると、評価性尺度では［+イメージ］の形容詞が選択された比率が高く、力量性・活動性尺度では選択された形容詞の［+イメージ］・［−イメージ］比率が混在していることがわかる。これは、調査協力者が創作したキャラクターが「美しく、良い」ものであり、「軽くて小さいが強く」「繊細で物静かだが若く積極的な」ものである傾向が強かったことを示している。

表1　選択された形容詞の分布

[+] ← 評価性 → [−]	[+] ← 力量性 → [−]	[+] ← 活動性 → [−]
良い (180)　悪い (58)	強い (161)　弱い (76)	速い (159)　遅い (57)
快適な (163)　不快な (47)	長い (105)　短い (95)	若い (208)　老いた (26)
嬉しい (133)　悲しい (92)	大きい (88)　小さい (136)	たくましい (115)　繊細な (123)
美しい (182)　醜い (41)	重い (71)　軽い (147)	積極的な (161)　消極的な (70)
滑らかな (151)　ざらざらした (45)	厚い (97)　薄い (102)	騒がしい (96)　静かな (137)
甘い (120)　酸っぱい (70)	深い (156)　浅い (43)	鋭い (155)　鈍い (64)

Note.（カッコ）内の数字はその形容詞が選択された回数を示す

表2, 3に、選択された子音および母音の分布を示す。子音では /v/ が最も多く選択された。日本語の音素にはないこの音が選ばれる傾向が強かったことの背景には、創作されたストーリー中、主人公が何かと戦うシーンが比較的多く含まれていたため、「victory」や「vサイン」のような語の頭文字の影響があったことが推測される。また、母音の分布では、緊張・弛緩・r音性母音のうち弛緩母音が選択される傾向が強かった。これは、例えば /v/ と /ɪ/ を選択すれば /vɪvɪ/ のように、子音1つ母音1つが自動的にCVCVの形の名前となるようにプログラムを組んでいたことの影響であると考えられる。つまり、/ɪə/ のようなr音性母音を選択すると /vɪəvɪə/ のような発音しにく

いキャラクター名となることを避けようとする傾向があったと考えられる。実在の英単語では二重母音以外で /ɪ/ や /ʊ/ が語末に来ることがないため、日本語の「イ」「ウ」をイメージして選択した可能性が高い。そこで本論では母音の緊張 - 弛緩という対立についての議論を保留とする。また、緊張母音・弛緩母音では後舌母音よりも前舌母音の方が多く選択された。これは、実在の人名の傾向が反映されたものであると考えられる。

表2　選択された子音の分布

	無声	有声
閉鎖音	p (46)	b (28)
摩擦音	f (31)	v (54)
鼻音		m (34)
側面接近音		l (30)
軟口蓋接近音		w (16)

表3　選択された母音の分布

	緊張	弛緩	r音性
前舌	iː (34)	ɪ (95)	ɪɚ (20)
後舌	uː (26)	ʊ (40)	ʊɚ (24)

Note. (カッコ) 内の数字はその音素が選択された回数を示す

3.2　コレスポンデンス分析の結果

評価性・力量性・活動性の尺度ごとにコレスポンデンス分析を行った結果、それぞれ 11 の次元が抽出された。表4に、第3次元までの固有値、寄与率、累積寄与率を示す。

表4　固有値・寄与率・累積寄与率表 (%)

	評価性尺度			力量性尺度			活動性尺度		
次元	1	2	3	1	2	3	1	2	3
固有値	0.028	0.006	0.003	0.015	0.008	0.005	0.014	0.013	0.004
寄与率	65.99	15.10	6.72	44.29	23.08	14.99	39.41	36.82	10.28
累積寄与率	65.99	81.09	87.82	44.29	67.37	82.36	39.41	76.22	86.50

各尺度とも、第2次元もしくは3次元まででデータの連関の 80% 以上を説

明できるが、第 1 次元のみで説明可能なのは、評価性尺度において 65.99%、力量性尺度において 44.29% である。また、活動性尺度については、第 1 次元と第 2 次元の寄与率に大きな開きがなく、第 1 次元と第 2 次元を累積して 76.22% の寄与率が得られるという特徴がある。以下では 3 つの尺度ごとの散布図を元に、ネーミングに使用された音素が持つ性質の解釈を試みる。

3.2.1 評価性尺度

図 1 は、評価性尺度を構成する 6 対の形容詞を第 1 アイテム、合計 13 個の音素を第 2 アイテムとして分析を行い出力した散布図である。

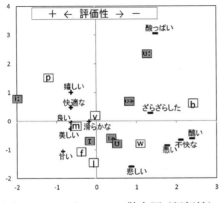

図 1 コレスポンデンス散布図（評価性）

まず、形容詞に注目すると、左側の領域に［+ 評価性］、右側の領域に［− 評価性］の形容詞がプロットされていることから、第 1 軸（横軸）の正負が評価性尺度の正負と逆向きの対応となっていることがわかる。次に、音素に注目すると、第 1 軸上の原点からの距離が 1 以上であったものは、絶対値が大きい順に /b/ (2.43), /i:/ (-1.98), /u:/ (1.27), /p/ (-1.19),/ w/ (1.10) となった。これらの結果をまとめると、/p/ と /i:/ は［+ 評価性］の形容詞、/b/, /u:/ および /w/ は［− 評価性］の形容詞との関係が強いといえる。ここで、/p/-/b/ は両唇閉鎖音の無声 - 有声という対立、/i:/-/u:/ は緊張高母音の前舌 - 後舌、さらに非円唇 - 円唇という対立を成していることは注目に値する。

3.2.2 力量性尺度

図 2 にプロットされた形容詞を見ると、左側の領域に［− 力量性］、右側の領域に［+ 力量性］の形容詞が配置されていることから、第 1 軸（横軸）の正負が力量性尺度の正負と対応していることがわかる。次に、第 1 軸上の原点からの距離が 1 以上であった音素は、絶対値が大きい順に /w/ (-2.01), /

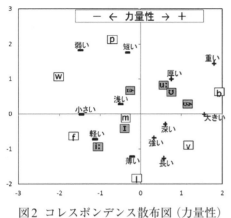

図2 コレスポンデンス散布図（力量性）

b/ (1.95), /f/ (-1.64), /v/ (1.18), /ʊə/ (1.15), /iː/ (-1.07) であった。また、無声阻害音 /p/ と /f/ が左側、有声阻害音 /b/ と /v/ が右側の領域、母音では前舌母音 /iː/, /ɪ/, /ɪə/ が左側、後舌母音 /uː/, /ʊ/, /ʊə/ が右側の領域にプロットされている。これらの結果から、子音阻害音では有声音が［＋力量性］、無声音が［－力量性］という対立を成し、母音では後舌円唇音が［＋力量性］、前舌非円唇音が［－力量性］という対立を成すという示唆が得られる。

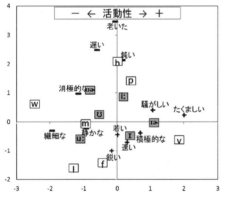

図3 コレスポンデンス散布図（活動性）

3.2.3 活動性尺度

図3では、「若い‐老いた」「鋭い‐鈍い」という2組の形容詞対が第1軸のゼロに近いところに位置しており、それ以外の対では、［－活動性］の形容詞が左側の領域、［＋活動性］の形容詞が右側にプロットされている。表4に示したように、第1、2次元それぞれの寄与率が39.41%、36.82%となっており、活動性という尺度以外の何らかの要素が分析結果に影響を及ぼしている可能性が高いが、本論では第2軸の解釈についての議論を保留とし、第1軸の正負が活動性尺度の正負と対応するものと見なす。

第1軸上の原点からの距離が1以上であった音素は、絶対値が大きい順に /w/ (-2.43), /v/ (1.87), /l/ (-1.27), /ɪə/ (1.11), /uː/ (-1.09) であった。また、共鳴音 /w/, /l/, /m/ および後舌円唇母音 /uː/, /ʊ/, /ʊə/ はすべて左側、前舌非円唇母

音 /iː/, /ɪ/, /ɪə/ はすべて右側の領域にプロットされている。これらの結果から、前舌非円唇母音は［＋活動性］、共鳴子音および後舌円唇母音は［－活動性］の形容詞との結びつきが強いことが示唆された。

4. 考察

表5に上記の結果を各音素の音韻素性と対応させてまとめる。前項で取り上げた、比較的度合いの強い性質は [+], [−] の記号を網掛けで表す。表の右端には、網掛け部分を描写する際に多く選択された形容詞を示す。本項では、これらの結果を踏まえた上で、各音素が持つイメージを音韻特性と関連付け、中西 (2017) との比較を試みる。

表5
各音素の音韻素性と評価性・力量性・活動性イメージ

音韻素性		音素	評価	力量	活動	形容詞
前舌	緊張	iː	+	−	+	美しい(33), 小さい(24)
	弛緩	ɪ	+	−	+	
	R音性	ɪə	−	−	+	若い(17)
後舌	緊張	uː	−	+	−	酸っぱい(16), 静かな・繊細な(17)
	弛緩	ʊ	−	+	−	
	R音性	ʊə	−	+	−	深い(19)
閉鎖音	無声	p	+	−	+	良い(39)
	有声	b	−	+	+	酸っぱい・悲しい(15), 深い(22)
摩擦音	無声	f	+	−	−	軽い(26)
	有声	v	+	+	+	強い(45), 若い(48)
鼻音		m	+	−	−	
側面接近音		l	+	−	−	静かな(21)
軟口蓋接近音		w	−	−	−	悲しい(7), 軽い・小さい(11), 繊細な(13)

4.1　母音の前舌性・円唇性・r 音性

6つの母音を前舌性 - 後舌性という観点で比較すると、概して、前舌母音は［＋評価性］、［－力量性］、［＋活動性］のイメージを伴うという傾向が示された。つまり、前舌母音 /iː, ɪ, ɪə/ は後舌母音 /uː, ʊ, ʊə/ よりも良いもの・小さいもの・速いものとの関連が強いと言える。この結果は、中西 (2017) の日本語母語話者が示した傾向と一致し、他の先行研究でも繰り返し支持されてきた傾向である。また、/iː, ɪ/ を非円唇母音、/uː, ʊ/ を円唇母音と考えると、Ohala (1980) による説明の応用が可能となる。つまり、調音時に共鳴空間が短い非円唇音には、音を発する当事者の体のサイズを小さく見せる［－力量性］の効果があり、自分自身を小さく見せることは相手への服従や敵意のなさ、すなわち［＋評価性］の感情を示すと同時に、小さいものは小回りが利くため［＋活動性］のイメージを伴うというものである。

ただし、評価性尺度における /ɪə/ のイメージのみ、中西 (2017) との相違が見られた。無意味語の刺激音を聴いた時のイメージを回答した中西 (2017) では、前舌母音・r 音性母音ともに［＋評価性］の傾向が示されたのに対し、今回の調査結果（図 1）では、原点に近いものの［－評価性］を表す右側の領域に / ɪə / がプロットされた。これを、日本語母語話者の英語音声に対する知覚と産出の違いと見なすか否かの議論のためには、今後さらなる調査と分析が待たれる。

4.2　子音の共鳴性

7つの子音を阻害音 - 共鳴音という観点で比較すると、活動性尺度において特徴的な傾向が見出された。この結果は中西 (2017) とも一致する。本研究においては図 3 に示したように、共鳴音は［－活動性］を示す左寄りのプロットに集まっている。阻害音は調音器官の閉鎖や狭めにより気流を妨害する音であるのに対して、共鳴音は声帯の振動を声道内で共鳴させる音であるという素性を鑑みると、共鳴音が［－活動性］、つまり静的なイメージと関連することの説明となり得る。

4.3 阻害音の有声性

無声音 /p/ が有声音 /b/ よりも［＋評価性］および［−力量性］のイメージを持つという傾向は中西 (2017) と一致している。このことは、有声音と無声音の聞こえ度 (sonority) の違いと関連付けた説明が可能である。つまり、聞こえ度が低い無声音は発話者の体の小ささ、すなわち［−力量性］のイメージを喚起し、前述のように、小さなものは敵意のなさ、すなわち［＋評価性］のイメージを伴うと考えられる。

ただし、有声摩擦音 /v/ の評価性イメージについては、中西 (2017) の知覚調査との違いが見られた。前回の知覚調査では日本語母語話者が /b/ と /v/ が［−評価性］の極端なイメージを持つことが示されたが、今回の産出イメージ調査結果（図1）では、/v/ は散布図の原点付近にプロットされた。今回の調査では "v" という文字の視覚的情報が付与されたため、3.1 で述べたように、「victory」や「v サイン」のような語の頭文字のイメージの影響を受けたと考えられる。

5　おわりに

本研究の結果、母音においては、前舌非円唇母音は［＋評価性］［−力量性］［＋活動性］、後舌円唇母音は［−評価性］［＋力量性］［−活動性］の形容詞との結びつきが強いことが明らかとなった。さらに子音阻害音では、無声音が［＋評価性］［−力量性］、有声音が［−評価性］［＋力量性］の形容詞と結びつく傾向が示された。また、子音のうち阻害音が［＋活動性］、共鳴音が［−活動性］のイメージを伴う傾向も見いだされた。

これらの傾向は、中西 (2017) の知覚タスク結果でも示された傾向である。つまり、「音を聞くと感じられる」という知覚面においても、「音をイメージするときに感じられる」という産出面においても、同様の傾向があることが示唆された。これらの傾向は様々な言語母語話者・研究手法を用いた先行研究で確認されており、構音活動・音の周波数成分・脳のしくみなどを根拠とした説明がなされている。日本語を母語とする高校生・大学生にもこのような感覚が備わっていることが示唆されたことから、英語音声指導時に音象徴

という現象を利用すれば、学習者が音のイメージを感覚的に捉えられるような指導が可能になると考えられる。

＊本研究はJSPS科研費JP26330321の助成を受けたものです。

参考文献

Berlin, B. (2014) *Ethnobiological classification: Principles of categorization of plants and animals in traditional societies*. Princeton University Press.

Hamano, S. S. (1986) *The sound-symbolic system of Japanese*. Doctoral dissertation. University of Florida, Gainesville, Florida.

浜野祥子 (2014)『日本語のオノマトペ――音象徴と構造――』くろしお出版.

Harrison, J. E. (2001) *Synaesthesia: The strangest thing*. Oxford.

Hinton, L., Nichols, J., & Ohala, J. J. (Eds.) (1994) *Sound symbolism*. New York: Cambridge.

石川慎一郎，前田忠彦，& 山崎誠（編）. (2010)『言語研究のための統計入門』くろしお出版.

筧寿雄・田守育啓 (1993)『オノマトピア・擬音・擬態語の楽園』勁草書房.

川原繁人 (2015)『音とことばのふしぎな世界――メイド声から英語の達人まで――』岩波科学ライブラリー.

窪薗晴夫 (2008)『ネーミングの言語学』開拓社.

窪薗晴夫 (2017)『オノマトペの謎――ピカチュウからモフモフまで――』岩波科学ライブラリー.

中西のりこ. (2017).「音象徴の普遍性と言語個別性：英語・中国語・日本語母語話者の比較」. 野口ジュディー津多江先生退職・古稀記念論文集編集委員会（編）.『応用言語学の最前線――言語教育の現在と未来――』. 金星堂. pp. 158–169.

Ohala, J. J. (1980) The acoustic origin of the smile. *The Journal of the Acoustical Society of America*, 68 (S1), S33.

Osgood, C. E., Suci, G. J., & Tannenbaum, P. H. (1957) *The measurement of meaning*. Urbana: University of Illinois Press.

Ramachandran, V. S., & Hubbard, E. M. (2001) Synaesthesia: A window into perception, thought and language. *Journal of Consciousness Studies, 8 (12)*, pp. 3–34.

Sapir, E. (1929). A study in phonetic symbolism. *Journal of experimental Psychology*, 12 (3), 225–239.

篠原和子・宇野良子（編著）(2013)『オノマトペ研究の射程――近づく音と意味――』ひつじ書房.

田守育啓 (2002).『オノマトペ擬音・擬態語をたのしむ』岩波出版.
田守育啓・ローレンス スコウラップ (1999)『オノマトペ——形態と意味——』くろしお出版.
吉村耕治（編著）(2004)『英語の感覚と表現——共感覚表現の魅力に迫る——』三修社.

付録 A． 調査フォーム

音のセンス調査

番号：　　　　　名前：　　　　　　　性別：男　女

あなたは、新作の映画・ドラマ・ロールプレイングゲームなどのストーリーを作る仕事をしています。ストーリーの中に出てくる架空のキャラクターを1つ（1人）イメージしてください。
以下のうち、そのキャラクターを描写する形容詞として**当てはまらないものを削除**してください。

良い	悪い	強い	弱い	速い	遅い
快適な	不快な	長い	短い	若い	老いた
嬉しい	悲しい	大きい	小さい	たくましい	繊細な
美しい	醜い	重い	軽い	積極的な	消極的な
滑らかな	ざらざらした	厚い	薄い	騒がしい	静かな
甘い	酸っぱい	深い	浅い	鋭い	純い

以下のうち、そのキャラクターの名前に含まれる音を左右の列から1つずつ選び、**含まれない音をすべて削除**してください。

p	ɪ
b	ʊ
f	iː
v	uː
m	iə
l	ʊə
w	

左の表から不要な音を削除すると、あなたが選んだ名前が下に表示されます。

↓

以下に、そのキャラクターが登場する場面をできるだけ詳しく書いてください。

現代ポップ・ソングの歌詞の特徴
に関して
―― ビルボード・コーパスの分析から ――

仁科　恭徳

1. はじめに

　本稿では、現在までにほとんど分析されてこなかった現代ポップ・ソングの歌詞の特徴を量・質的に検証する。詳しくは、過去 10 年間の Billboard で毎年上位 100 位にランキングされた曲をコーパス化し、ファイルネームに付加した様々な属性情報も参照することで、分析を進める。

2. 先行研究

2.1. Billboard: ポップ・ソングの人気度の算出に関して

　世界でポップ・ソングに多大な影響を与え続けているのが Billboard である。松村 (2012) の説明によれば、Billboard とは、19 世紀に創刊された歴史ある米国最大の週刊音楽業界誌である。当初は、移動遊園地や演劇など各種興行の情報を掲載していたが、次第に音楽情報へとシフトし、現在では小売店・インターネットにおける CD 売り上げや、提携ラジオのオンエア回数、提携サイトのダウンロード回数を全て集計してランキング化したポピュラー音楽のヒットチャート Billboard Hot 100 が有名である。

　また、Billboard Hot 100 の選曲基準の歴史的変化に関しては、Walker (2016) が表 1 のようにまとめている。2005 年を境に選曲方法がデジタル世代方式 (Digital Age System) へと移行し、物理的な CD の購入のみならず、データの取得やネット上での閲覧なども勘案されるようになったため、現在は選曲基準が複雑化している[1]。本稿では、この米国で最も権威のある Billboard Hot 100 にランキングされた曲をコーパス化する。

表 1. Billboard Hot 100 の選曲基準の歴史的変化
（Walker (2016) より抜粋、一部改変）

1958–1991	Ranking determined by ratio of singles sales and airplay	
1991	Billboard begins collecting sales data digitally (using SoundScan) for quicker and more accurate charts	**Analogue Age**
1998	Billboard drops requirement that song must be released as a single to appearon the chart	
2005	Digital downloads (iTunes) included	
2012	On-demand streaming services (Spotify, Rhapsody) included	**Digital Age**
2013	Video views (YouTube) included	

2.2. ポップ・ソングの歌詞に関する先行研究

ポップ・ソングの歌詞を量・質的に分析した数少ない研究に Walker (2016) と Kreyer (2015) がある。Walker (2016) は、フリー統計ソフト R を用いて 1958 年から 2015 年までの Billboard Hot 100 の曲を量的に分析した。分析項目は、Most Frequent Words（高頻度語：*love* の使用が最多）、アーティストの Billboard Hot 100 ランクイン回数（最多はマドンナの計 35 回、1 回のみランクインのアーティスト数は計 1154 人）、キャリア歴と年間ヒットソングの相関（反比例の傾向）、語彙量の通時的傾向（平均して年ごとに総語彙数は 1.87%、特殊語彙は 1.36% 増加）、Log-Likelihood (LL: 対数尤度比) スコアによる年代毎の特徴語 Top 25 の抽出などである[2]。

---

[1] これら音楽ジャンルをミックスした総合ランキング以外にも、ポップ、ロック、R&B、ヒップホップ、カントリー、ジャズ、着メロなど、各種ジャンル毎のランキングも提供している。ちなみに、日本版 Billboard Hot 100 のランキングの算出基準はセールス、エアプレイ、デジタル、ツイート、ルックアップ、YouTube、ストリーミングを合算する方式で、各ジャンルに応じたチャートも発表されている。

[2] 2000s の *club, go head, shorty* などはアーティスト 50 Cent の In da Club という曲で繰り返し使用されている語・句である。Walker (2016) では、このような特定の曲の歌詞で繰り返し使用されている表現が LL からの抽出結果を歪めないか (skew) と懸念している。

表2. 10年ごとのトップソングの特徴語彙 (Top 5)

順位 (LL)	1960s	1970s	1980s	1990s	2000s	2010s
1	can dig	boogie	love	pump	wit	imma
2	dig	love	night	cuerpo	club	like
3	oh happy	woman	heart	will	like	bitch
4	miles	doo	shes	ever needed	bum	rack
5	coal	ron	tonight	jam	girl	fuck

　また、Krever (2015) では、自ら構築したポップ・ソングコーパスを男性アーティスト群と女性アーティスト群のサブコーパスに分類し、上位30位までの高頻度名詞、*I am, I'm, I'ma, Imma* を用いた自己描写表現の意味分類、W-Matrix を用いた意味タグ分析などを実施し、ポップ・ソングの歌詞の言語使用とジェンダー論の関連性を量・質的に調査している。

3. 方法論

3.1. 分析項目

　本稿では、ポップ・ソングの歌詞のオリジナルコーパス（以下、ビルボード・コーパス）を用いて分析を進める。まず、Billboard Hot 100 にランクインしたポップ・ソング全体の傾向を把握するために、(1) ビルボード・コーパスの基本データ (Tokens, Types, TTR, AWL)、(2) 楽曲のジャンル構成比、(3)（ボーカルの）男女比といった歌詞以外のマクロ的属性情報に関して調査する。これらは、大衆に好まれる楽曲の売り上げ傾向を知る上で有効であり、現在のポップ・ソング市場の特徴を知るだけでなく、一般大衆を代表する大学生などに好まれやすい楽曲を知ることができる。また、歌詞の言語使用に関しては、(4) フィーチャーリング曲の特徴、(5) 高頻度語と高頻度 N-gram からの示唆、(7) 特徴的なパタンの質的分析を通して、マイクロ的視点からポップ・ソングの歌詞の言語的特徴を概観する。

3.2. ビルボード・コーパス：基本データ

ビルボード・コーパスの構築に関しては、ウェブ上でヒットソングの歌詞を公開している SONGLYRICS know the world (http://www.songlyrics.com/top100.php) の Billboard Hot 100 Songs を活用した。同サイトでは、1950年から2011年まで年度ごとの上位100曲の情報と歌詞が公開されているため、このサイトで抽出可能な最近10年間の計1,000曲の歌詞を収集し、mac OS 専用テキストエディタである CotEditor で正規表現を用いて行頭空白などのノイズを除いた上で、ビルボード・コーパスを構築した[3]。

表3は構築したビルボード・コーパスの基本情報を示し、各年の上位100曲の1曲あたりの平均総語数(Tokens)、1曲あたりの平均異なり語数(Types)、その比率(Type-Token Ratio: TTR)、1語あたりの平均文字数(Average Word Length: AWL) を示す[4]。なお、10年間 (2002–2011) の Tokens の平均は502語、Types の平均は149種、TTR の平均は30.67、AWL の平均は3.47 であった。

表3. ビルボード・コーパスの基本情報

Year	Tokens	Types	TTR	AWL	Year	Tokens	Types	TTR	AWL
2002	507	153	30.68	3.49	2007	527	148	29.42	3.44
2003	534	164	31.84	3.49	2008	484	136	28.76	3.46
2004	542	168	31.8	3.49	2009	479	139	29.85	3.48
2005	525	155	30.73	3.43	2010	472	141	30.15	3.5
2006	550	156	29.54	3.42	2011	397	128	33.9	3.52

1曲あたりの平均総語数と平均異なり語数は減少傾向にあるが、TTR の値自体はあまり変化していない。つまり、歌詞の経済性は年々高まりつつも、その質は量的に維持されており、伝えたいメッセージはそのままに（内容はありつつも）簡潔な歌詞へと移行しているのかもしれない。

---

[3] 同サイトで公開されている最近の Billboard Hot 100 は2011年のランキングである。このため、2011年から過去に遡り、直近の10年間 (2002-2011) のデータを収集することにした。
[4] 一般的に Tokens は総語数、Types は総異なり語数を示すが、本稿ではどちらも1曲あたりの平均語数を表すため、正確に言えば、Average Tokens と Average Types となる。

4. 分析

4.1. ジャンルとジェンダー比率

次に、ビルボード・コーパスに収録されている延べ1,000曲の音楽ジャンル構成比を表4に示す。最近の10年間では、HipHop (30.6%)、Rock (20.3%)、Pop (19.9%)、R&B (16.5%) の4種のジャンルが一般大衆に好まれていることが分かる。一方で、他のジャンルはどれも構成比率が低く、音楽シーンを動かすほどの影響力はまだないと言えよう。

表4. 過去10年間（2002年-2011年）の音楽ジャンル構成比

順位	ジャンル	実数	%	累積%	順位	ジャンル	実数	%	累積%
1	HipHop	306	30.6	30.6	9	Blues	5	0.5	98.5
2	Rock	203	20.3	50.9	10	Reggae	4	0.4	98.9
3	Pop	199	19.9	70.8	11	Soul	4	0.4	99.3
4	R&B	165	16.5	87.3	12	Latin	3	0.3	99.6
5	Country	71	7.1	94.4	13	Jazz	2	0.2	99.8
6	Ska	16	1.6	96	14	Folk	1	0.1	99.9
7	Electronic	14	1.4	97.4	15	Musical	1	0.1	100
8	Others	6	0.6	98	計		1,000	100	100

続いて、ビルボード・コーパスを構成する延べ1,000曲のボーカルの男女比をまとめた表5を参照されたい。近年のミュージック・シーンでは、フィーチャーリングによる楽曲（以下、F曲）も多いことから、表5ではメイン・ボーカルの男女比を考慮することにした。結果、男女比はほぼ7対3であり、全体的に男性ミュージシャンが優勢であることが分かる。

表5. 過去10年間（2002年-2011年）のメイン・ボーカル男女比

	Male	Female	計
曲数	684	316	1,000
割合(%)	68.4	31.6	100

4.2. F曲の言語的特徴

次に、コーパス収録中のファイルネームに付加された属性タグから、Mac専用コーパス・コンコーダンサー CasualConc のファイル検索機能を用いて、F曲をカウントした。その結果、10年間で延べ193曲がF曲に該当した。表6は、F曲と単体アーティスト曲（以下、NF曲）の量的情報の比較結果である。なお、Tokens、Types、TTR はいずれも1曲あたりの平均値を示す。

表6. F曲とNF曲の比較（曲数は延べ数）

	F曲 (N=193(19%))	NF曲 (N=807(81%))	有意差	検定手法
Tokens	658	502	**	Shapiro-Wilk
Types	195	149	**	Shapiro-Wilk
TTR	29.93	30.67	n.s.	Brunner-Munzel

Note: *p<.05, **p<.01

2群間の量的検定手法は、正規性（サピロ・ウルフ検定）と等分散性の検証結果を基に選択した。TokensとTypesは等分散のみ認められたのでWilcoxonの順位和検定を、TTRはどちらも認められなかったのでBrunner-Munzel検定を用いた。結果、TokensとTypesにおいてF曲がNF曲を上回る一方で（1%水準で有意）、語彙密度に関して有意差はなかった[5]。Walker (2016) は、1960年代から2000年代までのビルボードランクイン曲の通時的研究の結果、昔と比較して最近では1曲あたりの時間が増え（2.5分から4分程度）、曲のテンポが早くなり、二人以上のアーティストによる作品が増えたため、50年以上の長期間で見れば総語数は増加傾向にあることを指摘している。実際、表6からも、F曲がNF曲より総語数が多い傾向にあることが分かり、このWalker (2016) の推測は一部支持される。

---

[5] 2群間の検定手法は、正規性と等分散性を検証した上で適切なものを選択する必要がある。Tokens、Types、TTR の正規性に関しては、サピロ・ウルフ検定よりF曲のP値がいずれも有意水準を上回っていた (F曲：W=0.99, p>0.05 (Tokens), W=0.99, p>0.05 (Types), W=1.00, p>0.05；NF曲：W=0.95, p<0.01 (Tokens), W=0.88, p<0.01 (Types), W=0.98, p<0.01 (TTR))。等分散性の検定に関しては、TokensとTypesが二群の母分散

では、F 曲ではどのような語が多用されているのであろうか。表 7 は F 曲と NF 曲の特徴語の比較のまとめである。

表7. F 曲と NF 曲の特徴語比較 (Top 20)

	F 曲						NF 曲			
順位	Words	LL	順位	Words	LL	順位	Words	LL	順位	Words	LL
1	ya	159.03	11	got	59.48	1	la	31.93	11	heart	6.85
2	wee	107.02	12	rock	58.51	2	re	18.22	12	every	6.07
3	wit	75.63	13	double	58.46	3	of	16.24	13	everything	6.00
4	runaway	71.04	14	ima	55.24	4	time	9.89	14	more	5.94
5	lean	69.48	15	like	50.82	5	i	9.83	15	turn	5.88
6	ass	67.63	16	move	47.65	6	ve	9.63	16	is	5.70
7	lolli	61.50	17	niggaz	46.29	7	goes	9.25	17	were	5.69
8	ha	60.95	18	ridin	44.31	8	this	9.17	18	goodbye	5.68
9	suga	59.62	19	skeet	43.86	9	there	7.79	19	oh	5.55
10	get	59.62	20	nigga	40.48	10	boom	7.33	20	one	5.40

表 7 から、F 曲の特徴語にはスラングを含めラップなどで頻出する表現 (*ya, wee, ass, ha, nigga*) が多用されていることが分かる。特に、F 曲 -NF 曲間の LL 値の異なりは顕著であり、F 曲の第一位の *la* (LL=31.93) でさえ、NF 曲の第 20 位の *nigga* (LL=40.48) を超えていない。表 7 に見られる表現が最近の F 曲の歌詞を色づけていると言えよう。

が等しいとの結論を得たため (F(192,806)=0.90, *p*>0.05 (Tokens); F(192,806)=0.98, *p*>0.05 (Types); F=(192,806)=0.48, *p*<0.01 (TTR))、正規性がなくても等分散が認められる場合の二群間の量的検定手法である Wilcoxon の順位和検定を実施した。結果、どちらも有意差が認められた (Tokens: W = 121060, *p*<0.01; Types: W = 121840, *p*<0.01)。TTR に関しては、正規性も等分散も認められなかったため、どちらも考慮する必要のない Brunner-Munzel 検定を用いた結果、1% 水準で有意差は見られなかった (BM=0.62, *df*=407.73, *n.s.*)。

手法	正規性	等分散性
Student's t	要	要
Welch's t	要	不要
Mann-Whitney	不要	要
Brunner-Munzel	不要	不要

4.3. 高頻度語や N-gram から何が言えるか

次に、最近 10 年間にわたる高頻度語と高頻度 3-gram を表 8 にまとめる。なお、Rel.Freq. (Relative Frequency) は相対頻度を、Rel.Ratio は 1,000 曲中の曲数の割合（含有率）を示す。

表 8. 高頻度語と高頻度 3-gram (Top 15)

順位	Words	Rel.Freq.	Rel.Ratio	3-grams	Rel.Freq.	Rel.Ratio
1	I	51.47	0.99	I don't	1.87	0.35
2	you	41.08	0.96	I can't	1.26	0.24
3	the	28.63	0.98	la la la	1.13	0.02
4	it	23.2	0.95	na na na	1.06	0.02
5	and	19.39	0.97	oh oh oh	0.99	0.05
6	me	18.9	0.94	don't know	0.92	0.18
7	to	18.59	0.97	I'm a	0.87	0.15
8	a	17.5	0.92	I ain't	0.86	0.18
9	t	15.32	0.91	you don't	0.85	0.17
10	my	13.55	0.89	and I'm	0.65	0.17
11	s	13.25	0.92	I'll be	0.55	0.11
12	that	12	0.89	don't wanna	0.53	0.09
13	m	11.2	0.81	I'm gonna	0.52	0.09
14	in	10.5	0.87	I know you	0.52	0.11
15	on	9.18	0.81	I'm not	0.5	0.11

表 8 から、高頻度語に関しては、*I* や *you, my* などの人称代名詞に加え、*in* や *on* といった前置詞が目立つ。また、N-gram に関しては、特に 3-gram の結果から、*I don't, I can't, don't know, I ain't, don't wanna, I'm not* など、否定表現が過度に目立つ。各 3-gram を詳細に調査した結果、興味深い発見に関して順にまとめる。

まず、3-gram の第 6 位の否定表現 *don't know*（464 例）の 28.66%（133 例）は二人称の主語 *You don't know* であり、中でも目的語に *You don't know me*（60 例）や *You don't know my name*（11 例）、*You don't know who I am*（7 例）

など、一人称関連語句がその多く（約7割）を占めた。つまり、［二人称＋ *don't know* ＋一人称関連語句］が、現代ポップ・ソングというディスコース内では典型的な semantic sequences（意味連鎖）と捉えることができる (Hunston, 2011; 仁科, 2011)。

　次に、第8位の否定表現 *I ain't* は、標準英語では *am not* の短縮形口語表現として扱われているが、黒人英語やアメリカ南部方言では、藤井 (1984) が指摘するように *are not, is not, have not, has not, do not, does not, was not, didn't, weren't* の代わりにさえなることから、人称や数、時制を区別しない「全人称用法」として用いられるのが特徴である[6]。以下 a–c は、ビルボード・コーパスから抽出した全人称用法 *ain't* の用例の一部である。

(1) a. Now it's too late I know she ain't comin' back　　—*Burn* by Usher
　　b. We ain't gonna hurt nobody　　—*Like That* by Houston
　　c. So you ain't got to give my loving away　　—*Hey Daddy* by Usher

実際に *ain't* の全用例431例中、L1位置にIが共起していた（つまり、*am not* の縮約形であった）のはわずか126例 (29.32%) で、残りの7割以上が非標準英語として認められた。また、この7割以上の *ain't* が用いられた歌詞のディスコースを調査した結果、攻撃的な語彙（例：*damn, huffing, dope, coke, muthafuckin, dude, niggas, panties, drugs* など）が多用されていた。Anderson, Carnagey & Eubanks (2003) は、現代ポップ・ソングの歌詞には暴力的でセクシュアリティーな単語や表現が含まれるため、聞き続けることで若者世代の攻撃性を高める負の効果があることを報告している。確かに、黒人英語やアメリカ南部方言のような非標準英語が現代ポップ・ソングでは好まれ、この傾向が近年問題視されている歌詞の攻撃性とも関連がありそうである。以下は、Ludacris feat. Mary J. Blige による *Runaway* からの一節である。

---

[6] Hill (1965) は「*ain't* には3つの起源があり、*aren't, amn't, haven't* が縮約変化して、いずれも、結果的には同じ *ain't* [eint] という形になったものと思われる。」としている。

(2) Momma's on drugs, gettin' *** up in the kitchen ...
Bringin' home men at different hours of the night ...
She tries to resist but then all he does is beat her ...

　下線部にあるように、日本のポップ・ソングでは看過できない歌詞内容であり、Authenticity を優先させるにしても、このような歌詞の曲は教育現場で活用すべきではないであろう。
　また、例文 (1b) のように、単一文中に否定語が二つ（もしくは三つ）用いられる二（三）重否定表現も、Lobov (1972) が指摘するように黒人英語特有の文法的特徴であり、否定が打ち消されるわけではなく強調されるという特徴がある。つまり例文 (1b) の意味は「絶対に俺たちは誰も傷つけない」と否定が強調されている。ちなみに、[*I ain't* + 否定語] の二重否定表現は、計108例（*I ain't* の 25.06%）見つかり、否定辞の Top3 は *no*（40 例）、*nothing/nuttin'*（22 例）、*never/neva*（21 例）で、nowhere や nobody などが後に続いた。ポップ・ソング独特のスペルアウトにも注意が必要である。やはり、教育的活用は難しいであろう。

(3) a. I ain't got no money
　　　　—*The Way I Are* by Timbaland feat. Kerl Hilson & D.O.E.
　　b. I ain't goin nowhere　　　—*Sweet Dreams* by Beyonce Knowles
　　c. But I ain't seen nuttin'
　　　　—*Buttons* by The Pussycat Dolls feat. Big Snoop Dogg

4.4. 特徴的な前置詞表現

　英語のパタンを調査する場合、機能語の中でも前置詞を中心にパタンを抽出し、その空白スロットに生起する単語や、前後の文脈を分析することによって、ディスコースの特徴が解明されるという指摘がある (cf. Hunston & Francis, 2000; Francis, Hunston & Manning, 1996; Hunston, Mannning & Francis, 1998; Hunston, 2011; 仁科, 2011)。そこで、表8でポップ・ソングの高頻度語としてランクインした前置詞の *in*（第14位）と *on*（第15位）の

二種に関して、パイロットスタディとしてその典型的パタンを探り質的に調査する。

はじめに、in もしくは on を含む高頻度 3-grams のギャップ検索の結果が表 9 である。

表9. in もしくは on を含む 3-gram (Top 10)

	in				on		
順位	OR	3-grams	Rel.freq.	F-Ratio	順位	OR	3-grams	Rel.freq.	F-Ratio
1	8	in the *	0.9	0.54	1	29	* on the	0.97	0.38
2	9	* in the	0.9	0.54	2	29	on the *	0.97	0.38
3	78	* in my	0.31	0.28	3	144	on my *	0.45	0.23
4	78	in my *	0.31	0.28	4	145	* on my	0.45	0.23
5	266	* in a	0.16	0.19	5	223	* on me	0.37	0.12
6	266	in a *	0.16	0.19	6	227	on me *	0.37	0.12
7	284	* up in	0.16	0.15	7	421	I * on	0.24	0.12
8	284	up in *	0.16	0.15	8	441	* come on	0.23	0.09
9	287	I * in	0.16	0.18	9	445	come on *	0.23	0.09
10	349	in your *	0.14	0.16	10	537	on a *	0.20	0.13

* OR (Original Rank) は元の順位を示す。また、網かけ部は、所有格代名詞を含む 3-gram を示す。

表 9 から、* in the * や * on the * など、特定の 2 連語を中心にその前後スロットを加えた 3-grams が対になって抽出される傾向にあることが分かる。また、* in my (第 3 位)、in my * (第 4 位)、in your * (第 10 位)、on my * (第 3 位)、* on my (第 4 位) など、一・二人称所有格代名詞表現が目立つ。Kreyer (2015) も、一人称代名詞クラスター I am, I'm, I'ma, Imma に注目し、自己描写表現をジェンダー別に分析していることから[7]、人称代名詞表現を具体的に検証してみる価値はあろう。

---

[7] Independence (独立性)、Power (力)、Bad boy/Bad girl (不良)、Substance abuse (薬物乱用)、Vulnerable (脆弱性)、Romantic (ロマンス)、Supportive (支援)、Sex (セックス) に意味分類し、そのジェンダー別の頻度を比較している。

そこで、一・二人称所有格代名詞 my と your を含む 3-grams の Top10 を表10にまとめる。いずれにしても、[in + my/your + X] が高頻度パタンであることが分かる。一方で、on を用いた on my X (Rel.Freq.=0.45) は my-your 間でランクに開きがあり、on your X (Rel.Freq.=0.18) はランク外の第13位である。量的な違いのみならず、質的にも空白スロットの生起語の種類の異なりなど、何かしら認められるのだろうか。表11も合わせて参照されたい。

表10. my もしくは your を含む 3-gram (Top 10)

		my					your		
順位	OR	3-grams	Rel.freq.	F-Ratio	順位	OR	3-grams	Rel.freq.	F-Ratio
1	78	in my *	0.42	0.28	1	246	your * I	0.23	0.151
2	108	my * I	0.35	0.26	2	341	your * and	0.19	0.159
3	144	on my *	0.30	0.23	3	349	in your *	0.18	0.156
4	187	* my life	0.27	0.13	4	354	* in your	0.18	0.156
5	190	my * and	0.27	0.24	5	392	I * your	0.17	0.126
6	190	my life *	0.27	0.13	6	507	* your love	0.14	0.033
7	311	* my heart	0.20	0.13	7	507	you * your	0.14	0.124
8	311	my heart *	0.20	0.13	8	517	your love *	0.14	0.033
9	381	of my *	0.17	0.13	9	550	* be your	0.13	0.055
10	455	my * my	0.15	0.07	10	550	be your *	0.13	0.055

* 網かけ部は、前置詞を含む 3-gram である。

表11. in/on my/your X の空白スロットに生起する高頻度語 (Top10)

	in one's X				on one's X			
順位	in my X	Rel.Freq.	in your X	Rel.Freq.	on my X	Rel.Freq.	on your X	Rel.Freq.
1	head	0.19	eyes	0.10	mind	0.08	mind	0.04
2	life	0.14	heart	0.04	way	0.05	lips	0.02
3	heart	0.06	arms	0.04	tongue	0.05	corner	0.02
4	dreams	0.05	lovin	0.02	baby	0.03	disco	0.02
5	hand	0.05	head	0.02	knees	0.02	own	0.02
6	mind	0.03	ear	0.01	own	0.02	face	0.01
7	arms	0.03	life	0.01	arm	0.02	pretty	0.01
8	eyes	0.03	car	0.01	neck	0.02	side	0.01
9	face	0.03	rock	0.01	chest	0.02	way	0.01
10	air	0.03	closet	0.01	lips	0.02	back	0.01

表11から、パタン in/on one's X 型では、特に身体部位 (head, eyes, arms, face, lips, tongue, chest, neck など) が生起しやすいことが分かる。また、in one's X に限って言えば、精神・記憶・想像に関する語彙 (heart, dreams, mind) は、in my X の方が好まれるようである。参考までに、図1は in my X の10種の高頻度表現を使用しているボーカルの男女比 (絶対数)、図2はジェンダー別の in my X の高頻度表現の構成比を示す。

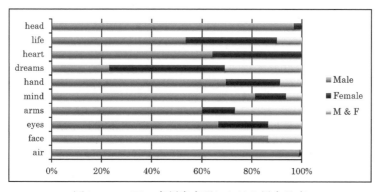

図1. in my X の高頻度表現における男女比率

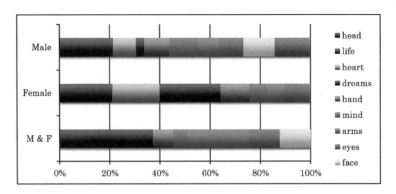

図2. ジェンダー別の *in my* X の高頻度表現の構成比

表5より Billboard Hot 100 にランクインした曲は男性ボーカルが優勢であったが、*in my* X の使用に関しても、身体部位が生起する場合は男性ボーカルによる曲が多い。しかしながら、*in my dreams* や *in my heart*、*in my life* など、実体のない抽象的な夢や心、人生が生起する場合は、女性ボーカルによる曲が目立つ。つまり、男性の曲は具象性、女性の曲は抽象性にフォーカスが置かれやすいことが分かる[8]。

続いて、ジェンダー間の質的な差に注目する。はじめに、男性ボーカルの曲で好まれる身体部位表現の代表例 *in my arms* を参照されたい。女性に対する男性の所有欲が歌詞中に如実に表現されているのが分かる。

(4) *in my arms* にみる男性の所有欲（典型例3例）
 a. So come over here and lay down <u>in my arms</u> Baby, tell me everything that's on your heart —*Love Don't Run* by Steve Holy
 b. If I could make it right I'd do it all tonight Hold you <u>in my arms</u>, with you I'd spend my life
  —*Far Away* by Tyga feat. Chris Richardson
 c. <u>In my arms</u>, in my mind, all the time I wanna keep you right by

---

[8] *in my air* はアーティスト Nelly による *Air Force Ones* という曲で用いられた表現 *in my air force ones* から部分的に抽出されたものである。

my side 'Till I die I'm gonna hold you down
—*Let Me Hold You* by Bow Wow feat. Omarion

次に、女性ボーカルの曲で優位に目立つ *in my life* の使用に関しては、以下の例を参照されたい。

(5) *in my life* にみる女性の強い想い（典型例 3 例）
a. But I don't mind as long as I can have you <u>in my life</u> Aaw baby, I'm satisfied, Even if you're not just mine
—*Rock Wit U* by Ashanti
b. Can't you feel my heart beat so, I can't let you go. I want you <u>in my life</u>. —*Every Time We Touch* by Cascade
c. See I need you <u>in my life</u> for me to stay No, no, no, no, no I know you'll stay No, no, no, no don't go away
—*Super Bass* by Nickj Ninaj

(5a) では、たとえあなたには他にも愛する人がいたとしても、あなたを手に入れることさえできれば私はそれだけで満足である、という切なくも強い女性の愛情が描写されている。(5b) と (5c) では、相手を離したくない、相手に自分から離れないで欲しいといった相手を切望する想いが描写され、再度、パートナーの大切さに気づいた一節を *in my life* を用いて表している。

これらの例から言えることは、男性は具体的に肌で感じることのできる身体的・肉体的感覚を好み、女性に対する男性の所有欲や自身の身体部位を誇張する傾向がある。つまり、自己主張型表現を好むと言い換えることができる。一方、女性は抽象的で実体のない精神的な表現を好み、精神的なつながりや自身の強烈な想いを誇張する傾向にあると言えよう。

5. 結語

　本稿では、過去10年間のBillboard Hot 100にランクインした延べ1,000曲をコーパス化し、アーティストや曲の属性情報と歌詞の使用語彙・表現を調査し、現代ポップ・ソングの特徴の一端を量・質的に明らかにした。ポップ・ソングの歌詞に関する研究は、現在までにほとんど実施されてこなかったため、本稿で実施したような量・質的分析をこれからも多角的に実施した上で、ポップ・ソングを題材とした効果的・効率的な教材開発や英語学習法を検討していきたい。特に、仁科(2016)で実施した初級学習者（大学1年生83名：TOEFL ITP平均417点）へのアンケート調査結果から、英語学習素材としてポップ・ソングはとても期待されており、英語学習に意欲的でない学習者に対しても動機付けの観点から有効な活用法が期待されよう。今後は、教材や授業で活用すべきポップ・ソングの選定方法に関して、語彙レベルや使用表現、音素の視点から量的に可視化し、引き続き調査を実施する予定である。

＊本稿は *International Journal of Language and Linguistics* (2017) に掲載された拙著論文 A Study of Pop Songs based on the *Billboard Corpus* を英日翻訳し、適宜修正を加え改変したものである。

参考文献

Anderson, C.A., Carnagey, N.L., & Eubanks, J. (2003). Exposure to violent media: The Effects of songs with violent lyrics on aggressive thoughts and feelings, *Journal of Personality and Social Psychology*, 84 (5), 960–971.

Francis, G., Hunston, S., & Manning, E. (1996). *Grammar Patterns1: Verbs*. HarperCollins.

藤井健三 (1984)『文学作品にみるアメリカ南部方言の語法』三修社.

Hill, A. (1965). The tainted 'ain't' once more, *College English 26*, 298–303.

Hunston, S., Manning, E., & Francis, G. (1998). *Grammar Patterns II: Nouns and Adjectives*. HarperCollins.

Hunston, S., & Francis, G. (2000). *Pattern Grammar: A corpus approach to the lexical grammar of English*. John Benjamins.

Hunston, S. (2011). *Corpus Approaches to Evaluation: Phraseology and Evaluative Language*. Routledge.

Kreyer, R. (2015) "Funky fresh dressed to impress" A corpus-linguistic view on gender roles in pop songs, *International Journal of Corpus Linguistics*, *20* (2), 174–204.

Walker, K. (2016). 50 Years of Pop Music. Retrieved from http://kaylinwalker.com/50–years-of-pop-music/

Labov, W. (1972). *Language in the Inner City: Studies in the Black English Vernacular*. University of Pennsylvania Press.

松村明 (2012)『デジタル大辞泉』小学館.

仁科恭徳 (2011)「特定学問分野間における意味連鎖比較：これからのESAP研究の方向性」『JACET Kansai Journal』*13*, 14–25.

仁科恭徳 (2016)「ポップ・カルチャー教材の効用に関する理論モデルの構築」『JACET Kansai Journal』*18*, 52–65.

これからの英語教育へのコーパスの活用

藤原　康弘

1. はじめに

　コーパスは1960年頃より言語研究のために収集と活用が開始され (Leech, 1991)、1980年代前半からコーパスを利用した英語辞書の編纂, 後半よりコーパスを教材として学習者に利用させるデータ駆動型学習の開発など、コーパスの英語教育への応用が始められた（コーパスと英語教育の歴史は投野、2003, 2015a; Römer, 2010参照）。2000年以降には、コーパスの英語教育への活用を主題とした書籍が国内外で多く出版され (e.g., Hunston, 2002; 石川、2008; Aijmer, 2009; 中村・堀田、2010; Bennett, 2010; Campoy-Cubillo, Bellés-Fortuño, & Gea-Valor, 2010; 赤野・堀・投野、2014; 投野、2015b; Timmis, 2015)、さまざまな利用法が模索されてきた。日本の英語教育においては、とくに赤野・堀・投野 (2014) は英語教師向けの入門書として、投野 (2015b) は研究と教育の両面の内容がバランスよく掲載された専門書として大変有益である。

　この上記の経緯をふまえて、本稿では、これまで比較的ふれられていない側面を中心に、これからの英語教育へのコーパスの活用について述べる。表1はLeech (1997) による利用モードの区分に、投野 (2003, 2015a) が具体的な項目を分類したものである。これらの項目群の内、過去にあまり取り扱われていない領域を中心に、近未来の可能性までを射程に入れて、間接利用は1) CALLシステムと2) 言語テスト、直接利用は3) データ駆動型学習について述べ、最後に教員研修の必要性について論じる。

観点	領域	具体例
利用モード	直接利用	教室内利用：データ駆動型学習(DDL)
		教員研修
	間接利用	資料：学習語彙表
		教材：辞書、文法書、教科書
		シラバス・カリキュラム
		言語テスト
		CALL システム
	教育用	学習者コーパス
	コーパス作成	ESP/EAP コーパス
		難易度調整済みコーパス

表1：コーパスと言語教育の応用を考える際の観点（投野、2015a, p. 7 より抜粋）

2. 間接利用

2.1. CALL システム

　コーパスに基づく CALL システムは、Milton (1998) の *WordPilot* を初期の代表的なものとし、Ebeling (2009) の *Oslo Interactive English* や *Trivial Corpus Pursuit* などがある。前者は執筆時現在（2017 年 10 月）、ウェブ上で確認できないが、文献の記述によると、香港の学習者によくある間違いを学習者に提示し、母語話者のコーパスを検索して比較しながら、その差に気づかせるプログラムである。後者の2つはオスロ大学の学内向けに作成されたもので、英語の使用についてさまざまな形で問題が出され（多項式選択問題、穴埋め問題、誤り訂正問題など）、その内容を自身でコーパスを検索して確認し解答するシステムである。いずれもコーパスに基づく情報を利用し、単語、文法やコロケーションの問題をコンピューター上で実施することで、授業時間外の学習時間を確保し、学習者の自律を図るものである。

　コンピューターの CALL システムの発展は今後も期待される一方、2010年代以降のタブレットやスマートフォンの爆発的な普及に伴い、CALL や e-learning の自習用教材の中心は、教育用アプリケーション（以降、アプリ）

へと移行すると予想される。その主たる理由は、いわゆる「ユビキタス」な利用環境とともに設備投資が比較的安価であるからである。実際に単語学習、リスニング、リーディング、発音矯正、英語試験対策など、すでに多数のアプリが利用可能であり、その中には、すでに学習者コーパスや汎用コーパスに基づき開発されたものもある[1]。本稿ではその内の1つ、「間違いやすい英語」を紹介する。

「間違いやすい英語」は名城大学のJames Rogers氏が開発したもので、氏が自作した日本人大学生の約8万5千語の学習者コーパスの分析 (Rogers, 2012) に基づき、よくある200の間違いを取り上げている。その200の間違いをフラッシュ・カード形式で示し、表面にエラー、裏面にはなぜそれが間違えているかが記載されている（図1参照）。学習者は、その両面を確認後、各項目の理解を 1) 確実に正解（熟知）、2) 正解（少し自信がない）、3) 不正解の3レベルに分類する。それらの作業により、熟知の項目の再起頻度を下げ、未習得の項目の再起頻度を高めるライトナー・メソッドと呼ばれるアルゴリズムが搭載されている。またカードによる学習を終えたのちに、小テストにより理解度を確認する。

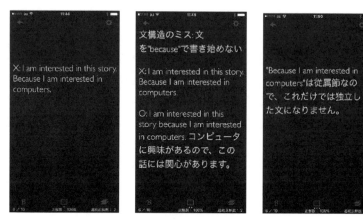

図1：教育用アプリ、「間違いやすい英語」のカード画面

---

[1] Tono (2011) には投野由紀夫氏監修のコーパスに基づく単語学習アプリが紹介されている。

このアプリ作成者は、コーパス言語学者かつ英語教育者でもあり、作成したアプリの教育効果を測定する論文も出版している (e.g., Rogers & Reid, 2015)。第二言語習得には膨大な学習時間が必要であり、学習者の自律的な授業外学習が欠かせない。今後、このような研究が積み重ねられ、どのようなアプリがどのような学習者にどの言語項目の習得において効果的か、より精緻に示されることが期待される。

2.2. テスティング

テスティングへのコーパスの活用は、他の領域と比べて比較的歴史が浅く（Barker, 2006, 2010; 金子、2015）、教育現場にあまり普及していない。しかし Hunston (2002) や Baker (2006) が述べるように、テスト項目の作成や妥当性の検証に大いに役立つため、勧めたい利用法の１つである。本節では具体的な事例を示しながら、テスティングへのコーパスの活用法を紹介する。

まずテスト項目に選定する単語、表現、フレーズ、構文が、実際に出題するに値するかどうかの基準をコーパスに求めることができる。なお単語や表現レベルであれば、もとよりコーパス準拠の英語学習語彙表（近年の総括は中條、2015 参照）や単語集を確認することができる。しかし、フレーズや構文においてはコーパスでなければ情報を得にくい。たとえば検索パタンを "no sooner 動詞"、共起後を "than" として、その構文の頻度や分布を COHA（1800 年から 2000 年までの米語コーパス）、COCA（現代米語のコーパス）、NOW（2010 年以降の新聞記事コーパス）GloWbe（英語母語国と英語公用語国、20 か国の英語を集積したコーパス）で確認すると、フィクションの分野で一定程度使用が確認できるものの、歴史的にあきらかに減少傾向にあり、世界的にあまり使用されていないことが分かる。したがって本構文は文学部の大学入試には適切であるかもしれないが、経済学部や理学部にはあまり適切ではないと考えることができる。

次にたとえばクローズ・テストの問題や解答のチェックにコーパスを活用できる。クローズ・テストでは通例 7~10 語間隔で機械的に語を消去して穴埋め問題を作成する。その問題が実際のまわりの言語コンテクストから解答可能かどうか、コーパスのコロケーションの有無や度合いを確認することに

よって検証することができる。またクローズ・テストの採点法に正語法（exact word scoring、消去した語と同一の語のみを正答とする手法）、適語法（acceptable word scoring、消去した語と同一でなくとも適切な語を正答とする手法）があり、後者はいわゆる「ネイティブ・スピーカー」でなければ何を正答とするかの判別が困難といわれているが、コーパスがあれば簡単に確認することができる。

付け加えてコーパスは多項選択式問題の作成に大変有用である。たとえばCOCAを利用して、"negotiation"をターゲットとする語彙問題を作成するとする。まず当該語を検索し、1、2文程度で解答可能と判断できる文を探し、必要であれば編集する。下記は具体例である。

NFL Commissioner Paul Tagliabue has been conducting behind-the-scenes negotiations with representatives of the NFL Players Association for months, but there has been no agreement.
→ The NFL commissioner has been conducting (　　　) with representatives of the NFL Players Association for months, but there has been no agreement.

その後に錯乱肢を作成する。一般に多項式選択問題は、採点は容易である一方、錯乱肢の生成は時間がかかり困難である。しかしながらコーパスを利用すると、1) 意味、2) パタン、3) スペリングの3種類の検索方法で錯乱肢の候補を多数、瞬時に挙げることができる。以下に検索方法と結果を示す。なお各結果は使用頻度順に並ぶため、頻度が高いものを易、低いものを難とみなすと単語の難度も確認しやすい[2]。

1) 意味
【検索方法】"= negotiation"

---

[2] 錯乱肢の候補を難度に応じて精査する際は、日本の英語教育コンテクストをふまえて作成された学習語彙表であるJACET8000（大学英語教育学会基本語改定特別委員会、2016）が大変参考になる。

【検索結果】同義語が表示される。
discussion, intervention, cooperation, diplomacy, mediation, arbitration …

2) パタン
【検索方法】"[conduct] NOUN with"
【検索結果】conduct の全ての活用形と with の間の名詞が表示される。なお冠詞を含めたい場合は、"[conduct] ART NOUN with"。
interview, business, research, survey, test, experiment, trade, meeting …

3) スペリング
【検索方法】"n*tions.[nn*]"
【検索結果】n で始まり tions で終わる名詞が表示される。
nations, notions, nominations, notations, notifications, narrations, negations …

　これらの得られた錯乱肢群を最終的に精査する。Usami (2015) は、日本の多項式選択問題のコーパスを分析した結果、次の 3 種類の問題点があると指摘する；1) 学習者の実際のエラーと合致しない錯乱肢、2) 実際の英語で用いられない問題文、3) 1 つ以上の正答がある問題。ここで紹介した方法は、コーパスの実例から問題文を作成するため、2) の問題は回避できる。また 1) については学習者コーパスを活用することで、学習者が実際に間違いやすいものを特定できるかもしれない。しかしながら 3) については最後まで注意を要する。とくに同義語はかなり微妙なものがあり、いわゆる「ネイティブ・スピーカー」の間でも意見が割れる。さらに述べると、母語話者コーパスに現れない表現、イコール誤りとは必ずしもいえない (Alderson, 1996)。したがって究極的にはいわゆる母語話者直感もコーパスも、1 つの判断材料とみなし、総合的に判断するほかない。これは言語は前例を踏襲するだけではなく、絶えずゆらぎのあるもので、言語使用者により創造的に構築される事実をよく示している。

3. 直接利用

3.1. データ駆動型学習 (DDL)

　直接利用、すなわち学習者や教員が教室環境で直にコーパスにふれる利用方法として、よく知られている手法に「データ駆動型学習」(DDL: data-driven learning, Johns, 1986, 1991) がある。データ駆動型学習は、学習者にコンコーダンスラインを提示し、そこから帰納的に言語ルールやパタンを発見させる指導法である。DDLの手法において、学習者がコンピューター上で多数の文を処理して学ぶのか、教師が一定数の文を選択後、加工したハンドアウトで学ぶのか、また学習者のボトムアップな学習に最後まで委ねるのか、教師が最終的にトップダウンで教授を行うのか、など手法上にさまざまゆらぎはあるものの（投野、2015a）、日本の教育現場におけるDDLは中高大でおおむね効果が認められ (Mizumoto & Chujo, 2015)、小学校においても一定以上の教育効果が認められている (Takahashi & Fujiwara, 2016)。付け加えてDDLはどの手法であれ、学習者中心の要素を多く含んでいるゆえ、今後の英語教育において、その発展が期待される指導法といえる。

　しかしながらどの指導法においても短所があるように、DDLも例外ではない。本質的なものとして、学習者中心の発見学習であるため、成功した場合には効果が期待できる一方、そのプロセスには多くの時間がかかること (Granath, 2009)、より教師中心の指導スタイルを好む学習者には適さないこと (Römer, 2010) が挙げられる。付け加えてほぼすべての研究者が指摘することは、いわゆる母語話者コーパスは、言語材料が初級の学習者には難しすぎること、内容自体も社会文化的背景の理解が必要であるため分かりにくいことである（朝尾・投野 2005, 投野、2003, 2015a; Fujiwara, 2007; Granath, 2009; Gilquin & Granger, 2010; Timmis 2015）。母語話者コーパスを直接利用する条件として、Granath (2009) はすくなくとも 1) 品詞区分を理解していること、2) 適と不適なサンプルを選別できること、3) 分布の計算ができることを挙げている。その指摘をふまえると、言語能力としてCEFRの"自立した言語使用者 (independent user)"とされるB1-2レベルは必要と思われる。そこで本節では、この母語話者テキストのみの状況を改善するこれからの

DDL のあり方をいくつか示す。

3.1.1. 翻訳を活用した DDL

まず日英対訳のパラレルコーパスを DDL に活用することができる。すでに日本大学の中條氏を中心とする研究チームは、情報通信研究機構の日英対応付け新聞記事データベースや難度調整済みの日英対訳の文コーパスをウェブ上で公開し、教育実践例やその指導効果を報告している (e.g., Chujo, Kobayashi, Mizumoto & Oghigian, 2016)。本節ではこのウェブ上のプログラム、*WebParaNews* を紹介する。

たとえば教師が学習者に「「交渉を行う」は英語で何といいますか」と発問する。学習者が「交渉」に関連する単語、"negotiation" 等を思いつくことができれば、母語話者コーパスの DDL でもひとまず授業は動く。しかしながら関連する単語が思い浮かばない初級者の場合、授業が止まってしまう。付け加えて母語話者コーパスで "negotiation" を検索したとしても、あまりの多くの事例に圧倒されるとともに、上述のように英米を中心とした社会的背景知識がなければコンコーダンスラインのみで内容を理解することは難しいだろう。

一方、この *WebParaNews* は日本語からの検索が可能である。図 2 で示すインターフェイスで "Target Language" を "Japanese" に設定し、「交渉」を検索する。すると下記のようなコンコーダンスラインが日英の両方示される。この日本語の翻訳は学習者に安心感を与え (Chujo, et al., 2016, p. 263)、その助けを得ながら英文に注力することができる。

図2：WebParaNewsの検索インターフェイス

Target Corpus
1) 「ブッシュ大統領は、十月の赤字削減と増税をめぐる議会との交渉で、「決断力の無さ」を批判された。
2) 首相は、「平和条約交渉と並行しながら検討したい」と述べた…
3) 交渉は、暫定自治協定についての話し合いを手始めに、段階的に行われる。

Reference Corpus
1) Bush was soundly criticized for his lack of decisiveness in **negotiations** with Congress over the budget cut and tax hike.
2) Prime Minister Ryutaro Hashimoto replied to Yeltsin that Japan would consider the proposal, in parallel to proceeding **negotiations** for a peace treaty between the two nations
3) **negotiations** will be conducted in phases, beginning with talks on interim self-government arrangements.

またコンコーダンスラインから分かるように、少々内容が古いものの、日本の社会文化的コンテクストに根差した内容が提示されるため、英米の母語話者コーパスよりは身近な内容を示すことができることも利点の1つである。今後、時事内容をアップデートしたものや、文学作品、映画の台本、研究書、各種教材など、さまざまなバイリンガル・コーパスが利用可能になることが期待される。

3.1.2. 音声、動画を活用したDDL

上述のように英語コーパス (L2) に日本語 (L1) を追加することで、その利用可能性の幅は広がるが、四技能の育成を考慮すると、文字のみのコーパスでは限界がある。Braun (2005) は、既存のコーパスは本来、「研究用」にデザインされたものであるため、教育現場のニーズをふまえられていないと指摘し、「教育用」のコーパス (pedagogic corpus) はテキストのみでなく、音声、画像が付与されたマルチメディア型が望ましいと述べている。筆者の知る限

り、主だった英語コーパスの中で音声付のものは、ICE（国際英語コーパス）のイギリスの話し言葉の音声ファイル付与版が 2006 年にリリースされたことを除き、ほとんど事例がない[3]。しかしながら Braun 氏が 2003 年より構築をはじめた ELISA (English Language Interview Corpus as a Second Language Learning) やその後継の BACKBONE は、小規模であるものの、テクストならびに音声と動画が利用可能である。

　また近年、そのような音声、動画付きでさらに日本語の翻訳まで利用可能であるコーパス、Ted Corpus Search Engine (TCSE) が同志社大学の長谷部氏によって公開された。TCSE は、TED (Technology, Entertainment, Design) という世界各地で開催されるスピーチ・イベントで行われるプレゼンテーションの内容（一般に「TED トーク」と呼ばれる）を、本文、翻訳、音声、画像までの情報を紐付けし、ウェブ上で検索、および再生を可能にしたシステムである（詳細は Hasebe, 2015; 長谷部、2016）。本節ではこの TCSE を例として、音声、動画付コーパスを利用した DDL の事例とその可能性についてふれる。

　たとえばプレゼンテーションの授業において、「話を終えるときに述べる「結論として」は英語で何ですか」と問い、"as a conclusion" という回答があったとする。そのフレーズを TCSE にて検索させると、2 例挙がるが、いずれも名詞の修飾句であり、ディスコース・マーカーではないことが分かる。次にいくつか推測させた上で検索させる。日本語の「結論」を検索させてもよい。解答に至らない場合、最終的に "in conclusion" を検索させる。そうすると、18 例がヒットし、図 2 の画面が表示される。右側の "Translation" の欄では「結論を言うと」、「結論として」、「つまり」、「まとめになりますが」という訳が確認できる。また左側の "Time" の欄には全体の動画の時間の中で、この "in conclusion" というフレーズがどこで現れるかが示されており、おおむね発表終了の 1 分前に発話されていることが分かる。さらに各トーク

---

[3] 他に音声付きコーパスとして、Santa Barbara Corpus of Spoken American English（現代米語の話し言葉コーパス）、NIE Corpus of Spoken Singapore English（シンガポール英語の話し言葉コーパス）、音声・動画付きコーパスとして、Scottish Corpus of Texts & Speech（スコットランド英語を含むスコットランドの諸言語の話し言葉と書き言葉コーパス）がある。

#	Talk ID	Line [Position]	Time [Total]				English	Translation
1	2449	318 [0.94]	17:04 [17:56]	≡	▶	🔗	In conclusion, we really need a new vision,	結論を言うと我々には新しいビジョンが切に必要です
2	2410	165 [0.92]	08:36 [09:09]	≡	▶	🔗	So, in conclusion,	
3	2141	351 [0.94]	15:36 [16:18]	≡	▶	🔗	So the question is, in conclusion,	疑問はいったいどんな未来が
4	1956	418 [0.88]	17:44 [19:52]	≡	▶	🔗	In conclusion, I've come to believe	結論として次に生まれるパンテオンの要素が
5	1806	151 [0.87]	07:54 [08:46]	≡	▶	🔗	So in conclusion, I've found the five senses theory	つまり五感理論は
6	1297	341 [0.94]	15:01 [15:52]	≡	▶	🔗	So in conclusion,	ということで結論として
7	1144	114 [0.86]	04:44 [05:14]	≡	▶	🔗	So I think, in conclusion,	まとめになりますが

図2：TCSE上でのin conclusionの検索結果

の発表者、発表概要、全文の英語と日本語が確認できるとともに、なにより各トークをそのコンコーダンスラインの直前から再生できる。

このような利用法に付け加えて、すこしDDLからは離れるが、一度、ある映像をすべて見た後、そのプレゼンテーションで使われている単語や表現をキーワードやキーフレーズとして、全体のテクストから検索し、繰り返し再生を行うこともできる。さらに自動一時停止機能を利用してシャドーイングもできる。

レマや品詞タグによる検索に付け加えて、日本語からも検索可能である。日英両方のテクストと音声的、音韻的特徴とともに、ジェスチャーの情報も利用できる。英語授業、とりわけプレゼンテーションの授業においてきわめて利用価値の高いコーパス・ツールである。

このようなコーパスを紹介すると、懸念の対象になると思われるのが、非母語話者の英語である。TEDのスピーカーには英語の非母語話者も含まれており、その発表内容のすばらしさに疑いの余地はないが、英語の"nativeness"に固執する研究者や教育者は使用するのに抵抗があるだろう。実際に認知言語学者である本システムの構築者も、考えられる"limitation"の1つに挙げている (Hasebe, 2015, p. 181)。この問題は言語観や教育観に大きく関係するが、筆者はむしろ非母語話者のデータ、できれば学習者と同じ

母語の日本人の英語使用者の授業映像を用いることこそ、大変大きな教育的価値があると考えている。言語習得を突き詰めていけば、日本人英語学習者は単一言語英語母語話者 (monolingual native speaker of English) になるのではなく、日本人英語使用者 (Japanese user of English) になる（e.g., 藤原、2014）。日本の学習者にとって、日本に生まれ、日本で同様の教育課程を経て、国際的に活躍した暁に選ばれた TED スピーカーは彼らにとって真のモデルの1つとなるだろう。

　実際に非母語話者の英語は、近年では学習者コーパスではなく、使用者コーパスとして所収されている事例が増えている（藤原、2012, 2014）。ELF コーパスとして代表的なものに VOICE, ACE, ELFA がある。付け加えて 2009 年に EU が作成した BACKBONE のコンポーネントに "English as a Lingua Franca" のセクションがあり、さまざまな英語話者のインタビューが音声、動画とともに視聴できる。今後は英語母語話者と英語非母語話者という二項対立ではなく、第一言語を共有する英語学習者と英語使用者の連続体をふまえた教育や研究が広がることが期待される。

3.1.3. まとめ

　上述のように英語母語話者のテクストのみによる DDL は言語と内容の両面において、多くの学習者に適さないため、これからの DDL は次の3つの要素をふまえた、より情報量の多いものになると予想される：1) 翻訳、2) 音声、3) 動画。少々楽観的な見方かもしれないが、近年の技術革新から考えると、そう遠くない将来に、上記の条件を揃えたさまざまなコーパスが教育に利用できると思われる。たとえば AI 翻訳や自動音声認識と文字起こしの技術は、われわれの予想を超えるスピードで発展している。つけくわえて現時点でも、映画には原語はもちろん、数ヶ国語の翻訳情報が付与されており、テレビ番組もバリアフリーの観点から、テクストが付与されている。著作権への配慮は必要であるが、その既にある情報源を活用できる技術が生み出されれば、映画コーパス、テレビ番組プログラムのコーパスが作成され、TCSE のようなインターフェイスで、テクスト検索、後にコンコーダンスラインをクリックするとともに音声、画像が流れる時代は近いのではないだろうか。

4. おわりに

　本稿では、英語教育へのコーパスの活用について、過去にあまり取り扱われていない領域を中心に、近未来の可能性までを射程に入れて、論じてきた。具体的には間接利用は1) CALL システムと2) 言語テスト、直接利用は3) データ駆動型学習について述べてきた。本稿を締めくくるにあたって、最後に教員研修の必要性について述べたい。

　筆者は2001年9月に英国ランカスター大学大学院に留学し、コーパスというものに初めて出会った。当時はウェブ上でフリーで使用できるコーパスは無く（2002年5月よりBNCwebが公開）、ランカスター大学のコンピューター・ラボのPCで研究を行っていた。そのコーパスにふれて、私は日本の英語教育界は劇的に変化すると予想した。この予想は大筋で当たっていた。その後、大規模な汎用コーパスやさまざまな特殊コーパス、および中高大のさまざまな能力層をカバーする学習者コーパスが開発され、その多くはウェブ上で提供され、教育に応用されてきた。Tono (2011) が述べるように、コーパスの教育利用、とくに教材作成などの間接利用において、日本は1つの成功例といってよいだろう。

　一方、英語教員による直接利用には、他方面の躍進と比較して、あまり大きな影響を与えていないと言わざるを得ない。筆者は教員免許状講習や教員研修にてコーパスの活用にふれることがあるが、現職の教員の大半の反応は、「コーパスがどのようなものか聞いたことはあるが、実際に使用したことはない。もとより利用できることさえ知らない。」というものである。この現状は、Braun (2005) やRömer (2009, 2010)、Zareva (2017) も指摘しており、他国においてもコーパス言語学の研究や教育の応用の目覚ましい発展の割に、我々の期待ほどには現場の英語教員はコーパスを活かしていない。石川 (2008)、赤野・堀・投野 (2014) や投野 (2015b) により状況は好転していると思われるが、より体系的な教員研修が必要ではないだろうか。教育においても重要なことは不易流行であり、技術の革新をまずは知り、その内容を実際の教育現場に活用できる部分は活用すべきだろう。一方、教育現場は多忙を極めており、なかなか教員研修に充てる時間がないのも現実である。これか

らの英語教育へのコーパスの活用においては、まずは教員研修制度の改善が必要かもしれない。

＊ 本稿の大部分は 2016 年 9 月 2 日、北星学園大学で開催された第 55 回大学英語教育学会国際大会のシンポジウム、「英語教育にコーパスを活かす」（登壇者、赤野一郎、堀正弘、藤原康弘）にて筆者が発表したものである。

参考文献

赤野一郎・堀正弘・投野由紀夫 (2014)『英語教師のためのコーパス活用ガイド』東京：大修館書店.
朝尾幸次郎・投野由紀夫 (2005)「コーパスと英語教育」齊藤俊雄・中村純作・赤野一郎（編）『英語コーパス言語学――基礎と実践：改定新版』(pp. 250–265). 東京：研究社.
石川慎一郎 (2008)『英語コーパスと言語教育――データとしてのテクスト』東京：大修館書店.
金子恵美子 (2015)「コーパスと言語テスト：学習者英語の自動分析，コーパスを利用したテストやシステム」堀正弘・赤野一郎（監修），投野由紀夫（編）『コーパスと英語教育』(pp. 157–179.) 東京：ひつじ書房.
大学英語教育学会基本語改定特別委員会 (2016)『大学英語教育学会基本語リスト新JACET8000』東京：桐原書店.
投野由紀夫 (2003)「コーパスを英語教育に生かす」『英語コーパス研究』*10*, 249–264.
投野由紀夫 (2015a)「コーパスの英語教育への応用」堀正弘・赤野一郎（監修），投野由紀夫（編）『コーパスと英語教育』(pp. 1–16). 東京：ひつじ書房.
投野由紀夫（編）(2015b)『コーパスと英語教育』東京：ひつじ書房.
中村純作・堀田秀吾 (2010)『コーパスと英語教育の接点』東京：松柏社.
中條清美 (2015)「コーパスと英語学習語彙表」堀正弘・赤野一郎（監修），投野由紀夫（編）『コーパスと英語教育』(pp. 17–42). 東京：ひつじ書房.
長谷部陽一郎 (2016)「オープンデータによる英語構文事例検索システムの可能性：TED Corpus Search Engine を例として」『JACET中部支部紀要』*14*, 13–34.
藤原康弘 (2012)「コーパス言語学と国際英語関連分野（EIL, WE, ELF）の学際的領域――英語使用者コーパスの必要性――」『外国語研究』*45*, 21–52.
藤原康弘 (2014)『国際英語としての「日本英語」のコーパス研究――日本の英語教育の目標』東京：ひつじ書房.

Aijmer, K. (ed.) (2009). *Corpora and language teaching*. Amsterdam: John Benjamins Publishing Co.

Alderson, C. (1996). Do corpora have a role in language assessment? In J. Thomas & M. Short (Eds.), *Using corpora for language research* (pp. 248–259). London: Longman.

Barker, F. (2006). Corpora and language assessment: Trends and prospects. *Research Notes*, *26*, 2–4.

Barker, F. (2010). How can corpora be used in language testing? In Ann O'Keeffe and Michael McCarthy (Eds.) *The Routledge Handbook of Corpus Linguistics* (pp. 633–646). NY: Routledge.

Bennett, G. (2010). *Using corpora in the language learning classroom: Corpus linguistics for teachers*. Ann Arbor: University of Michigan Press ELT

Braun, S. (2005). From pedagogically relevant corpora to authentic language learning contents. *ReCALL*, *17* (1), 47–64.

Campoy-Cubillo, C. M., Bellés-Fortuño, B., & M. L. Gea-Valor. (2010). *Corpus-based approaches to English language teaching*. New York, NY: Continuum

Chujo, K., Kobayashi, Y., Mizumoto, A., and Oghigian, K. (2016). Exploring the effectiveness of combined web-based corpus tools for beginner EFL DDL. *Linguistics and Literature Studies*, *4* (4), 262–274.

Ebeling, S. O. (2009). Oslo interactive English: Corpus-driven exercises on the web. In Aijmer, K. (Ed.), *Corpora and language teaching* (pp. 67–82). Amsterdam: John Benjamins Publishing Co.

Fujiwara, Y. (2007). Compiling a Japanese User Corpus of English. *English Corpus Studies*, *14*, 55–64.

Gilquin, G. and Granger, S. (2010). How can data-driven learning be used in language teaching? In O'Keeffe, A. and McCarthy, M. (Eds.), *The Routledge handbook of corpus linguistics* (pp. 359–371). London: Routledge.

Granath, S. (2009). Who benefits from learning how to use corpora? In Aijmer, K. (Ed.), *Corpora and language teaching* (pp. 47–65). Amsterdam: John Benjamins Publishing Co.

Hasebe, Y. (2015). Design and implementation of an online corpus of presentation transcripts of TED talks. *Procedia: Social and Behavioral Sciences*, *198* (24), 174–182.

Hunston, S. (2002). *Corpora in applied linguistics*. Cambridge: Cambridge University Press.

Johns, T. (1986). Micro-concord: A language-learner's research tool. *System*, *14*, 2, 151–162.

Johns, T. (1991). Should you be persuaded: Two examples of Data-Driven Learning materials. *English Language Research Journal, 4*, 1–16.

Leech, G. (1991). The state of the art in corpus linguistics. In K. Aijmer, & B. Altenberg (Eds.), *English corpus linguistics: Studies in honour of Jan Svartvik* (pp. 8–29). London: Longman.

Leech, G. (1997). Teaching and language corpora: A convergence. In Wichmann, A., Figelstone, S., McEnery, A. M. and Knowles, G. (Eds.), *Teaching and language corpora* (pp. 1–23). London and New York: Longman.

Milton J. (1998). Exploiting L1 and interlanguage corpora in the design of an electronic language learning and production environment. In S. Granger (Ed.), *Learner English on computer* (pp. 186–198). Austin: Longman.

Mizumoto, A. & Chujo, K. (2015). A meta-analysis of data-driven learning approach in the Japanese EFL classroom. *English Corpus Studies, 22*, 1–18.

Rogers, J. (2012). On the creation of a learner corpus for the purpose of error analysis. *Journal of Inquiry and Research* (Kansai Gaidai University) *95*, 191–206.

Rogers, J. & Reid, G. (2015). How effective are smartphone flashcard applications for learning a second language? *The 1st IRI Research Forum* (The Intercultural Research Institute, Kansai Gaikokugo University), 24–33.

Römer, U. (2009). Corpus research and practice: What help do teachers need and what can we offer?' In Aijmer, K. (Ed.), *Corpora and language teaching* (pp. 83–98). Amsterdam: John Benjamins.

Römer, U. (2010). Using general and specialized corpora in English language teaching: Past, present and future. In M. Campoy-Cubillo, M. Carmen, B. Belles-Fortuño & M. LluisaGea-Valor (Eds.), *Corpus-based approaches to English language teaching* (pp. 18–35). London: Continuum.

Takahashi, S. & Fujiwara, Y. (2016). Effects of inductive learning based on data-driven learning at elementary schools in Japan. *JES Journal, 16*, 84–99.

Timmis, I. (2015). *Corpus linguistics for ELT: Research and practice*. New York: Routledge.

Tono, Y. (2011). TaLC in action: Recent innovations in corpus-based English language teaching in Japan. In A. Frankenberg-Garcia, L. Flowerdew, and G. Aston (Eds.), *New trends in corpora and language learning* (pp. 3–25). London: Continuum.

Usami, H. (2015). *The application of corpus linguistics to language testing: Improving multiple choice questions*. Saarbrücken: Lambert Academic Publishing.

Zareva, A. (2017). Incorporating corpus literacy skills into TESOL teacher training. *ELT Journal, 71*, 1, 69–79.

統語構造におけるφ素性と主題役割の関係性

藤本　幸治

1. はじめに

　本稿では、生成文法理論の枠組みの中で、心的辞書に内在される語彙項目が組み合わされて文として具現化される際に、それぞれの単語が持つ意味情報の統語表示に果たす役割について注目し、その重要性について再確認する。
　そのために、統語構造の成立にとって最重要要件である語彙項目に内在する意味素性が、1970年代から2000年代における生成文法理論の発展の中でどのような扱いを受け、また今後どのような点が研究課題として扱われるべきかについて検討する。

2. 統語研究における意味素性の取り扱いの不可避性

　英文法研究において、ノーム・チョムスキーの提案した生成文法理論の存在を無視することはできない。英文法研究の発展に対する生成文法の最大の貢献は、記述的な文法規則をその背景にある一般原理に還元しようした点である。また、その一般化原理に基づき、文法性の予測を可能にし、英語の構文に対する正誤の判断とその理由付けを場当たり的でない方法で可能にした意義も大きい。
　統語分析における分析対象は、語句間の構成単位に基づく内部構造とその展開の方法である。

(1) a. Colorless green ideas sleep furiously.
　　b. Furiously sleep ideas green colorless.

(1a) の例は、統語研究で重視すべきことは、完成された文がもたらす意味ではなく、その分に含まれるそれぞれの構成要素が、英語の統語規則を遵守していることであるということを示すために用いられたものである。(1a) に示された英文の意味の解釈は、奇異なものではあるが、英語としての語順は守られている。一方、語順を逆にして表示した (1b) は、意味解釈が成立せず、これら2つの英文の文法性の容認度（意味解釈の可能性）には大きな隔たりがある。

　しかしながら、語の内部構造を充足するためにそれぞれの位置に具体的に挿入される品詞は、単に正規の文法範疇に従うものであればよいというものではない。

(2)　a. John bought the book.
　　　b. *John put the book.

(3)　a. Mary ate a hamburger.
　　　b. *A hamburger ate Mary.

　(2a) と (2b)、および (3a) と (3b) は、主語と動詞と目的語から成りたっており、いわゆる、学校文法における第3文型の形を示す英文である。一見するとそれぞれの文の語順において、また各々の文に含まれる項の果たす機能にも差がないように思える。

　ところが、それぞれのペアには文の容認性に差が観察される。(2) の例では、動詞（の意味）が指定する下位範疇として、動詞 buy には買う場所の表示は義務的ではないが、動詞 put は、置かれるものと置かれる場所については義務的な表示が求められることがわかる。

　一方、(3) の例における対称性は、動詞 eat が目的語に要請する食べ物としての名詞の素性および、摂食行為を可能とする主語名詞に対して、それぞれ意味上の選択制限が存在すると考えられる。

　仮にこれらの例について、(1a) で示したような文の構成要素間に存在する相互の範疇指定さえ遵守されている限り、文は成立するとの考えを認めるの

291

であれば[1]、英語の母国語話者は、実際には解釈に齟齬が生じるような非文を過剰生成する理論を認めることとなる。

　ここで考えなくてはならないことは、仮に正常な統語構造表示のために各語彙項目が持つ範疇素性 (C) が語彙項目に内在されるのであれば、その範疇の下位素性として不可視的に、人称、数、性など (ϕ) とともに各語彙が持つ素性も同様に存在し、心的辞書にも登録されていなくてはならないということである。つまり、統語表示のためには、語彙項目の持つ意味素性の存在を無視できないということになる。

　このことを念頭に置きつつ、次節では、生成文法理論の枠組みにおいて、統語構造と語彙項目が持つ意味との関係が従前どのように取り扱われてきたかを概観する。

3.　生成文法での意味の扱い

　Chomsky (1986) では、動詞、名詞、形容詞などの語彙項目がどのような項 (argument) を伴って文として具現化されるかについての理由を「選択特性 (selectional property)」に求めた。さらに、この語彙項目が持つ選択特性は、範疇特性を指定した「範疇選択 (categorical-selection)」と選択される項の意味役割から指定される「意味選択 (semantic-selection)」から成立すると考えた。

　例えば、範疇選択を設けることにより、(2b) および、(4) のような非文を排除することができる。

　　(4)　*John put bookish on the table.
　　　　　put: +[_ NP PP]

---

[1] 解決法として、LF（意味部門）での処理によって解釈不可な文として排除する方法も考えられる。ただし、(1) LF に対する負荷の増大、(2) 語彙項目の素性が統語表示に反映されるものとされないものが混在する、という2つの問題に加え、それぞれの問題に対する解決法の提案が必要となり、言語生成のメカニズムの煩雑化につながるデメリットが生じる。

動詞 put の持つ範疇選択に従うと、(2b) では、場所を示す前置詞句 (PP) が、また (4) では、範疇選択されるべき NP が形容詞形として具現化されてしまっているために非文となると説明できる。それ故、この範疇選択は、語彙項目に内在される範疇情報が統語構造に投射されるために不可欠な情報のように思える。

しかし、Grimshaw (1981) や Chomsky (1986) は、意味範疇が統合構造において具現化される場合、その具現法を個々の語彙の特性に求めるのではなく、より一般的に具現化される可能性を提案した。例えば、動詞 put は動作の対象物としてその内項に主題 (theme) と場所 (location) を、そして動作主 (agent) を動詞（句）の外項として意味的に要求するが、これらの意味役割を担う項は、それぞれ、NP (theme)、PP (location)、NP (agent) として統語的に自動的に具現化されると考えたのである。このシステムのことを「規範的構造具現 (Canonical Structural Realization)」と呼んだ。

これにより、各語彙に与えられる意味役割と範疇の関係性は、(5) に示されるようになる。また、動詞が内在する選択制限に関する情報も意味役割のみということになり、(6) のように表わされることになる。

(5)　[NP John] put [NP the book] [PP on the desk].
　　　 agent　　　　 theme　　　　 location

(6)　Put: < agent, theme, location >

つまり、語彙項目が有する統語構造構築のための情報を、統語構造により関係を持つ深い範疇による制限ではなく、意味の選択制限に帰したことになったのである。

ここで改めて考え直さねばならない問題がある。それは、この語彙項目に表示される意味役割の出所についてである。

生成文法の枠組みでの言語生成に関わる文法モデルは、以下のようなものが想定されてきた。

(7)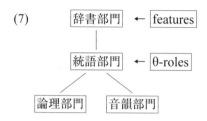

このモデル内における語彙項目に関する情報を処理する部門は、語彙項目の管理、整理を担う辞書部門であり、辞書部門に内在された各語彙項目が持つ情報（素性）に基づき、統語構造へと展開していくと考えられている。

ところが、辞書部門で各語彙項目単体（名詞）に内在する素性の投射だけでは、少なくとも文の意味を成立させることができない例が存在する。

(8) a. John broke Mary's arm. (cf. It is John who broke Mary's arm.)
　　　{+animate,　{+physical,
　　　+human,　　+breakable}
　　　+male　}

　　b. John broke his arm. (cf. It is John himself who broke his (own)
　　　{+animate,　{+physical,　　arm. / John had his arm broken.)
　　　+human,　　+breakable}
　　　+male　}

(8a) は、John が break という行為の行為者として、そして行為の被対象物として Mary's arm が示されており、それぞれの名詞が持つ顕著な意味特性 (φ) に含まれるものをいくつか示した例である。このことは、(8b) の例にも当てはまる。

しかしながら、(8b) においては、主語名詞である John は break という動作の行為者としての解釈とともに、break one's arm「骨折する」という状態の経験者としての意味も含む場合がある。この「行為者」あるいは、「経験

者」としての意味役割のどちらを担うかの決定のためには、主題である名詞の素性情報のみでは決定できない。

　そこで、(6)で示したような動詞による機能的関係性の表示が各項に対して義務的に必要となり、この表示のためには必然的に動詞の述語構造を統語的に組み立てる必要が生じることになる。つまり、動詞のφ素性とは独立して、統語構造に基づく機能的意味役割が生じるということになり、この関係を示したものが(9)である。

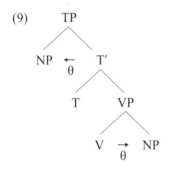

　すなわち、(8a,b)の各々例において、各動詞は、動詞句内の補部に位置する項に意味役割を付与した後、動詞句の持つ意味に基づいて主語名詞に意味役割を付与するというシステムの存在が必要となる[2]。

　同時に、統語構造における意味役割の決定が認められることになる。そのためには、動詞や名詞が本来単体として有することが考えられる範疇や格そしてφといった複合的意味素性以外に、統語構造上で生じる主題役割(θ)を新たに設ける必要性が生じる[3]。そして、統語理論内で意味を扱う必要性を否定しない限りにおいて、辞書部門内で各語彙項目が持つ素性との相互関係を明示する必要性も生まれることになる。

---

[2] 動詞の目的語に対しては直接的に、主語に対しては間接的に主題役割を非対照的に付与することについての合理性についての議論は十分でなく、また、統語構造に主題役割という概念を導入すること自体についての議論も存在する。(Ladusaw and Dowty (1988), Leivin (1985a, b), Wilkins (1988), Pinker (1989))
[3] ここでいう意味役割とは、先のCSRの下で語彙情報として心的辞書に含まれるものとは異なることに注意。

次節では、生成文法の枠組みで取り扱う主題役割に関する道具立てについてまとめ、その問題点を考える。

4. 主題役割をめぐって

4.1. θ理論

　従前、生成文法では、自然言語を生み出す原理、すなわち、普遍文法の下位理論の一つとして、統語構造における述語の語彙特性から生じる主題役割を取り扱ってきた。原理と変数のアプローチから導き出される統語構造に基づいて、自然言語における可能な主題役割を想定し、その具現化を統語構造に反映させる道具立てとしてθ理論が提案されている。

　前節で既に概観したように、θ役割とは、(5)で示されたような動詞 put が主語名詞である John に示す行為の動作主 (agent) を、行為の対象物である目的語名詞 the book に主題 (theme) を、そして動詞 put に義務的に共起する前置詞句に対して、主題の存在場所 (location) という統語構造内で生じる機能関係性を示すものである。

(10) = (5) [NP John] put [NP the book] [PP on the desk].
　　　　　　agent　　　　　theme　　　　　location

　(10)においてそれぞれの語彙項目がθ役割を受け取る場所には共通性がある。つまり、theme と location は動詞句内で、agent は動詞句の外側の位置で各々θ役割を付与されているが、これらの場所はいずれも動詞の意味特性として必要とされる項 (argument) が生じる位置であるということである。動詞句内に生じる項を内項 (internal argument)、外側に生じる項を外項 (external argument) と呼び、θ役割は項の生じる位置にのみ付与されるとした。このことにより、(2)で観察される文法性の差に説明が与えられることになる。

(11) ＝ (2) a. John bought the book. (cf. John bought the book at the shop.)
b. *John put the book. (cf. John put the book on the desk.)

つまり、(2a) においては、前置詞句は動詞の意味特性に義務的に選択される下位範疇素性を持たないため、動詞句外に任意的に付加された構造を持つと考えられる。
　一方、(2b) における前置詞の位置は、動詞によって θ 役割を与えられるため、動詞句内部に生起する必要性があるため、その位置を満たしていない (2b) は非文法的な文となる。
　さらに、θ 理論は、Chomsky (1981) で提案された「θ 基準 (θ-criterion)」を同理論の中心原理として認め、以下のように定めている[4]。

(12) θ 基準：各項目は、θ 役割を 1 つだけ担い、また各 θ 役割は、1 つの項にのみ付与される。

この基準を設けることにより、1 つの項が 2 つ以上の θ 役割を保持したり、1 つの θ 役割を 2 つ以上の項が共有したりすることが許されなくなり、θ 役割は必ず何かしらの項に付与され、項と θ 役割は 1 対 1 の共生関係を持つことになる[5]。
　また、この θ 役割は一度付加されるとその後、受動態のような文の変形に伴い、動詞から θ 役割を付加された名詞が別の場所に移動した形で表示され

---

[4] 従前の理論では、主題役割は辞書部門の段階で、動詞が内在する意味情報として扱われてきたが、項そのものの本質的な動作の意味を規定する素性と、文の構造上から各項の機能が決定することにより初めて担う機能上の素性との絶対的区別がなされないとならない。また、後者においても、機能上の意味役割も辞書部門内での各項目の内在素性の組み合わせの投射により 2 次的に派生される仕組みを求めることが望ましいと考える。
[5] さらには (8a) および (8b) に見られた意味解釈の差において、動詞が持つ主題役割が、統語構造上から派生するものであると想定すれば、辞書部門下において語彙単体のレベルで主題役割が既に規定され、内在された情報として扱うことが不可能になる。なぜなら、動詞 break に <agent [experiencer], theme> というような少なくとも主語名詞 1 つに関して潜在的に 2 つの意味役割が内在することを認めれば、先の θ 基準に抵触することになるからである。つまり、結果として機能上の項に付与される主題役割は、統語構造上決定されるという帰結を生み出すことになる。

たとしても、そもそも受け取ったθ役割に影響はなく、θ役割は文の変形の影響を受けない。このことを「投射原理 (Projection Principle)」と呼んでいる。これは、文の構造変形に一定の規制をかけるもので、その規制が語彙項目によって課される意味役割であることを再確認しておく必要がある。

4.2. θ表示と問題点

(9) の例で示されたように、項のθ役割は、統語構造上での一定の条件下で付与される。動詞句の外項となる主語に対するθ表示について、Chomsky (1986) では、句構造内で中間投射であるT′によるものと想定している。この場合、動詞句内の動詞（主要部）から直接的にθ表示 (theta-marking) を受ける目的語に対して、主語のそれは間接性を持つことになる。

この統語構造上の認可条件に関して生じる非対称性を回避するため、格の素性に関しては、主語も目的語も一般化句構造を保持しながら、その主要部と指定部間での一致を行うようにするなどの統一的かつ対照的な構造を用いた提案がなされてきた。同じように、θ役割についてもこのような統一的な説明を可能にするシステムの存在を模索する必要がある。このことについては、5節で詳しく検討する。

また、根本的な問題として、θ役割そのものの数の規定も明確でないことが挙げられる。

(13) a. 動作主 (agent) John hit the wall.
    b. 非動作主 (patient) Mary kissed the cat.
    c. 主題 (theme) The car ran through the street.
    d. 起点 (source) John fell from the roof.
    e. 着点 (goal) Mary went to the market.
    f. 場所 (location) John put the book on the table.
    g. 経験者 (experience) John fears Mary.
    h. 受益者 (benefactive) Mary bought the kids some candies.
    i. 道具 (instrument) Jane cut the paper with a knife.
    j. 命題 (proposition) Jane thinks that Tom has a dog.

上記のような主題役割が提案され、一般的にその存在の妥当性が認められてきているが、これらに加えて、どのような主題役割がさらに必要（あるいは、不要）かということについては経験的に決定される要素が多いため、研究者間でも意見の分かれるところである。

4.3. θ格子と語彙素性

辞書部に含まれる語彙項目、とりわけ動詞に関しては、動作そのものの特徴を意味素性によって示すものと、その動作に関係する項目との関連を結びつけるものが存在することは経験上明らかである。例えば、先に紹介したCSRの規定するように、動詞の下位範疇指定から統語情報を排除し、θ役割のみを含むものであるとすると、以下のような文を誤って生成することが可能になる[6]。

(14) the beautiful bound a bookish. (cf. The beauty found a book.)

これを回避するには、語彙項目に記載されるべき情報として、統語的情報と意味に関する情報の2つが必要となる。そこで、これらの2種類を統合して、語彙項目に取り入れようとしたのが先に紹介した Stowell (1981) で提案された「θ格子 (theta-grid)」という考え方である[7]。

---

[6] Stowell 以外にも、Jackendoff (1972, 1976, 1987, 1990) では、主題役割は意味関数に基づいて決定されると考え方がとられている。例えば、動詞 fly は以下のような語彙記載 (lexical entry) を持つとされる。(a)は属性範疇と下位範疇情報を示し、(b)は意味関数による意味表示であり、これら両者が(d)の文に対して(c)のような関数構造を生み出すと考えられている。

 Fly: (a) +V
    +[NP1 __ (from NP2) (to NP3)]
  (b) [GO(NP1, NP2< NP3)
    THROUGH THE AIR]
  (c) [GO (THE HAWK, ITS NEST, THE GROUND)
    THROUGH THE AIR]
  (d) The hawk flew from its nest to the ground

そして、意味関数に対する一般規定により、主題役割が決定するとされている。
  <The hawk = them, its nest =source, the ground = goal>

[7] ただし、日本語に「おいて、「ここからが、映画の見どころだ。」のように、主語位置

(15) Put: < Arg1 (NP), Arg2 (NP), Arg3 (PP) >
     | | |
    agent theme location
     | | |
    John the book on the desk

　これにより動詞の語彙記載項目には、項構造 (argument structure)、つまり、主題役割が明示されるということになる。
　しかしながら、3節の (8) の例で指摘したように、語彙項目にはそれぞれの主題役割に加え、項に含まれる素性も内在されている。また、主題役割が統語構造上で付与される仕組みについても述べた。これらを統語構造に組織的に反映させるために、主題役割を下位素性（φなど）の組み合わせから成る集合に付されるラベルと仮定する。さらに、ラベルは下位素性の集合体であるので、ラベルごとに含まれる素性がもたらす個別の特徴が異なり、差別化が成されると考えれば、主題にグループ化が生まれる可能性がある。
　仮に、この考え方を正しいとすれば、Jackendoff (1972) の主張する「主題階層 (thematic hierarchy)」の存在を支持するものにもなりうる。Jackendoff は、主題役割間には階層があると考え、その主題階層に基づいた構文成立のための適格性条件が存在すると主張した。

(16) 主題階層：1. 動作主 (agent)
     2. 場所 (location)、起点 (source)、着点 (goal)
     3. 主題 (theme)

(17) a. *The toy* cost *thirty dollars*
    | |
   <theme> <location>
  b. *Thirty dollars* were cost by *the toy*.
    | |
   <location>   <theme>

（格助詞「〜が」によって示される）に必ずしも名詞句ではなく、「〜から」を後置詞句（副詞句）が現れる例があることを考えれば、範疇は絶対条件とはならないかもしれない。

例えば、(17a) に対応する受動態 (17b) の非文性を、by に後続する the toy が「主題」となり、派生主語である thirty dollars が「場所」を示していることに帰することができる。つまり、主題である the toy が階層的に場所を示す派生主語より下位に生じてしまっていることで、「受動文における by に後続する名詞句は、主題階層において派生主語より高い位置を占めなければならない」とする条件に違反すると考えるのである[8]。

以上、語彙項目の素性によって課される統語構造への条件、主題役割（ラベル）間に見られる階層性、および主題役割と下位素姓間の階層性の存在について示唆した。

次節では、これらのことを踏まえ、Chomsky(2013) 以降の新たなアプローチでの中での素性とラベル、そして統語構造の関係を再考してみることにする。

5. ラベリングと素性

5.1. ラベリング・アルゴリズム

いわゆる、原理変数理論、および初期のミニマリストアプローチの枠組みでは、ある句の構造はその主要部に含まれる語彙情報の投射により形成されていた。例えば、(18) に示されるように、H(X) が X' へ、X' が XP にそしてその内部にまた別の XP が組み込まれて、無限連続的な統語構造を生成すると考えられていた。

(18)

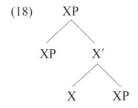

---

[8] Freidin (1975) などで示されるこの説明に対する反例についての詳細に検討について考慮する必要は認めるが、意味と統語構造の不可避的な関係を否定するまでには至らないと考える。

しかし、Chomsky(2014)以降においては、以下のような「ラベリング」と呼ばれる新たなアルゴリズム（句構造構築法）が提案されている。

"LA, a special case of minimal search, seeks heads H within its search domain. It must take place at the phase level, as part of the Transfer operation."　　　　　　　　　　　　　　　　　　　　　Chomsky (2014:4)

この提案に従うと、任意の2つの語彙項目が併合される場合、併合された構造物はその内部において側近の主要部 (H) を探し始める、というものである。例えば、(18) の構造では、従来、主要部の情報が展開していたと考えられていたXPが、逆に自らの範疇を決定するために、範疇決定要素、つまり当該の句の主要部を探すという考え方である。

旧枠組みでは、X が V（他動詞）とした場合、動詞の素性が句に投射され、最終的に動詞句が出来上がると考えていたものが、新枠組では、組み合わされる語彙項目に課される条件はなく、自由に併合され、場合によっては併合が成立しない場合もある。故に、(18) において、H が V であった場合、併合された HP が V を探索し、H と認定し、HP のラベル付けを行った結果、VP が成立することになる。

また、併合される要素が必ずしも主要部単体とは限らない。双方がそれぞれの主要部を含む独立した句である場合の併合はどのように処理するのであろうか。これについては、2つの解決法が示されているが、ここでは、そのうちの一つに焦点を当てて考える[9]。Chomsky (2013) では以下のような記載がなされている。

---

9. ラベリングのアルゴリズムについては、正確には次のように記されている。

"Suppose SO = {H, XP}, H a head and XP not a head. Then LA will select H as the label, and the usual procedures of interpretation at the interface can proceed.

The interesting case is SO = {XP, YP}, neither a head [...]. Here minimal search is ambiguous, locating the heads X, Y of XP, YP, respectively. There are, then, two ways in which SO can be labeled: (A) modify SO so that there is only one visible head, or (B) X and Y are identical in a relevant respect, providing the same label, which can be taken as the label of the SO." Chomsky (2013:43)

本稿では語彙素性と文構造に焦点を置いているため、片方の句を移動させることで主

"Searching [XP, YP], LA seeks the most prominent feature, and takes that to be the label of [XP, YP]."　　　　　　　　　Chomsky (2013:45)

つまり、ラベリングは主要部を探す操作だけではなく、その探索範囲は範疇素性以外の（最も顕著な）語彙素性にも及ぶ可能性があると述べられている。加えて、Chomsky (2014) では、以下のような記述も見られる。

"Assume that substantive elements of the lexicon are roots, unspecified as to category, and that their category as nominal, verbal, etc., derives from merger with a functional element n, v, etc."　　Chomsky (2014:5)

これは、従前、自律的に構造展開していた個々の語彙項目が、それ単体では構造展開せず、rootと呼ばれる範疇未決定の要素と併合し、展開することで出来上がる句構造に語彙素性が代入されることにより、名詞句や動詞句のような具体的な範疇を持った句構造が出来上がると示すものである。

これにより、統語操作は、任意の語彙の自由併合を基本とし、さらにその基本構造は、rootと呼ばれる抽象的要素（統語操作を起動させる統語素性）によって展開し、意味を含む語彙素性は統語構造そのものの展開には関与しない、という新たな生成文法のアプローチである構造構築により一層の焦点を当てた分析法を提案するものであると見なすことができる。

5.2.　素性照合とラベリング

では、最も顕著な素性を内包する独立した2つの語彙項目（句）の併合について英語の例を用いて考えてみよう。

(19)　[NP(ϕ)……]　[TP(ϕ)　T(ϕ)……]

英語においては時制節内では可視的な主語の存在は義務化されている。こ

要部を1つにするという (A) の方策をひとまず棚上げし、素性を扱った (B) に特化し、議論を進める。

の義務的主語を要請するものの一つが、先に述べた語彙項目（動詞）が持つ CSR によるものであるが、これは、厳密には範疇指定を行うものではないので、範疇の異なる意味的に類似した語彙の誤った選択を排除することが難しい。一方、範疇素性のみが合致していても、主部と述部の意味関係は成立しない（例文 (2) および (3) 参照）。

では、格素性や EPP 素性に帰納できるかと言えば、これにも多くの問題が含まれる[10]。

併合に関しての最も顕著とされる素性については、Chomsky (2013) は下記のように述べ、未だはっきりと断言できない部分も多い。

"Mere matching of most prominent features does not suffice […]. What is required is not just matching but actual agreement, a stronger relation, […]. Sharpening this condition requires a closer analysis of Agree, which would carry us too far afield." Chomsky (2013:45)

一方、併合には語彙項目動詞が同じ素性を共有 (matching) しているのみならず、それらの素性が「一致 (agree)」していることが肝心であると述べられている。

さらに、一致する素性については、Chomsky(2014) は次のように述べている。

"Note that labeling requires not just matching but agreement of the paired heads[.] Agreement holds for a pair of features <valued, unvalued>." Chomsky (2014:10 fn.13)

これらを鑑みて、英語の時制節における最も顕著な素性は、格でも EPP でもなく、また、範疇素性でもないと仮定してみることにしよう。主語名詞の下位素性には、主語名詞を意味上で規定している「値 (value)」が存在す

---

[10] EPP の史的取り扱いについては、野村 & 槙田 (2014) が詳細に検討し、シンタクスのインタフェース外からの影響の可能性を示唆している。

る。仮にそれを「±animate」、あるいは「±substance」のような値を持つ素性であるとしよう。同時に、TPにもTから受け継いだ「±animate」あるいは「±substance」、つまりφが存在すると考える。

しかしながら、T自体は機能範疇でありこのφは、実質上、意味的に主語位置に名詞を引き寄せるために存在する意味解釈上解釈不可能な値、つまり、unvaluedであると考えることができる。そうすると、NPの値(valued)を持つφと持たないTのそれは、同定されることで後者を不要なものとして処理(消去)しなくてはならなくなる。

そうなると、この双方の処理を終えた時に、解釈不可能な要素が消えたことで意味役割が発生すると考えることができる。つまり、主題役割が素性の一致処理を得て、新たな素性のラベルとして生起するということになる。

(20)

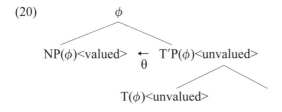

この意味素性処理による主題役割の起動性については、動詞と目的語間にも作用すると考えられる。つまり、動詞にも目的語の名詞が有するunvalued φを持っており、目的語のvalued φの処理もラベリングのアルゴリズムに従って進められる[11]。

このように考えると、ラベリングというメカニズムを言語システムに認めた場合、自然言語における統語構造の構築は、語彙素性の影響を受けず常に自由併合され、併合された構造の中から主要部やφ素性などの探索を行なう。また同時に、探索された素性も、探索経路を辿ることでその意味情報を統語

---

[11] "Since R is universally too weak to label, it follows that the analogue of EPP for v*P holds for both English and Italian, but here EPP refers to rising-to-object, just as English T can label TP after strengthening by SPEC-T, so R can label RP alter object-raising." Chomsky (2014:7)

構造に反映することができることになる。その一つとして、従来語彙情報の一端として取り扱われてきた主題役割を、統語構造内で吸収させ、かつ、その役割付与も可能とする仕掛けが作られる。そして、このように単一構造内での多重作業を可能とするシステムは、何よりも言語計算の経済性を高めるものである。

6. まとめ

　本稿ではまず、生成文法理論の枠組みの中で、心的辞書に内在される語彙項目が組み合わさることによって、文として具現化される際の各語彙が持つ意味情報の統語表示に果たす役割について注目した。そして、統語構造の構築には各語彙項目の意味素性が大きな役割を果たしているという事実を考察した。

　さらに、個々の語彙項目の意味素性が組み合わさることで新たな意味素性のラベルを統語構造上で生み出している可能性について、ラベリングという生成文法における句構造構築に対する新たな提案に基づき、統語構造における意味の扱いにより強い説明力を与えることができるという潜在的可能性についても論じた。

　文構造上解釈される意味の存在がある限り、統語と意味を切り離すことはできない。そして、統語構造が生み出す意味の根源は、心的辞書に含まれる語彙情報に他ならない。その語彙情報が語彙素性として、個別の語彙項目に内在し、その情報を統語構造が読み込んでいくシステムにおいては、今後ますます、語彙に対する研究の重要性が注目されるべきであろう[12]。

---

[12] 統語研究における意味、およびレキシコンに対する研究の重要性について再認識を深めたのは、赤野一郎氏（京都外国語大学名誉教授）との出会いによるものが大きい。ここに記して感謝を述べたい。

参考文献

Chomsky, Noam (1981) *Lectures on Government and Binding*, Foris.
Chomsky, Noam (1986) *Knowledge of Language: Its Nature, Origin, and Use*. Praeger.
Chomsky, Noam (1995) *The Minimalist Program*, MIT Press.
Chomsky, Noam (2000) "Minimalist Inquiries: The Framework, *Step by Step: Essays on Minimalist Syntax in Honor of Howard Lasnik*, ed. by Roger Martin, David Michaels, and Juan Uriagereka, 89–155, MIT Press.
Chomsky, Noam (2008) "On Phrases," *Foundational Issues in Linguistic Theory*, ed. by Robert Freidin, Carlos P Otero and Maria L. Zubizarreta, 133–168, MIT Press.
Chomsky, Noam (2013) "Problems of Projection," *Lingua* 130, 3–49.
Chomsky, Noam (2014) Problems of Projection: Extensions," ms., MIT.
Freidin, Robert (1975) "Review of Semantic Interpretation in Generative Grammar by Ray Jackendoff," *Language* 51, 189–205, Waverly Press.
Grimshaw (1981) "Form, function, and the language acquisition device," in *The Logical Problems of Language Acquisition*, ed. by C.L. Baker and John. J. McCarthey,165–182, MIT Press.
Ladusaw William .A. and David. R. Dowty (1988) "Toward a nongrammatical account of thematic roles," in *Syntax and Semantics 21: Thematic Relations*, by W. Wilkins(ed.), Academic Press.
Levin, Beth (1985a) "on the nature of ergativity," Unpublished Ph.D dissertation, MIT.
Levin, Beth(ed.) (1985b) *Lexical Semantics in Review*. Lexicon Project Working Paper 1. MIT.
野村昌司&槙田裕加 (2014)「A移動——格とEPPの本質を探る——」『生成文法の軌跡と展望』小野尚之、近藤誠、藏藤健雄、松岡和美、藤本幸治、pp. 145–163, 金星堂
Pinker, Steven (1989) Language Learnability and Language Development, Harvard University Press.
Stowell, Tim. (1981) "Origin of phrase structure." Unpublished Ph.D dissertation, MIT.

逸脱したコロケーションとイディオム：
ディケンズの *The Pickwick Papers* の場合

堀　正広

1. はじめに

　Charles Dickens (1812–70) の作品における言語的、文体的な創造性に関してはこれまでしばしば議論されてきた (Quirk 1959, 1974, Brook 1970, Golding 1985, Sørensen 1985, Hori 2004)。Leaves の言葉を借りれば、Dickens は、語句、韻律、イメージなどの点においては、Shakespeare の次に位置する存在である (Leaves 1972: 274–5)。たとえば、新しい単語、つまり新語に関して言えば、Shakespeare はこれまでの文学者の中で、最も多くの新語や新語義を作り出した人物だと言われているが、Dickens も Shakespeare に劣らず多くの新語や新語義を作り出している。岡村 (1996) は、OED (Oxford English Dictionary) に引用されている最初の例（初例）を丹念に調べて、Shakespeare の全作品における新語、2,133 語を列記している。ある単語が、Shakespeare の作品から初例として OED に引用されているからといって、Shakespeare が造語したという証拠にはならないかもしれない。事実、OED の冊子体や CD-ROM 版では初例でも、定期的にデータが追加される OED Online では別の文学者の例が初例となり変更される場合がある。確かに、造語研究において、コンピュータの発達と共に将来的に新しい研究方法が開発されるかもしれないが、現段階では造語研究は、OED の初例がひとつの目安となる。そのような考えの基に、同様の方法で、OED on CD-ROM 第 2 版を使って調査すると、Dickens には 1,199 の新語や新語義が初例として引用されている (Hori 2004: 99)。
　このような新語や新語義研究は、その作家の言語的創造性を明らかにすることができる。しかし、Dickens のこのような創造的な言語は、批判の対象

となることがある。次の引用は、Anthony Trollope (*Autobiography,* published in 1883) からのものである。

(1) Of Dickens's style it is impossible to speak in praise. It is jerky, ungrammatical, and created by himself in defiance of rules—almost as completely as that created by Carlyle.

(Phillip Collins (ed.) 1971: 326)

Trollope は、大半の読者は満足するかもしれないが、Dickens の文体はお世辞にも賞めることはできず非文法的で、文法規則を無視していると批判している。とくに、作家志望の者たちはお手本とすべきではないと言い切っている。

(2) No young novelist should ever dare to imitate the style of Dickens. If such a one wants a model for his language, let him take Thackeray.

(ibid. 326)

では、Trollope が批判する、非文法的で規則を無視した言葉遣いとはどのようなものであるか。本稿では Dickens の最初の本格的な小説である *Pickwick Papers* に見られる逸脱したコロケーションやイディオムの構造を検討していく。そして、このような逸脱した言語使用は、Dickens の文学世界の魅力のひとつであり、言語的な創造者の一面であることを明らかにしていきたい。

2. 使用するコーパス

本稿では、下記のコーパスと OED on CD-ROM 第 2 版を使用する。

(I) Eighteenth-Century Fiction on CD-ROM (ECF) (Chadwyck-Healey, 1996) 18 世紀英国の代表的な作家 30 人の 77 作品を収録している。

(II) Nineteenth-Century Fiction on CD-ROM (NCF) (Chadwyck-Healey, 2000) 19 世紀英国の代表的な作家 109 人の 250 作品を収録している。

(III) British National Corpus (BNC)
(IV) The Oxford English Dictionary on Compact Disc, 2nd edn, Macintosh Version (1993).

3. 逸脱したコロケーション

　本稿では、逸脱したコロケーションのタイプを次の4つに分類して、分析する。本稿で指摘するコロケーションの用例は、Dickens 以外では、ECF, NCF, BNC, OED on CD-ROM2 には見られない。

(A) 比喩的コロケーション (figurative collocations)
(B) 転移的コロケーション (transferred collocations)
(C) 矛盾語法的なコロケーション (oxymoronic collocations)
(D) 非慣習的なコロケーション (unconventional collocations)

3.1. 比喩的コロケーション

　比喩的なコロケーションは語彙的なコロケーションの逸脱である。次の3つのタイプに分けられる。たとえば、「形容詞＋名詞」の場合、(i)「形容詞も名詞も比喩として使われている場合」、(ii)「名詞句が比喩として使われている場合」、(iii)「形容詞が比喩として使われている場合」がある。次の例は (i)「形容詞も名詞も比喩として使われている場合」である。

(3) Mr. Winkle responded with a forced smile, and took up the spare gun with an expression of countenance which **a metaphysical rook**, impressed with a foreboding of his approaching death by violence, may be supposed to assume. It might have been keenness, but it looked remarkably like misery. (Ch. 7)

近づいてくる死の恐怖におびえている Winkle 氏の顔の表情は、a metaphysical rook「形而上学的なミヤマガラス」に喩えられている。Winkle はミヤマ

ガラスに喩えられているだけでなく、彼の悲壮な表情は「形而上学的」に、比喩的に描写されている。ここでは、名詞 rook だけでなく形容詞 metaphysical も比喩として使われている。

次の例は、(ii)「名詞句が比喩として使われている場合」である。

(4) 'Get off!' cried Sam, indignant at this process, and vainly endeavouring to extricate himself from the grasp of his enthusiastic acquaintance. "Get off, I tell you. What are you crying over me for, you **portable ingine** [engine]?' (Ch. 23)

Jingle の手先として Pickwick と Sam を裏切った Trotter は、portable engine「移動式エンジン」と罵倒される。名詞句 portable engine そのものは通常のコロケーションであるが、どこにでも移動し、出没し、エネルギッシュに手先として働く Trotter という人物を portable engine に喩えている。

次の例は、(iii)「形容詞が比喩として使われている場合」である。

(5) 'How do you know my name, **old nut-cracker face**!' inquired Tom Smart, rather staggered;—though he pretended to carry it off so well. (Ch. 14)

ある老紳士の顔は、old nut-cracker「古いくるみ割り器」に喩えられている。a nut-cracker face は、「(歯が抜けて) 鼻とあごが寄った顔」と言う意味で現在では使われるが、OED Online では、初例は 1981 年となっている。ECF や NCF にも見られないので、Dickens の *Pickwick Papers* のこの引用例が OED2 よりも古い例となる。

比喩的コロケーションのうち、次の例はたいへん興味深い。

(6) Saying which, the old lady, quite unconscious that she had spoken above a whisper, drew herself up, and **looked carving-knives *at*** the hard-headed delinquent. (Ch. 6)

このコロケーションは、動詞 looked を、文法的には複数形の名詞 carving-knives が副詞的に修飾している「動詞＋副詞的用法の名詞」の例である。意味的には、食卓用の肉切りナイフが見る行為を修飾している。このコロケーションには、異なった意味分野の語彙が文法的にも意味的にも修飾関係にある不自然さが見られる。この表現は、OED によると Shakespeare の to speak daggers を基とする to look daggers at someone「短刀を突きつけるように怖い顔をしてじっと見つめる」に基づいている。ここでは Dickens は、daggers を carving-knives に置き換えて、「大型肉切り用のナイフを突きつけるように見つめて」という意味で使っている。つまり、動詞 look を修飾する carving-knives は、比喩的に使われていることになる。ここでは、この老夫人のとげとげしい鋭い視線を「肉切り用のナイフ」に喩え、その鋭さを誇張しているだけでなく、このような老婦人の視線を「肉切り用のナイフ」と比較することで、この老婦人の普通の人とは違う、逸脱した人物像を描いている。この *looked carving-knives at* の比喩的なコロケーションは 18 世紀や 19 世紀の他の小説には使われていない (cf. "The Jargon of the Nobel, Computed" *The New York Times*: July 29, 2011)。

3.2　転移修飾的コロケーション

　転移修飾的コロケーションとは、文法的に修飾している文法関係と意味的な関係が異なる語と語の結びつきである。

(7) 'Beautiful indeed,' echoed a red-haired man with **an inquisitive nose** and blue spectacles, who had unpacked himself from a cab at the same moment as Mr. Pickwick. 'Going to Ipswich, sir?' (Ch. 22)

引用のコロケーション an inquisitive nose「詮索好きの鼻」では、形容詞 inquisitive「詮索好き」は名詞 nose を修飾しているが、「詮索好き」なのは、「鼻」ではなく、その鼻の所有者 a red-haired man である。このような転移修飾的コロケーションの場合、この人物を詮索好きの鼻によって特徴づける効果がある。類例として次のものがある。

(8) ... and Mr. Miller (who had fallen asleep during the recital of the verses) roused from his slumbers by an **admonitory pinch**, ...

(Ch. 6)

ここでは、admonitory「忠告がましい」のは、つねった本人である Miller 氏である。

3.3 矛盾語法によるコロケーション

Shen (1987) によると、矛盾語法には 2 通りあり、"living death"「生きている死」のように直接的に字義的に矛盾する語と語の組み合わせの場合と、"silent whistle"「沈黙の口笛」のように間接的に矛盾している語と語の組み合わせがある。次の例は後者のものである。

(9) 'Oh, you wicked old rascal,' cried one voice, 'looking arter the girls, are you?'
'Oh, you **wenerable** [venerable] **sinner**,' cried another. (Ch. 13)

コロケーション "wenerable sinner"「尊敬に値する罪人」とは、字義通りの矛盾語法ではないが、一般的に sinner は尊敬に値しないという意味では、このコロケーションは間接的ではあるが、矛盾語法である。ここでは仲間からの呼びかけ語 "wicked old rascal" に対して揶揄的に、そしてユーモラスな返事として使われている。

同様に次の例も間接的ではあるが、意味的なコロケーションの衝突の例である。

(10) '**Magnificent ruin!**' said Mr. Augustus Snodgrass, with all the poetic fervour that distinguished him, when they came in sight of the fine old castle. (Ch. 2)

コロケーション "Magnificent ruin"「壮麗な廃墟」は、意義素 (+ glorious) あるいは (+ good) の点から見ると、magnificent と ruin は矛盾した語の組み合

わせである。しかし、詩人願望の Snodgrass は、廃墟化した古城を詩的な表現で賛美したのである。ここには、語り手による詩的な表現に対する皮肉も込められている。

3.4 非慣習的なコロケーション

非慣習的なコロケーションとは、意味的に矛盾しているというよりも、慣習的な語と語の結びつきではなく、Dickens において初めて使われたと思われるコロケーションである。次の例は典型的なものである。

(11) The young ladies were pretty, their manners winning, their dispositions unexceptionable; but there was a dignity in the air, a **touch-me-not-ishness** in the walk, a majesty in the eye of the spinster aunt, to which, at their time of life, they could lay no claim, which distinguished her from any female on whom Mr. Tupman had ever gazed.
(Ch. 8)

"a touch-me-not-ishness in the walk"「私に触れないでという歩き方」において、"a touch-me-not-ishness" は、OED2 ではこの箇所が初例として引用されている。次の例も類例である。something に接尾辞 -ean を付けた something-ean「なにものかのような」という形容詞は OED2 では Dickens が初例となっている。

(12) Moreover, there was a band of music in pasteboard caps; four **something-ean singers** in the costume of their country, ... (Ch. 15)

次の引用のコロケーション "the capacious chin"「ゆったりとした顎」において、"capacious" も "chin" も一般的な語である。"a capacious waistcoat"「ゆったりとしたチョッキ」や "a man of capacious mind"「心の広い人」は慣習的なコロケーションではあるが、"capacious" と "chin" のコロケーションは慣習的とは言えない。

314

(13) . . . the black silk waistcoat had become more and more developed; inch by inch had the gold watch-chain beneath it disappeared from within the range of Tupman's vision; and gradually had the **capacious chin** encroached upon the borders of the white cravat: . . . . (Ch. 1)

4. 逸脱したイディオム的な表現

イディオムは、通常はそれぞれの単語の意味の総和からは理解されない。たとえば、"to have cold feet"「おじけずく」というイディオムは、4つの単語からは類推できない意味であり、"to have frozen feet" あるいは "to have chilly feet" のように形容詞 cold を frozen や chilly といった別の形容詞と入れ替えるとイディオムの意味にはならなくなる (Carter 1998: 65)。しかしながら、Dickens はイディオムの語を入れ替え、省略しながらも、元のイディオムの意味を保ちながら、創造的な表現を作り上げている。

4.1. 新しいイディオム的な表現

すでに述べたように Dickens は多くの新語や新語義を造りだしている。新語の中には、他の語と結びついて、新しいイディオム的な表現を作り上げているものがある。たとえば、主人公 Pickwick から派生した、Pickwickian という形容詞は、造語であるが、他の語と結びついて新しいイディオム的な表現を作り上げている。

(14) 'Mr. BLOTTON had no hesitation in saying that he had not—he had used the word in its **Pickwickian sense**. (Hear, hear.) He was bound to acknowledge that, personally, he entertained the highest regard and esteem for the honourable gentleman; he had merely considered him a humbug in a **Pickwickian point of view**. (Hear, hear.)

'Mr. PICKWICK felt much gratified by the fair, candid, and full explanation of his honourable friend. He begged it to be at once understood, that his own observations had been merely intended to bear a **Pickwickian construction**. (Cheers.)' (Ch. 1)

OED2 は Pickwickian を見出し語として収録し、"in a technical, constructive, or conveniently idiosyncratic or esoteric sense; freq. in reference to language 'un- parliamentary' or compromising in its natural sense" と定義している。引用文中の "its Pickwickian sense," "a Pickwickian point of view," "a Pickwickian construction" は、それぞれ字義通りの意味は「ピックウィック的意味」、「ピックウィック的視点」、「ピックウィック的解釈」であるが、意味するところは「普通ではない特殊な意味・視点・解釈」の意味で使われ、具体的にどういう意味かは曖昧なままで使われている。

(15) 'Certainly, sir, certainly—hundred more anecdotes of the same animal. —Fine girl, sir' (to Mr. Tracy Tupman, who had been bestowing sundry **anti-Pickwickian glances** on a young lady by the roadside).

(Ch. 2)

(16) Now general benevolence was one of the leading features of the **Pickwickian theory**, and no one was more remarkable for the zealous manner in which he observed so noble a principle than Mr. Tracy Tupman. (Ch. 2)

(17) The labours of others have raised for us an immense reservoir of important facts. We merely lay them on, and communicate them, in a clear and gentle stream, through the medium of these numbers, to a world thirsting for **Pickwickian knowledge**. (Ch. 4)

結果的には Pickwickian の意味は一緒に使われる語との関係で意味は多少変わってくる。次の引用は BNC からのものであるが、ここでは「ピックウィックのような布袋腹」という意味となっている。

(18) A large white cravat and black jacket unfortunately accentuated his

Pickwickian paunch.

(Murder makes an entrée. Myers, Amy, 1992, BNC)

また、OED2 は、"the Pickwickian syndrome" の初例を 1956 年とし、「極度の肥満に伴う体の諸症状」の意味で医学用語となっていることを記載している。

4.2. 入れ替え

逸脱したイディオム的な表現の 2 つ目は、元のイディオムの意味を保ちながら別表現で置き換えて、奇妙なユーモアを生み出している。

(19) How Mr Winkle, when he **stepped out of the Frying-pan, walked gently and comfortably into the Fire** (Ch. 38 heading)

本来のイディオム "to leap out of the frying-pan into the fire" の意味は、「小難を逃れ大難に陥る」という意味だが、Dickens は "leap out of" を "step out of" で入れ替えて、"step out of"「〜からでて」、"walked gently and comfortably into the fire"「穏やかに心地よさそうに歩いて火の中に入っていった」とイディオムの意味を踏まえながら言葉遊びを楽しんでいる。類例として次のものがある。

(20) 'I hope you are well, sir.'
    '**Right as a trivet**, sir,' replied Bob Sawyer. (Ch. 50)
(21) 'Why,' said Mr Roker, 'it's **as plain as Salisbury**.' (Ch. 42)
(22) 'Pickvick and principle!' exclaimed Mr. Weller, in a very audible voice.
    'Sam, be quiet,' said Mr. Pickwick.
    '**Dumb as a drum** vith a hole in it, sir,' replied Sam. (Ch. 25)

OED2 は Right as a trivet の意味を "thoroughly or perfectly right (in reference to a trivet's always standing firm on its three feet)" と説明してこの箇所を初例としている（2018年8月3日アクセスした OED Online によると初例は1835年 Thomas Hood の *Dead Robbery* からの例で、1837年の Dickens のこの箇所は、2番目の引用になっている）。"as plain as Salisbury" は、"Salisbury Plain" に基づいた、今ではよく知られた洒落であるが、OED2 はこの箇所を初例としている。"dumb as an oyster" や "dumb as a stone" が一般的に知られているイディオムだが、Dickens は " "dumb as a drum" と頭韻を踏ませることと、うるさい drum を dumb と結びつけて矛盾語法による言葉遊びをしている。

4.3. 拡大

拡大とは本来のイディオムに単語を追加するやり方である。

(23) Mr. Winkle seized the wicker bottle which his friend proffered, and **took a lengthened pull at the exhilarating liquid**. (Ch. 2)

イディオム "to take a pull at the bottle" とは、"to drink alcohol" の意味であるが、Dickens は "to take a long pull on one's beer"「ビールをぐいと飲む」という連想から long ではなく lengthened を加えている。

(24) Thus admonished Mr. Trotter raised the pot to his lips, and, **by gentle and almost imperceptible degrees**, tilted it into the air. (Ch. 44)

"by imperceptible degrees"「目につかぬ程度に」という表現は19世紀の他の作家でも使われているが、Dickens は、さらに gentle and almost を加えて拡大させている。"for the behoof of" は固定した表現だが、Dickens は次の引用のように、special や exclusive を挿入している。

(25) . . . and raising her voice to its loudest pitch, **for the special behoof of** Mr. Raddle in the kitchen. (Ch. 31)

(26) . . . merely giving utterance to divers verbal witticisms **for the exclusive behoof and entertainment of** Mr. Samuel Weller. (Ch. 49)

4.4. 転化 (conversion)

　転化とは、慣習的な語と語の結びつきを慣習的でない新しい統語的な結びつけ方をするやり方である。

(27) 'This here's Pickvick, your Wash-up,' said Grummer.
'Come, none o' that 'ere, **old Strike-a-light**,' interposed Mr. Weller, elbowing himself into the front rank. (Ch. 25)

動詞句 "strike a light."「(火打ち石で) 火をつける」を名詞句として用い、さらに罵倒する呼びかけ語 old Strike-a-light「老いぼれた火打ち野郎」として使っている。

(28) Every morning, the regular water-drinkers, Mr Pickwick among the number, met each other in the pump room, took their quarter of a pint, and **walked constitutionally**. (Ch. 36)

"a constitutional walk" とは、OED2 は、"a walk taken for health's sake, or for the benefit of the constitution" と定義している。Dickens はこの表現の品詞を変え、形容詞 constitutional「散歩などが健康にいい」の副詞として "constitutionally" を造語し、walked を修飾する様態副詞として使い、"a constitutional walk" から転化した "walked constitutionally" というイディオム的な表現を造っている。OED2 は constitutionally の初例としてこの箇所を引用している。

5. さいごに

本稿では、Trollope から非文法的で、規則を無視した言葉遣いとして批判された Dickens の文体を、*Pickwick Papers* に見られる逸脱したコロケーションやイディオムの構造を明らかにし、その機能や役割を考察してきた。確かに、Trollope が指摘するように、表面的には文法を逸脱した言葉の使用が見られるが、実際には言語の標準 (norm) を踏まえ、わずかにずらし、時には大胆に逸脱することで、新しい表現を造りだしている。このような造語や新しい組み合わせによる表現は、Dickens の文学世界の魅力の一つであり、Dickens の言語的な創造者の一面であることがわかった。

参考文献

Brook, G. L. (1970) *The Language of Dickens*. London: Andre Deutsch.
Carter, R. (1998) *Vocabulary: Applied Linguistic Perspective*. London: Routledge.
Collins, Philip (ed.) (1971) *Dickens The Critical Heritage*. London: Routledge and Kegan Paul.
Firth, J. R. (1957) *Papers in Linguistics* 1934–51. Oxford: OUP.
Golding, R. (!985) *Idiolects in Dickens*. London: Macmillan.
Hori, M. (2004) *Investigating Dickens' Style: A Collocational Analysis*. Basingstoke: Palgrave, Macmillan.
堀正広 (2009)『英語コロケーション研究入門』研究社.
Ingham, P. (2008). "The Language of Dickens," in David Paroissien (ed.) *A Companion to Charles Dickens*. Oxford: Blackwell, 126–141.
Leech, G. (1969) *A Linguistic Guide to English Poetry*. London: Longman.
Leavis, E. R. and Q. D. Leavis (1972) *Dickens the Novelist*. London: Penguin Books.
岡村俊明著 (1996)『シェイクスピアの新語、新語義の研究』渓水社.
Partington, A. (1996) *Patterns and Meanings: Using Corpora for English Language Research and Teaching*. Amsterdam: John Benjamins.
Quirk, R. (1959) *Charles Dickens and Appropriate Langauge*. Durham: University of Durham.
Quirk, R. (1974) "Charles Dickens, Linguist," in *The Linguist and the English Language*. London: Edward Arnold, pp. 1–37.
Shen, Y. (1987) "On the Structure and Understanding of Poetic Oxymoron," *Poetics*

Today, 8, 1, 105–22.

Sørensen, K. (1985) *Charles Dickens: Linguistic Innovator*. Aarhus: Arkona.

Trollope, A. (1883) '"Anthony Trollope on Dickens" published 1883,' in Phillip Collins (ed.) *Dickens The Critical Heritage* (1971), London: Routledge.

Yamamoto, T. (1950, 2003 3rd) *Growth and System of the Language of Dickens*. Hiroshima: Keisuisha.

言語分析のフロンティア

日本最初期の英和辞書学：成立とその背景

南出　康世

1. はじめに

　英語はかっては、S. Johnson: *A Dictionary of the English Language* (1755) の定義によれば、"the language of England" にすぎなかったが、現在では世界中で用いられ、*World Englishes, English Worldwide* といったジャーナルも発行されている。一説によると英語を第一言語とする人はおよそ3億9千万、ESL とする人はおよそ13億6千万といわれている (c.f. Horobin (2016)。これはカチュル (Braj B. Kachru) が唱えた英語の三層円のうちの内円 (inner circle)、外円 (outer circle) に相当するが、これに拡大円 (expanding circle) を加えるとその数は膨大なものになるだろう。

　さて、日本がはじめて接した英国人は1600年に豊後（大分県）の臼杵付近に漂着したオランダ船に乗っていたウィリアム・アダムス (William Adams) とされる。まさしく英語が「イングランドの言語」に過ぎなかった時代である。彼は徳川家康の信任を得て、三浦逸見に領地を与えられ三浦按針と呼ばれるようになった。彼は、1613年に英国通商大使セーリス (J. Saris) が持参した英国王ジェイムス1世の国書 (1613) を和訳し家康の返書を英訳したと伝えられる。

> James by the grace of Almightie God, kinge of Greate Brittaine, Fraunce and Ireland …「ぜめし帝王書状之趣者、天道之御蔭により、おふぶりたんや國、ふらんず國、ゑらんだ國、これ三ヶ國之帝王に…」
>
> （川澄 (1988:58–59)）

1609年に平戸に英国商館が開かれコックス (R.Cocks) が商館長として活躍し日英通商が行われたが、オランダとの競争に敗れて、わずか10年ほどで

閉館し1623年にはイギリス人は日本を退去した。アダムス、セーリス、コックスなどの足跡は、皆川三郎(1957)『平戸英国商館日記』訂正増補版(篠崎書林)／菊野六夫(1977)『ウィリアム・アダムズの航海誌と書簡』(南雲堂)などによってたどることができるが、英学書と呼べるものを彼等は残していない。

さて、島原の乱(1637)後、幕府は「鎖国体制」を固め、ロシアなどとの接触は細々と続いていたが、日本・ヨーロッパ間の通商はオランダが独占することになり、オランダが外国に開かれた唯一の公式の窓となった。

このようにして英国商館閉鎖後185年間途絶していたイギリスとの関係は、文化5年(1808)にイギリス船フェートン号(Phaeton)が突如長崎に入港したことで急遽再開する。幕府はコミュニケーション・ギャップによる外交政策上のトラブルを未然に防ぎ、国防体制を固めるためにも英語の必要性を痛感し、文化6年には長崎の和蘭通詞たちにオランダ人ブロムホフ(J. Cock Blomhoff)の指導のもとに英語の学習を命じ、本木床左衛門（正栄）らによって『諳厄利亜興学小筌』と『諳厄利亜語林大成』の編集が始まった。

フェートン号事件の後も日本に接近してくる外国捕鯨船の脅威に幕府は文政8年(1825)に異国船打ち払い令を出し鎖国政策を強め洋学者の弾圧を計ったが、迫り来る英国および米国の勢力は無視できなかった。1842年英国が阿片戦争で香港を植民地とした頃には、幕府は英国とオランダとの国力の差を痛感し国防・外交政策上英語は不可欠との認識を深めていたようである。江戸の天文方見習渋川六蔵による『英文鑑』(1841)もまさしくこの要請から生まれたものであった。1848年に米国人漂流民人ラナルド・マクドナルド(Ranald MacDonald)による通詞14名への英語教授が行われ、さらに1851〜1854年にかけては『エゲレス語辞書和解』の編纂が進められるなど、オランダ通詞による英語研究は、継続して行われ、幕末の動乱期から明治期へと継承されたのであった。

やがて安政元年(1854)に開国の世になるが、フェートン号事件から開国に至るこの時期は、英学勃興の時期であると同時に蘭学の成熟期であったことに少し触れておきたい。オランダ商館長ドゥーフ(H. Doeff)によって、ハルマ(F. Halma)の蘭仏辞典第2版(1729)を底本とする蘭和辞典の校訂浄書

が『ドゥーフ波留麻』(『道訳法爾馬』)(『長崎ハルマ』とも呼ばれる) として完成したのは天保4年 (1833) である。同じハルマの蘭仏辞典第6版 (1781) を底本とする『波留麻和解』(『江戸ハルマ』とも呼ばれる) は大槻玄沢の門人稲村三伯を中心に寛政9年 (1796) 頃にすでに完成し、寛政11年 (1799) 頃までに30余部を順次刊行していた。藤林泰助による『訳鍵』(1810) (『波留麻和解』の簡約2巻本)、さらに、蘭和辞典の集大成というべき『波留麻和解』の改訂増補版『和蘭字彙』13巻が桂川甫周の手によって完成したのは、安政5年 (1858) であった。『諳厄利亜興学小筌』『諳厄利亜語林大成』『英文鑑』のいずれもが、直接間接的にこれら長崎蘭学および江戸蘭学の成果を踏まえていたことは言うまでもない。

　開国の世となると英語に対するオランダ語の劣位は明白であった。急遽その対策を迫られた幕府は、安政6年 (1859) に、もと和蘭通詞、蕃書調所教授方の堀達之助に英和辞書編集を命じ、文久2年 (1862) に『英和対訳袖珍辞書』を実現させた。一方、『英吉利文典』(別名『木の葉文典』)『英語階梯』『英吉利単語篇』『英語訓蒙』など英文テキストの覆刻、編集も着々と進み、フェートン号事件後一時中座していた英学は一気に開花し、英語学習のための道具、辞書、会話書、文法書、単語集、スペリングブック、読本は慶応2年 (1866) には、一挙に揃ったのである。しかもこれらの書は、幕府のいわば極秘文書であった『諳厄利亜興学小筌』『諳厄利亜語林大成』『英文鑑』とは違って、その利用者層は極めて限定されていたにせよ、公刊の書であった。『英和対訳袖珍辞書』『英吉利単語篇』は蘭文典への依存度は極めて高いが、『英吉利文典』『英語階梯』『英語訓蒙』は、英語原典からの直接の覆刻であった。また、『英米対話捷径』は蘭学とは無縁の漂流民中浜万次郎による書であったし、『和英語林集成』はこれも蘭学とは無縁の米国人宣教師ヘボンの手によるものであった。さらに通詞14名に生の英語を教えたとされる米国人漂流民マクドナルドもまた蘭学とは無縁の人物であった。このように幕末期における英学の開花は蘭学の遺産の引き継ぎであると同時に、蘭学からまったく独立した出発でもあったのである。蘭学の場合、「話す・聞く」中心の長崎蘭学がまず存在し、その後吉宗の時代になって、蘭書を読むことが許されると訳読中心の江戸蘭学が発達し、訳読に必要な参考書が整備される

という順序を取った。極端に誇張して言えば「蘭語を話せるが、蘭書を読めない長崎蘭学」、「蘭書を読めるが蘭語を話せない江戸蘭学」ということになる。そして幸か不幸か英学は後者の蘭学を引き継いだのである。この結果英書を読むための道具は早く揃ったが、同時に訳読優先・音声軽視の教授法も引き継いだのである。これは、善しにつけ悪しきにつけ、我が国の英語教育に大きな影響力を持ち続けることになる。

　以上の事情を念頭において、日本の英語辞書史の冒頭を飾る『諳厄利亜興学小筌』『諳厄利亜語林大成』『英和対訳袖珍辞書』の編集方法・出版目的などを明らかにして、英和辞書学の原点を探り、現在の英和辞典との関わり合いを浮き彫りにしてみたい。

2. 本木正栄編『諳厄利亜興学小筌』10巻3冊　文化8年(1811) 長崎原本大修館書店復刻(1982)：旧大阪女子大学図書館蔵

　本書にはいくつかの異本がある。豊田実(1963)によると、「本木正栄の自筆本1部（長崎原本）と欠本1部が長崎市役所（現在は長崎市立博物館）に、もう1部が大槻家に存在し、その大槻家の写本が京都大学と豊田博士のところにあり、それをまた写したものが大阪府立女子専門学校と故岡倉由三郎先生の蔵書中にある」という。大阪府立女子専門学校は旧大阪女子大学の前身で、もちろん大槻写本は同大学の付属図書館に引き継がれ、さらに府立大阪大学情報センター図書館に引き継がれている。長崎原本は日本英学史料刊行会の編集で昭和57年(1982)大修館書店より『諳厄利亜語林大成』とともに復刻された。大槻写本との比較を入れると複雑になるので、以下復刻原本に基づいて話を進める。

　『興学小筌』には「此書和蘭の学語を集成したる書にて、一傍に和蘭語、一傍に諳厄利亜語と両側に細写したるものなり」と凡例に述べられている。「此書」については、諸説ありまだ正確な書名は特定化されていないが、山口(1996a.b.)によるとW. Sewel: *Korte Wegwyzer der Engelsche Taale* (1705, 1706, 1724, 1735)/ E. Evans: *A Complete English and Dutch Grammar* (1757.1778, 1792.1793,1806) 説が有力である。序文には「幸いに此書を携え

て、師とする蘭人に質問し、尚彼が蔵する書とを修行する事にぞなりぬ」とある。「師とする蘭人」とはもちろんブロムホフのことである。「彼が蔵する書」についても詳細不明であるが、簡単な蘭英・英蘭実用書であろう。

　本書の凡例は5葉からなり、本書成立の由来、編集方針、目的、内容と構成、それに編集に伴う苦心談（例「更に東西を弁ぜずして誠に暗夜を独行する如く、一句片言分明ならず」）が克明に描かれている。序文5葉というのは異例であるが、草創期の辞書は国の内外を問わず序文は長いようである（ジョンソンの A Dictionary of the English Language (1755) は10頁、ウェブスターの A Compendious Dictionary of the English Language (1806) では21頁もある）。

　本文は類語大凡 (vocabular)・平用成語 (familiar phrase)・学語集成 (dialogue) からなる。類語大凡は、乾坤、時候、数量、官位、人倫、人事、支體、気形、器財、服食、生植、言辭という主題別に、約2300語を分類し、片仮名発音と日本語訳を付けている。

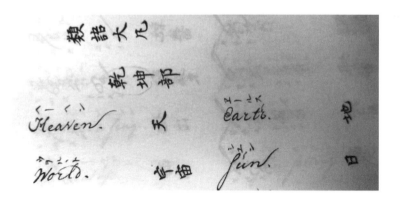

　平用成語は簡単な日常の会話の決まり文句を572例集め訳文を付したもの。英文、発音（朱書き）、訳文ともに横書きで、英文は小文字で始まっている。訳には返り点は付けてないし、一語一語に訳を付けるという形式もとっていない。この点で『英米対話捷径』とは異なる。

how do you do this mornin?
(ホウ ド ユー ド テイース モルニン)
汝今朝如何済るや

訳文は概ね正確である。次例では、天候の it 構文、存在の there 構文を正しく解している。

it is colder to day than yestreday.
(イト イス コールドル ト デェイ ダン エストルデイ)
今日は昨日より寒し

there is abundance of winess this year.
(イス アビユンデンス ヲフ ウエイン テイス エール)
今年甚多く葡萄成熟せり

学語集成は対人・場面別問答集1431例を集め訳文を付けたもの。

when shall i have it?   after to morrow
(ウエン セル アイ ヘヒ イト) (アフトル ト モ ロ ウ)
我は夫れを何頃得んや   明後日

問答の中には「譜厄利亜両貴人相見於把理斯之問答」（パリであった二人のイギリス紳士の問答）のような日本人には縁のない問答も含まれている。また、「興到和蘭者之問答」（オランダに渡航する人のための問答）、たとえば、

When will you go away?   it may be this night
(ウエン ウイル ユー ゴ アワイ) (イト メイ ビ テイス ナイト)
汝は何頃渡海する也   若しくは今宵

も含まれ、底本が蘭英対訳書であることは確かである。とすれば、日本語訳はこれまでの蘭学の研究成果からして比較的簡単であったろう。問題は発音である。凡例で「和蘭の配韻と頗る異にして、定法ありといえども、その例口伝にあらざれば筆尽くし難し」とその難しさを強調しているが、「文字呼法」にはO（ヨー）、Q（キョ）、W（ドブヨ）といった奇妙な発音が提示され、本文をざっと見てもsky（スケイ）、road（ロート）、gulf（ギュルフ）、heaven（ヘーヘン）、very（ウエリ）、clear（クレール）などオランダ語の発

音形式が混在して不正確である。実際にはどう読まれたのか不明であるが、「ホウドユーテイースモルニン」が How do you do this morning ? の意に解されるとは考え難い。しかしこれは、本書が元来和蘭通詞であった日本人が蘭英対訳入門書をテキストとし、オランダ人を師としてできたものであることを考慮すると、やむをえないことであろう。

3. 本木正栄・楢林高美・吉雄永保等編『諳厄利亜語林大成』15巻7冊 文化11年(1814) 長崎原本 大修館書店復刻(1982)：旧大阪女子大学図書館蔵

　『諳厄利亜興学小筌』が完成した同じ年(1811)に本木正栄「庄左衛門」らに諳厄利亜国語字引仕立方の命が下った。彼等はこれからわずか3年後に『語林大成』を完成させたのである。『語林大成』の収録語数は6300語で英語は横書き、日本語は縦書きである。英語と日本語の間に入っている語はオランダ語で、発音は カナ表示（縦書き）である。

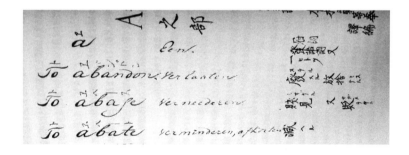

　本書にはまだ解明されていない部分も多い。『諳厄利亜興学小筌』との関係もあわせて本書の成立過程を考えてみたい。
　序文「諳厄利亜の言詞悉く篇集訳釈し、傍ら参考するに和蘭の書を以てし、猶其疑わしきものは払郎察の語書を以て覆訳再訂し…」における、「傍ら参考するに和蘭の書を以てし」の「和蘭の書」に相当すると考えられるのは、蘭学資料研究会編『江戸幕府旧蔵洋書目録』(1969) に記載されている、W. Sewel: *A Large Dictionary: English Dutch* (1749) か *A Compleat Dictionary: English*

and Dutch (1766) のいずれかであろうか。山口 (1996a.b.) は E. Evans: *A New Complete English and Dutch Grammar* (1757, 1778, 1792, 1893, 1806) を底本としているが筆者は、未見である。

「払郎察の語書」というものも具体的に何をさすか不明であるが、本木らは英語が学習に先だって文化 5 年にはドゥーフ (H. Doeff) の指導でフランス語学習を始めており、その際に編んだとされる『払郎察辞範』（未見）を指しているのであろう。

訳語はおおむね正確であるが、発音は『興学小筌』と大同小異で、手ほどきを受けたオランダ商館員ブロムホフの影響か

<small>シル　ダット　アロネ</small>
sir,　that,　alone

など英語の原音とかなりかけ離れた例が多い。しかし、現在のように参考文献にも恵まれず、一人の英語を母語とする人の援助もなく、また恐らく生の英語を一度も聞いたこともない日本人が、約 6300 語の発音と訳語を付けるという作業をわずか 3 年足らずで終えたことは驚異的といってよいだろう。ただ、この労作は鎖国時代の編纂であり、その出版の目的も異国との交易を促進するためでなく、夷狄を打つためであった。それゆえ、『語林大成』は禁制の書として幕府に秘蔵され公開されることは決してなかったのである。上で見たように『語林大成』の本文では単語の品詞が示されていないが、凡例（題言）では英語の品詞が論じられている（静詞（名詞）、虚静詞（形容詞）、代名詞、動詞、動静詞（動名詞、現在分詞）、形動詞（副詞）、連続詞（接続詞）、所在詞（前置詞）、嘆息詞（間投詞））。この意味では『語林大成』は『英文鑑』に先立つ日本最初の文法書とも言える性格を持っている。

4. 堀達之助編集主任『英和対訳袖珍辞書』文久2年(1862)［旧大阪女子大学では堀越亀之助編集主任・柳河春三・田中芳男補佐『改正増補 英和対訳袖珍辞書』一冊 慶應2年(1866)を所有するが、初版である文久2年版を所有しないので、辞書学者惣郷正明による初版復刻版（秀山社、1973）を用いた］

　編集主任の堀達之助はペリー来航(1854)の際、浦賀で通詞として活躍した人物である。ペリー艦隊の前に舟を漕ぎ出して "I can speak Dutch." と叫んだ日本人が堀達之助とされる。彼は森山栄之助、名村五八郎と共に日米和親条約の翻訳にあたり、下田開港後下田奉行通詞を勤めた。安政6年(1859)に蕃書調所翻訳方となり同年英和辞書の編集を命じられ、およそ5年後にこれを完成させた。『語林大成』から約50年を経ての出版であり、その目的も時代の流れを反映して、「鎖国体制」の維持・国防から欧米文化の摂取へと大きく変化した。

　大槻如電(1927:147)が「本書のかく速に成就せしは英蘭対訳書を採り其蘭を去り填むるに訳鍵和蘭字彙の邦訳語を用ゐ而して訂正を加へしとか」と指摘しているように『英和対訳袖珍辞書』（以下『袖珍辞書』）は英語の見出し語に関してはピカード(H. Picard): *A New Pocket Dictionary of the English and Dutch Languages* の2版（A B. Maatjesによる改訂：1857）および初版(1845)の「英蘭の部」を底本にし、蘭語訳の翻訳には『和蘭字彙』『訳鍵』等の蘭和辞典を参考にして、西周助、千村五郎、竹原勇四郎、箕作禎一郎の協力を得て完成したものである。どの程度『和蘭字彙』の日本語訳を借用したかについていくつか研究が成されているが、森岡健二「訳語の成立するまで」（『言語生活』1975 NO. 291）によると、無作為に拾った1741語のうち、なんらかの影響ありと認められるもの1059語、認められないもの88語、不明594語であるという。『和蘭字彙』を大いに参考にはしているが、機械的にそこから日本訳を拾ったのではなく、その他の蘭英辞典や蘭和辞典も参照し、かつ独自の訳語も案出したといってよかろう。

　『袖珍辞書』の英語の印刷は嘉永3年(1850)にオランダ政府から幕府に贈られた鉛活字と手引き印刷機を用いたが、日本語にはまだ鉛活字はなく木版

を用いた。収録語数は約3万5千である。発行部数は200部といわれている。このうち初版（文久2年版）は15本、再版（慶應2年版）は31本、再版（慶応3年版）は34本の現存が確認されている（堀孝彦・遠藤智夫『英和対訳袖珍辞書の遍歴―日本で見る現存初版15本』）。

袖珍というのは底本 *A New Pocket Dictionary of the English and Dutch Languages* のタイトルにある pocket の訳である。底本の2版は、初版とサイズは同じで、題名通り12×14.7cm のポケットサイズであるが、『袖珍辞書』はおよそ16.4×19.4cm、厚さ4.6cm であり、初版・再版のサイズはそれぞれ微妙に異なっている（もっと厳密に言えば初版サイズ自体も微妙に異なっている）が、今日の英和辞典の体裁からかけ離れた、携帯版とも机上版ともつかない変形版で、かつては枕辞書とも呼ばれた。

記述形式を見てみると、『語林大成』と同じく英語は横書き、日本語は縦書きである。底本と同じく発音、アクセント表示は無いが、品詞表示はある（adj, adv のように英語の略語で表示される）。しかし底本にない自動詞 (v.n.) ／他動詞 (v.a.) の区別が設けられている (v.n.=verb neuter/v.a.=verb active)。v.n. / v.a. 表記は Picard 以外の蘭英辞典、たとえば、J. Holtrop.1782. *A New English and Dutch Dictionary* などにある。これを参照したのであろうか。活用形は底本通り見出し語の後に追い込まれている。

Abandon-ed-ing, v. a. 濺ク・見放ク・捨ル・任セル・移ル
To abandon one's self to. 己ノ身ヲ任セルニ

最後の訳語に「ニ」を添加しているのは、自動詞の「移ル」と区別するためでなく、他の訳語のように「ヲ」を取らないことを示すためであろう。obey では、

　　Obey-ed-ing, v.a. 畏マル、服従スル

のように、両訳語とも「ニ」を取るので「ニ」は明示されていない。不規則

動詞の活用は底本と同様スペルアウトされている。ただし次の不規則変化を示す irr は底本にない新工夫で irregular の略語である。

　　Go, went gone going, irr. v.n. 行ク

語尾が e で終わる動詞の場合 Change-ed -ing のような表示は底本のままだが誤解を招きやすい。もうひと工夫が必要であった。それでは不規則変化表示 irr. は何処から借用してきたのであろうか。セウエル、ホルトロップにもないラベルである。「略語之解」の頁には、reg=regural, irr=irrqural [sic.] とあり、綴りは不正確ながら英語の文献を参考にしたことを暗示している。編者たちが当時利用できた英語文献で、辞書以外の書といえば『英吉利文典』である。これは英国で出版された *The Elementary Catechisms, English Grammar* (著者不詳、1850) の翻刻版である。この原著はアメリカ帰りの中浜万次郎によって、嘉永 4 年 (1851) に日本にもたらされ、まず『伊吉利文典上』として木版翻刻され、後に開成所から『英吉利文典』という書名で、鉛活字版で刊行されたものである。旧大阪女子大図書館にあるのはその 5 版 (1866) であるが、29 頁 (Inflection of verbs) に引き続いて 33 頁には 次のような問答がある。

　　Q. What are Regular Verbs?
　　A. Verbs are called regular when their past tenses and their perfect participles end in ed, as in the verb advise.
　　　　Present Tense.　Past Tense.　Perfect Participle
　　　　　advise　　　　advised　　　　advised
　　..
　　Q. What is an irregular verb?
　　A. An irregular verb is one in which the past tense and perfect participle do not end in ed . . . .

もしこの記述を参考にしたとすれば、文法書で得た知識を辞書記述に活用し

たことになる。現在ではごく当り前のことであるが、初の本格的英和辞典成立時にこれが行われたとすれば画期的な試みである。惣郷 (1973) などによると、名詞の定義の形式はおおよそ次のように分類できる。

　A型：漢語による逐語訳：Assistance, s. 扶助　輔佐
　B型：漢語による逐語訳＋説明:Baptism, s. 沐浴　名ヲ付ケル時ニ
　C型：和語による言い換え＋漢語による逐次訳：Abridgment, s. 短カメル
　　　コト、簡約の意旨、略説
　D型：漢語による逐次訳＋和語による言い換え：Anecdote, s. 密説　短キ話
　E型：説明訳:Museum, s. 学術ノタメニ設ケタル場所　学堂書庫等ヲイウ
　　　Encyclopedia, s. 諸術及ヒ性理ヲ知ル学ノ書、諸学ヲ集メラレル辞書

近代の2言語辞書学 (bilingual lexicography) では語の定義は、近似語を無理に当てはめるより異文化間の相違 (differentiation) を明らかにする定義をよしとしており、大体次の

(1) 逐語訳（専門用語・国際的に共通の意味を持つ語（e.g. hydrogen「水素」／ Sunday「日曜日」）
(2) 逐語訳（＋文化間のずれを説明）(e.g. cook「(加熱して) 料理する」)
(3) 説明訳（翻訳できない文化固有の語 (culture-bound word)）(handkerchief「手拭ノ類」)

3段階定義を原則としている。『袖珍辞書』の語義の仕組みは、(2) を除いてほぼこれに合致していることがわかる。もっとも、近似語を無理に当てはめた例も少なくない。たとえば、bishop「和尚」、brandy「焼酎」、church「寺」、mass「供養」など。また、また (3) で示したようにに、「…ノ類」「…ノ名」(gore（「鳥ノ名」）で処理している場合も少なくない。逐語訳を適用したものの、passport「往来切手」、chemistry「分離術」、custom-house「運上所」など今日通用しなくなったものももちろんある。しかし一方では、geography「地理学」、gravitation「重力」、electricity「電気」、vaccination「種痘」、liberty「自

由」、telescope「望遠鏡」、division「分母」など現代日本語の一部を構成するに至った訳語も少なくない。

品詞の訳語についていえば、前付けの「略語之解」では全て代名辞のように辞を使っているが、訳語は、名辞（実名辞）以外は代名詞、動詞、形容詞、副詞、前置詞、接続詞、間投詞が採用されており、ほとんど現在通用しているものばかりである。

不正確な訳語ももちろん少なくない。例えば、「Ressemble-ed-ing, v.a. 似セル」のような訳語だと、He resembles his father のような文を訳するのに苦労するだろう。at any rate「各価ニ向テ」、It is at your discretion.「汝ハ師匠デアル」は不正確だし、so much a week「一週ノ間」、so much a head「一人ダケ」などは完全な誤訳である。

『語林大成』の編集では英語を話せるオランダ人ブロムホフがインフォーマントの代りを果たした。結果としてオランダ流の発音が英語に付けられることになった。『袖珍辞書』は発音表記を欠くが、編者達の英語力はどうであったのだろうか。通説では編集主幹の堀は、嘉永元年(1848)から翌年にかけて松前から長崎に送られてきた米国漂流人マクドナルド(R .MacDonald)に師事し、英語のネイテイブスピーカーから直接英語を習った14人の一人とされている（たとえば、片山寛(1935)）。しかしこれを否定する文献も多い。たとえば、ウィリアム・ルイス著・村上直次郎編・富田虎男訳訂(1979/ Schodt (2003:283) には蘭通詞堀寿次郎(Hori, Jujiro)の名があるが、堀達之助(Hori, Tatsunosuke)の名はない。最も14人のなかにいないからといってマクドナルドから英語を習わなかったということにならないが、堀が当時どの程度実際の英語の発音を耳にし、それをマスターしていたか、この辺の事情は次の Schodt (2003:180) の記述からうかがい知ることができる。

Japanese officials came out to meet Biddle at the entrance to Edo Bay. They had an interpreter with them named Tatsunoske Hori, but there were then no interpreters in all of Japan with a good grasp of English, and Hori had a terrible time translating the American requests.

ビッドルの浦賀来航はペリー来航7年前の1846年である。英語にかなり苦労していた様子がうかがえる。しかし、ペリー来航の際には通訳を務めたこと、『袖珍辞書』に付けた英語の序文が正確であることからかなりの英語力を身につけていたと思われる。

『袖珍辞書』は日本で始めての本格的英和辞典であるということに加えて、次の二つの点で注目に値する。

(1) 英和辞典でありながらいわゆる英英辞典を底本とせず、蘭英辞典と蘭和辞典を底本にしていることから明らかなように、いわば、本辞典はこれまでに培われてきた蘭学の終章を飾る華であった。日本の英学、特に英和辞書学はまさに蘭学の研究成果を最大限に活用する形でスタートしたのである。

(2) 杉本 (1985) が指摘するように、蘭英辞典をベースにしながらも、日本人英語学習者に必要と思われない情報はたとえ底本にあっても削り（例えば、性 (gender) の区別など）、逆に底本になくても日本人学習者には必要と思われる情報を加える（例えば、すでに指摘した自動詞 (v.n.) 他動詞 (v.a.) の表示）などして、今後の英和辞典編集の原型を示したことである。

『袖珍辞書』と『改正増補』を比較して見ると、英語見出し語の大幅な変化はなく、また、発音表記のないものもそのままで、ざっと見ただけでは両者はほとんど相違が無いように思えるが、2007年に発見された資料によると、ページによっては日本語訳の加筆、訂正、削除はかなりの数に及ぶようである。

付録においてかなりの変化が見られる。即ち、『改正増補』には新たに不規則動辞表、略語解、象形記号之解、度量衡表などが付いた。この出所はおそらく『大正増補　和訳英辞林』が参照したのと同じウェブスター系の辞書であろう。

なお、上述の2007年に発見された資料はこよりで閉じられた6つの束であった。影印本では、アルファベット順に並べ替えられているので、開封される以前の6つの束がどのように構成されていたのか永遠の謎になってしまった。

言語分析のフロンティア

［名雲純一編(2007)『英和対訳袖珍辞書原稿影印』名雲書店（文久2年版原稿21枚、慶応2年版原稿61枚のカラーコピー製本)］にみられる文久2年版の赤字加筆・修正の例

5. おわりに

『袖珍辞書』はいわゆる官版辞書として権威を得、これを直接・間接的にモデルにした英和辞書が19世紀後半まで出版される。以下この流れを概略的に示す。

　　『英和対訳袖珍辞書』(1862)→『改正増補 英和対訳袖珍辞書』(1866)→『改正増補 英和対訳袖珍辞書』（英語も木版刷）(1867)→『改正増補 和訳英辞書』（『薩摩辞書』：英語の見出しに初めてカタカナ発音をつけた）(1869)→『英和対訳辞書』（開拓使版）(1872)→『和訳英語聯珠』(1873)→『広益英倭辞典』(1874)／『大正増補 和訳英辞林』（『薩摩辞書』再版：カタカナ発音をウェブスター式発音表記に変えた）(1885)

『袖珍辞書』は前述したように、見出し語の選択に蘭英辞典を利用し、日本語訳を編者自らが創意工夫しながらも、基本的には和蘭辞典に依存している。この『袖珍辞書』を基本にした英和辞典の流れが大正まで続くが、一方では蘭学の衰退、英学の興隆を反映して蘭英辞典＋和蘭辞典を底本としないで英英辞典を底本にし、日本語訳の一部を英華辞典に仰ぐ編集方式の英和辞典が作られるようになる。この辺の英和辞書学の変遷については稿を改めて論じたい。

* 本稿は，講演「日本最初の本格的英和辞典と和英辞典の紹介」(大阪府立大学学術センター図書館・上方文化研究センター共催：2014年11月) の原稿を大幅に加筆修正したものである。

参考文献

Horobin, S. (2016) *How English Became English: A Short History of a Global Language*, Oxford: Oxford University Press.
片山寛 (1935)『我が国に於ける英語教授法の沿革』研究社
川澄哲夫編・鈴木孝夫監修 (1988)『資料日本英学史1（上）英学ことはじめ』大修館書店
南出康世 (1994)「日本における英語辞書学成立の背景：蘭和辞書学と蘭英辞書学の融合」『英学史研究』27, 107–118.
三好彰 (2015)「『英和対訳袖珍辞書』草稿の影印本功罪」日本英学史学会第52回全国大会配付資料
大槻如電 (1927)『新撰洋學年表』六合館 ［旧大阪女子大学図書館蔵］
Osselton, N. E. (1973) *The Dumb Linguists: A Study of the Earliest English and Dutch Dictionaries*, Leiden: Leiden University Press.
Schodt, Frederik L. (2003) *Native American in the Land of the Shogun: Ranald MacDonald and the Opening of Japan*, Berkley, California: Stone Bridge Press.
惣郷正明 (1973)『英和対譯袖珍辞書』八坂書房
杉本つとむ (1985)『日本英語文化史の研究』八坂書房
豊田実 (1939)『日本英學史の研究』岩波書店
ウィリアム・ルイス & 村上直次郎編／富田虎男訳訂 (1979)『マグドナルド「日本回想記」インディアンの見た幕末の日本』刀水書房
山口純男 (1996a)「『諳厄利亜興學小筌』と『諳厄利亜語林大成』の底本について (1)」日本英学史学会関西支部第32回大会配布資料
山口純男 (1996b)「Willen Sewel: *Korte Wegwyzer der Engelsche Taale* の調査報告 (2)」日本英学史学会関西支部第6回研究会配布資料

言語分析のフロンティア

特殊な言語使用域で生起する結果構文

吉川　裕介

1. はじめに

　英語には (1) と (2) に示すように、状態変化と結果状態を単一節で表す構文があり、これを結果構文 (resultative construction) と呼ぶ。従来、英語の結果構文 (resultative construction) は、(1) に示すレシピ文や広告文といった特殊な言語使用域 (register) において観察されやすい傾向があることは Levin & Rappaport Hovav (1995) や Broccias (2003) などで指摘されてきたが、(2) のような中立的文脈の結果構文と同様の分析が与えられてきた。

(1) a. Cut squid into rings.　　　　　　　　　　　　（レシピ文）
　　 b. Drive your engine clean.　　　　　　　　　　（広告文）
(2) a. John wiped the table clean.　　　　　　　（他動詞結果構文）
　　 b. Bill drank himself to death.　　　　　　　（自動詞結果構文）

しかし、興味深いことに (1) はそれぞれ (3a) のように目的語を beef に置き換える、あるいは (3b) のように主語 John を補うと、それぞれ容認度が極端に下がることから、(1) の結果構文が適切な解釈を得るには使用される言語使用域の特性が大きく関与していると考えられる。

(3) a. #Cut beef into rings.
　　 b. #John drove his engine clean.

　本稿では、(1) の特殊な言語使用域に観察される結果構文は (2) の中立的文脈において成立する結果構文とは異なり、生起するそれぞれの言語使用域が担う語彙的・文法的特徴を考慮することではじめて適切に解釈される点につ

いて言語学的観点から論じる。具体的には、レシピ文や広告文のような言語使用域がもつ特徴がどのように伝達機能に結びついているのかについて、語用論的な観点から考察を試みる。また、そのような環境下で結果構文の事象構造がどのようなメカニズムによって因果関係を成立しているのかについて語彙意味論の立場から論じる。2節ではまず、本稿における言語使用域の定義を示す。3節ではそれぞれの言語使用域における先行研究を紹介し、言語使用域の特性とその語彙的・文法的特徴について明らかにする。4節では各言語使用域で観察される結果構文の意味計算について考察し、中立的な文脈に生起する結果構文との比較により、その特異性を明らかにする。5節では事象構造の観点から因果関係の構築メカニズムについて分析を与える。6節は本稿のまとめとなる。

2. 本稿における「言語使用域」の定義

本節では、本稿で言及する「言語使用域」について統一的な定義を与え、言語使用域と文法の関連について確認する。『英語学・言語学用語辞典』によると、言語使用域とは「言語の使用において、地域や社会階層などではなく、場面によって使い分けられる変種のこと。」と定義づけられており、会話や講義におけるフォーマルさによって生じる違いなども含まれている。これは広義的な解釈であり、レジスターとスタイルとを区別しない定義である。一方、Biber (2009) や貝森 (2016) ではレジスターとスタイルを明確に区別する狭義的な解釈を採用している。Biber (2009) によると、両者は同一のテクストに対する見方の違いであると指摘している。

Biberによる両定義を比較すると、テクストの焦点 (textual focus)、言語的特徴 (linguistic characteristics)、言語的特徴の分布 (distribution of linguistic characteristics) については共通の定義が与えられているが、見方 (interpretation) が異なるとしている。すなわち、言語使用域とは、抜粋されたテクストに焦点を当て、テクスト内において頻繁かつ広範囲に観察される語彙的・文法的特徴に注目し、これらの語彙的・文法的特徴が重要な伝達機能を果たしていると定義づけられる。一方で、スタイルが注目するのは話者の美的な

価値観に基づく表現の使い分けである。

本稿では、Biberや貝森と同様に、「言語使用域」を狭義的な解釈で捉えており、特に言語使用域が「語彙的・文法的特徴が重要な伝達機能を果たしている」点に注目しながら各言語使用域の分析を試みる。

表1. レジスターとスタイルの比較 (cf. Biber 2009: 16、貝森 2016: 66)

Defining characteristic	Register	Style
Textual focus	sample of text excerpts	sample of text excerpts
Linguistic characteristics	any lexico-grammatical feature	any lexico-grammatical feature
Distribution of linguistic characteristics	frequent and pervasive in texts from the variety	frequent and pervasive in texts from the variety
Interpretation	features serve important communicative function in the register	features are not directly functional; they preferred because they are aesthetically valued

3. 先行研究

3.1. 言語使用域としてのレシピ文の特性

本節では、レシピ文の特性について言及している先行研究として主にMassam & Roberge (1989) と貝森 (2016) を取り上げる。これまでレシピ文におけるひとつの特徴として、(4) に示すような目的語の省略現象が取り上げられてきた。Massam & Roberge (1989) によると、フランス語のようなロマンス語とは異なり、英語では通常目的語の省略は一般的に認められていないにも関わらず、レシピ文や商品の取り扱い説明書などの、特定のレジスターにおいて目的語の省略が比較的多く観察されると指摘している。

 (4) a. Take 3 eggs. Break ＿＿＿ into a bowl.
    b. Remove cookies from the oven. Eat quickly. (before they cool)
            (Massam & Roberge 1989:135,137)

レシピ文では、明示されない目的語が文脈によって補完されることから省略構文が容認される一方で、いくつかの制約も観察される。Massam & Roberge によると、(5a) のような小節構造を導く動詞や、(5b) のような二重目的語構文においては目的語の省略ができない点を挙げている。

(5) a. Boil noodles. *Consider/ *Judge/ *Assume _____ cooked when soft.
　　b. Take cookies from oven. Give your guests *(these cookies) immediately. 　　　　　　　　　　　　　　　(ibid.: 135, 136)

また、安井 (2008) では (6a) の意味で (6b) のように目的語 potato を省略することができないと指摘している。安井によると、中立的な文脈では (6b) の省略された目的語はパン、ビスケット、ケーキというメリケン粉を主材料にした食品のみ復元される。言い換えれば、読み手は認知環境（あるいは世界の知識）に基づいて最も関連のある出来事にアクセスし、明示されない目的語を補完していると言える。

(6) a. Mother is baking a potato.
　　b. Mother is baking. 　　　　　　　　　　　　　　　（安井 2008: 139）

貝森 (2016) では言語使用域としてのレシピ文の語彙的・文法的特性に焦点を当てている。調理動詞や省略構文、複合変化結果構文について中立的な使用とは異なる振る舞いを明らかにし、それらがレシピという言語使用域によって動機付けられていることを論じている点で、本稿の主張と軌を一にしている。貝森が注目しているのは、一見すると語彙意味論的制約に違反する例が、レシピ文という特殊な言語使用域で使用された際には容認される要因として、レシピ文がもつ語彙的・文法的特性が関与しているという点である。

　貝森はレシピ文における省略構文と複合変化結果構文を取り上げ、言語使用域の特性を考慮することなしには解釈ができない例について考察している。具体的には、省略構文の (7a) は前置詞 of が省略されているが、レシピ

文において of が省略される場合、「単位 of 材料」の構造をしており、2 つの要素の関係が明白であることから、省略が可能となるとしている。また、(7b) の複合変化結果構文は「玉ねぎ半分をみじん切りにする」という〈状態変化〉と、「みじん切りにした玉ねぎをボールに入れる」という〈位置変化〉が単一節で表されている。しかし、(8) の対比からも明らかなように「様々な種類のグラスを粉々に砕き（状態変化）、その後、砕いたグラスを鋳型に入れる（位置変化）」という一連の事態を複合変化結果構文で表すことはできない。

(7) a. 50g/2oz φ toasted walnuts, roughly chopped.
　　b. Chop half a red onion into the bowl. 　　（貝森 2016: 71, 73）

(8) a. It was so interesting—they are recycling— ?they break different kinds of glass bottles into molds and then put them into these mud ovens to melt back together.
　　b. It was so interesting—they are recycling—they break different kinds of glass bottles and put them into molds and then put them into these mud ovens to melt back together. 　　（貝森 2016: 77）

以上から、貝森はこれらの語彙意味論的制約はレシピ文においてはある程度許容されることから、言語使用域そのものの特性を考慮に入れる必要があると結論づけている。

3.2. Tanaka (1992)

　本節では、広告文を語用論的に分析している先行研究として Tanaka (1992) を取り上げる。Tanaka は関連性理論の枠組みから、広告の見出しなどの表意がいかに導き出されているのかという点に焦点を当てている。

　(9) の London Transport の広告文を見てみよう。*Less Bread. No jam.* という広告文は関連性の認知原則から、自身の認知環境に最も関連のある要素に結びつけるため、読み手は bread と jam をそれぞれ食べ物の意味でアクセスを開始する。しかし、食べ物の意味では意味を理解することができないと判

断し、再解釈を余儀なくされる。次に読み手は (10) に示すような一連の状況、すなわち、これが London Transport の広告文であり (10a, b)、地下鉄の駅や電車の中で目にした (10c)、という事実から、bread は money のスラングであり、jam が traffic jam の省略した表現であると推測する[1]。

(9) *Less bread. No jam.* （London Transport の広告）(Tanaka 1992: 92)

(10) a. It is an advertisement.
　　 b. It is for London Transport.
　　 c. It is found in an underground station or train.

これにより、読み手は (9) の表意として (11a) を導き出し、語用論的な意味の拡充・飽和が行われた結果、最終的な表意として (11b) に達する。以上のような過程を経て、読み手は (11c) の帰結推意にたどり着くのである。

(11) a. Less money, no traffic jam.
　　 b. If you travel by London Transport it will cost you less money than travelling by car, and you will suffer no traffic jams, unlike when travelling by car.
　　 c. それなら、私も地下鉄で通勤しよう（帰結推意）

(cf. Tanaka 1992: 94)

　以上のことから、このような広告文は中立的な文脈では意味を成さず、一連の語用論的プロセスなしには広告作成者の表意には到達しないことがわかる。つまり、広告文とは読み手に広告商品に対して関心を持ってもらうことを目的としており、意図的に複雑な語用論的手続きを強いることでメッセージ性の高い、あるいは印象に残る広告となるのである。

---

[1] 再解釈を補う要素として広告のイラストなど視覚的な情報も含まれる。

4. 考察

本節では、以上に見てきた言語使用域に観察される結果構文が、中立的な文脈に生起する結果構文とは異なる点を指摘し、それぞれ言語使用域が語彙的・文法的特徴が重要な伝達機能を果たしている点を明らかにする。

4.1. レシピ文とシナリオ

レシピ文に入る前に、まずは中立的な文脈の結果構文を観察する。(12) では、それぞれの文が容認され、「メアリーが対象を切って」その結果「対象が環状になる」という事象を表している。従来からも指摘されているように、結果構文は「行為」と「結果」を単一節で描写することができ、その変化プロセスについては焦点が当てられていない。

(12) a. Mary cut a squid into rings.
b. Mary cut an onion into rings.
c. Mary cut beef into rings.

しかし、(13) が示すようにレシピ文で用いると、(13a) と (13b) はそれぞれ容認されるものの、(13c) は極端に容認度が下がる。レシピ文において結果構文が非常によく観察される要因として、説明の簡略化が挙げられる。料理書籍は文字数に制限があり、かつ、調理の手順が食材や料理によって決まっていることが多いため、その手順の説明を極めて簡略化することができる。このレシピ文の特性を活かして、簡略化した指示が (13a, b) となる。(13a) の「イカを輪切りにせよ」という指示は以下の手順を指しており、読み手が因果関係のプロセスを適切に読み込むことができることを前提として指示している。

(13) a. Cut squid into rings.
b. Cut onion into rings.
c. ??Cut beef into rings.

(14) (13a)の背景化した調理手順：Cut through arms near the eyes. With thumb and forefinger, squeeze out the inedible beak which will be located near the cut. Reserve tentacles. Feel inside mantle for chitinous pen. Firmly grasp pen and attached viscera; remove from mantle. Wash mantle thoroughly and drain. It is now ready for stuffing. <u>Make rings by cutting across mantle</u>. Arms can be chopped, minced or left whole. (Cooks.com)

(13b)も同様に、(15)が示すような背景化された手順を前提としている。言うまでもなく、食材の対象が変化すると、調理の手順も大きく異なっている。以上からこれらの食材を「環状に切る」手順は調理における一つのシナリオを構築しており、読み手は「行為」と「結果」を示されただけで、背景化された手順を調理のシナリオに則して補完することが可能となる。言い換えると、料理の初心者に(13)のような指示を与えても「環状に切る」シナリオが構築されていない限りは、適切に理解することが不可能である。つまり、レシピ文は読み手の調理のシナリオが増える（熟練する）ことで、より簡略化した指示で必要な手順全てを伝えることができるのである。

(15) (13b)の背景化された調理手順：Cut off the stem end. Peel back the outer peel of the onion. With the peeled onion on its side, slice off a thin sliver from the side. Then place the onion on the cutting board with this thin sliver cut side down. This will stabilize the onion's position so as you slice the onion rings, the onion will not roll. Curl your fingers inward as you grip the onion to protect your fingertips. <u>Slice the onion in whatever thickness you desire. If you wish separate the cut disks into separate onion rings</u>. (Simplyrecipies.com)

以上の議論をまとめたものが図1である。中立的な文脈に生起する結果構文は、Event1 と Event2 とが因果関係で結ばれているが、その行為から結果に至るまでの過程は焦点化されていない。このことから、(12c)は「メアリ

ーが牛肉を輪切りにした」という行為と結果が焦点化し、その状態変化の過程は後景化するために適格となる。一方、レシピ文では Event 1 と Event 2 をつなげる因果関係は調理のシナリオに従って一連のプロセスが想起できる場合にのみ解釈可能となる。つまり、「牛肉を輪切りにせよ」という指示を与えられた際に、読み手に「牛肉を環状に切る」というシナリオが備わっていなければ適切な調理手順を想起することがでないため、不適格になるのである。

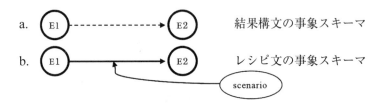

図1：結果構文の事象スキーマ

4.2. 広告文に現れる結果構文

次に、広告文に現れる結果構文について考察を与える。3.2節ですでに見たように、広告文は語用論的に複雑なプロセスを読み手に強いることで、人々の注意を惹きつけることを目的としている。実際に使用された広告文を見てみると、(16′) が示すように、主語を補った中立的な文脈では極端に容認度が下がる。以下では、広告文の表意にたどり着くまでにどのような語用論的プロセスを経て (16) が適格になっているのかを明らかにする。

(16) a. Drive your engine clean. Super Unleaded +　　　(Mobil ad.)
　　 b. Eat yourself slim.　　　　　　　　　　　(Montignac.com)
　　 c. Sleep your wrinkles away in 6–8 hours. (IngridMadisonAve.com)
(16′) a. ?? John drove his engine clean.
　　　b. ?? Mary ate herself slim.
　　　c. ?? Bill slept his wrinkles away in 6–8 hours.

(16a)はモービル社の広告文だが、「(車を)運転する」ことでその結果「車のエンジンが綺麗になる」という因果関係を示している。通常、私たちは百科事典的知識から「車の運転をするとエンジンは汚れる」ことから dirty という結果にアクセスするが、広告文の clean と意味が矛盾するために解釈のやり直しを迫られる。次に、読み手は「これはモービル社の広告文である」という前提から、この因果関係が必ず成立するものとして再解釈を始める[2]。(16a)の広告文の下には Super Unleaded + と書かれており、これは無鉛ハイオクガソリンの広告であると理解し、drive の顕在化しない目的語である your car を「広告の Super Unleaded + を入れた車」として一義化する。そして最終的に「広告の Super Unleaded + を入れた車を運転すると、その車のエンジンは綺麗になる[3]」という表意にたどり着くのである。

　次に、(16b)の Eat yourself slim. も (16a) と同様に、一見すると「行為」と「結果」が矛盾していることから、このままだと不適格な文となる。しかし、これが「Montignac Method によるダイエットレシピのタイトルである」という前提から再解釈を行う。読み手は「Montignac Method に従って作られた料理を食べると痩せることができる」という表意にたどり着いたことで、「Montignac Method ってどんなダイエット料理だろう」という興味につながる。この「食べて (Event 1)」「痩せる (Event 2)」という因果関係は、(17) が示す情報が付与されることでシナリオが形成され適切に解釈されるのである。

(17) Montignac Method:
　　・Carbohydrates are chosen according to their GI (glycemic index). The lower the GI the most significant the weight loss!
　　・Fats are chosen on the cardio criteria knowing that some fats lower risks and even help weight loss.

---

[2] Tanaka (1992) の関連性理論に基づくと、読み手は広告文を処理する労力に見合うだけの関連性がある、という「関連性の原則」が働くことによって再解釈を開始する。
[3] 無鉛ハイオクガソリンにはエンジン内の汚れを落とす清浄剤が入っているため、エンジンが綺麗になるとされている。

The Montignac Method is a leading concept in the diet world. More than 20 million Montignac books have already been sold in 45 countries and have been translated into 25 languages.　(Montignac.com)

　(16c) は「6 時間から 8 時間の睡眠で顔のシワがなくなる」という広告文であるが、そのままの文意で解釈すると「6 時間から 8 時間の睡眠」がなぜ「顔のシワがなくなる」結果に至るのか不明である。あるいは、「睡眠は肌に良い」という、あたかも充実した睡眠を促す誤った表意を導き出す可能性もある。この広告文の表意にたどり着くためには、以下に示す商品解説が必要不可欠となる。読み手は the SiO Skin Pad という商品名を捉えることで初めて「この商品を顔に貼りつけて 6 時間から 8 時間の睡眠をとれば、顔のシワがなくなる」という表意に至るのである。つまり、広告ライターは中立的な文脈では容認されない結果構文を意図的に使うことで読み手の注意を惹きつけ、特定のシナリオをオンラインで与えることで因果関係を成立させていると言える。

　(18)　Moisture is drawn up from lower skin layers to the outside layers (the dermis). Second, the chemistry of the pad keeps this moisture from being whisked away when it comes in contact with the air (evaporation), your shirt, or the sheets on which you are sleeping. Third, <u>the SiO Skin Pad</u> focuses that moisture where it's needed the most on the skin. When you wear a SiO Skin Pad, you are, in essence, soaking your skin in healing hydration for six to eight hours every night.　　　　　　　　　　　　(Ingrid Madison Ave.com)

　このように、広告文では中立的な文脈では成立しない因果関係が、その広告商品を補うことによってオンラインで構築される。広告作成者は広告文がもつ言語使用域の特性を利用し、広告商品を読み手に強く印象づけ、記憶に残るキャッチフレーズを作り上げている。

5. 事象構造と Conventional Frame Constraint

　Croft (1991) によると、spinning and getting hot という複合的な様態や結果を含む事態を1つの動詞で語彙化することはできないとしており、この語彙意味論的制約については様態・結果相補性仮説 (Levin & Rappaport Hovav 2013: 50) として一般化されている。一方、Goldberg (2010) では blanch や braise という調理動詞は、一つの動詞で複合的な事象が語彙化されていると指摘している。例えば、調理動詞の blanch は immersing food briefly in boiling water, then in cold water (in order to remove skin or heighten colour) (cf. Goldberg 2010: 45) の意味で使われるが、この一連の調理手順や方法を1つの動詞で表している。このような複合的な様態や結果を含む事態を1つの動詞で語彙化する制約として、Goldberg (2010) では Conventional Frame constraint を提唱している。

(19) a. **blanch**: immersing food briefly in boiling water, then in cold water in order to remove skin or heighten color

　　 b. **braise**: first browned by being seared with a small amount of fat, and then cooked in moist heat　　　　　　　(Goldberg 2010)

(20) **Conventional Frame Constraint**: For a situation to be labeled by a verb, the situation or experience may be hypothetical or historical and need not be directly experienced, but it is necessary that the situation or experience evoke a cultural unit that is familiar and relevant to those who use the word.　　　　　　　　　　(ibid.)

　吉川 (2008) でもすでに指摘したように、これらの調理動詞は特定の料理の手順を一語で語彙化している点で、レシピ文という言語使用域の貢献が大きいと言える。貝森 (2016) においても、レシピ文という言語使用域こそが文化的ユニット (cultural unit) を形成し、複雑な一連の動作を1つの動詞として語彙化することを可能にしていると指摘しており、本稿との主張と一致

している。つまり、レシピ文や広告文などの言語使用域がもつ特有の語彙的・文法的伝達機能によって慣習的に、あるいはオンラインで特定のシナリオが想起することで、語彙的には因果関係が見られない Event 1 と Event 2 を繋ぐことを可能にしているのである。

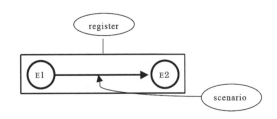

図2：特殊なレジスターに現れる結果構文の事象スキーマ

5. おわりに

本稿では、レシピ文や広告文において観察される結果構文について論じた。中立的な文脈では語彙的に構築されない因果関係が言語使用域のもつ特有の語彙的・文法的伝達機能によって解釈可能になる点を考察した。各言語使用域の特性については以下のことを論じた。

(21) レシピ文の特性：
読み手に一連の調理方法をシナリオとして想起させることで因果関係が構築され、行為と結果を示しただけで調理の一連のプロセスを読み込み、効率的に言語使用者の表意が伝達される

(22) 広告文の特性：
広告商品のイラストや記事内容を読まなければ、語彙化されない要素が補完されず、解釈に多くの処理労力を要し、印象深いキャッチとして読み手の記憶に定着する

＊本稿は 2008 年 12 月 20 日に日本語用論学会第 11 回大会（於：松山大学）にて口頭発表した「広告、レシピ、ヘッドラインに見られる結果構文——関連性理論からの一考察——」の内容に大幅に加筆・修正を施したものである。発表ならびに執筆に際し、赤野一郎先生や五十嵐海理先生、野中大輔氏をはじめとして多くの先生方から貴重なご助言、ご指摘を頂いた。ここに謝意を表したい。本稿における内容や誤り等に関する責任は全て筆者による。

参考文献

Biber, D. 2009. Register, Genre, and Style. Cambridge: Cambridge University Press.
Broccias, C. 2003. *The English change network: Forcing changes into schemas*. Berlin/New York: Mouton de Gruyter.
Croft, W. 1991. *Syntactic Categories and Grammatical Relations*. Chicago: University of Chicago Press.
Goldberg, A. 2010. "Verbs, Constructions and Semantic Frames." In M. Rappaport Hovav, E. Doron, and I. Sichel eds., *Lexical Semantics, Syntax, and Event Structure*. Oxford: Oxford University Press.
東森勲・吉村あき子. 2003.『関連性理論の新展開』. 東京：研究社.
貝森有祐. 2016.「レジスターからみる語彙・構文の選択と英語教育への含意——レシピに注目して——」『Encounters: 獨協大学外国語学部交流文化学科紀要』4, 65–82.
Levin, B. and Rappaport, H. 1995. *Unaccusativity: At the syntax-lexical semantics interface*. Cambridge, MA: MIT Press.
Massam, D and Y. Roberge. 1989. "Recipe Context Null Objects in English." *Linguistic Inquiry* 20, 134–139.
Rappaport, H. and Levin, B. 2001. "An Event Structure Account of English Resultatives." *Language* 77, 766–97.
Sperber, D. and D, Wilson. 1986, 1995^2. *Relevance: Communication and Cognition*. Blackwell, Oxford.
Tanaka, Keiko. 1992. "The Pun in Advertising: A Pragmatic Approach." *Lingua* 87, 91–102.
安井稔. 2008.『英語学の見える風景』. 東京：開拓社.
吉川裕介. 2008.「広告、レシピ、ヘッドラインに現れる結果構文：関連性理論からの一考察」『日本語用論学会大会研究発表論文集』4, 151–158.

英和辞典に求められる名詞の記述について

吉村　由佳

1. はじめに

　日本人のための2言語辞典として英和辞典が作られるようになったのは明治末期だという（八木、2006）。英和辞典の長い歴史の中で、特に学習英和辞典は動詞型や可算・不可算といった文法情報を盛り込んだ研究社の『新英和中辞典』(1967) の登場以降、さまざまな工夫を凝らして出版されている（小室、2016: 八木、2006, 2008: 大谷、2005）。一方、学習者向けの1言語辞典である EFL 辞典は 1987 年の *Collins COBUILD English Language Dictionary* を皮切りに大規模電子コーパスの利用により新たな一歩を踏み出し、1995 年には一斉に各社がコーパスに基づいた記述を採用した辞書を出版し、その後も版を重ねている（井上、2005: 赤野、2008: 山田、2016）。

　近年刊行された英和辞典の多くは、こうした EFL 辞典の編集方針を取り入れている[1]。『ウィズダム英和辞典』（以降『W 英和』）がコーパス利用を謳って 2003 年に出版されて以来、現在は多くの英和辞典が程度の差はあるにせよ、編集にコーパスを利用している。しかし、その内容はコーパスをどのように反映しているのだろうか。そして最新の英和辞典はユーザーにとって EFL 辞典より使いやすいのだろうか。本稿は 2 言語辞典として求められる英和辞典の記述について、コーパスやオンライン資料を利用して検討する。英和辞典が提供している情報は EFL 辞典とは違うのか、その情報は効果的なのか、より有益な情報提供をするにはどのような工夫が必要なのかといった問題を、いくつかの名詞を取り上げて考察する。

---

[1] 本稿で言及し、分析対象とした英和辞典はいわゆる学習英和辞典であり、以降は単に「英和辞典」と称する。また本稿で使用した英英辞典の略号は参考文献に続く辞書・参考書に記した。

2. 英和辞典に求められる記述

　2言語辞典である英和辞典は語義を訳語によって与えているが、1言語辞典であるEFL辞典は英語で語義が説明されている。よって、ある程度の英語の理解力がないとEFL辞典を使用することは難しい。さらにEFL辞典では見出し語の配置や品詞の分け方などの構造が英和辞典の慣例とは違っていることも学習者にとっては注意が必要となる（小室、2010）。こうした事情があり日本の学習者は上級者を除き、英和辞典を手にする機会が多くなる。言い換えれば、英和辞典は多くの日本人の英語学習を支援する基本ツールである。

　現在の英和辞典は学習者を支援するツールとしての必要性を十分満たしているのだろうか。満たしていないならどのような工夫をすべきなのか。本稿では名詞の可算・不可算用法、語義区分、訳語の選択、用例の充実といった観点から、いくつかの名詞の分析を通して、英和辞典に求められる記述を検討する。2.1ではCUラベルと用法指示、2.2ではCUラベルと語義区分、2.3ではCUラベルと注記、2.4では訳語の再検討について考察し、記述改善のための具体的提案を行う。

2.1.　CUラベルと用法指示——inkの場合——

　英語母語話者の直感がなく、さらに加算・不可算の概念を持たない日本語を母語とする学習者にとっては、辞書にある [C] (countable), [U] (uncountable) のラベルは重要な情報となるが、辞書ではしばしばその両方が1つの語義に併記されている。EFL辞典の多くが [C] と [U] を併記しているケースとして、一部の物質名詞が種類を表す際に可算となる場合がある[2]。図1に示したinkの場合、英英辞典ではしばしば可算・不可算用法を併記している。

---

[2] 本稿では可算・不可算の問題について網羅的に扱うものではなく、あくまでも個別のケースを検討するのみにとどめる。名詞の可算・不可算の問題については、辞書の記述も含め、中山 (2016) が詳しく論じている。

ink ⓘ /ɪŋk/ noun, verb
■ noun ⓘ [U, C] coloured liquid for writing, drawing and printing: *written in ink* ◇ *a pen and ink drawing* ◇ *different coloured inks* ➪ SEE ALSO INKY

ink¹ /ɪŋk/
── 图(⑧〜ᴢ /-s/) ① 1［種類では C］インク ▶write *in* [with] black *ink* 黒インクで書く/insert [change] an *ink* cartridge インクカートリッジを装着[交換]する/The night fell as black as *ink*. 夜の帳(とばり)がおりて真っ暗になった/colored *inks* カラーインク/Indian [India] *ink* 墨.

図1 ink の項目 (*OALD* と『W 英和』)

OALD のように語義の前に [U, C] と記してあるだけでは、可算・不可算用法の割合はどうなっているのか、あるいは可算・不可算になるのはどのような場合なのかをユーザーが類推することは難しい。ここは『W 英和』のように基本的には [U] であり、[種類では C] などの用法指示を付け、さらに例文を組み合わせることが望ましい[3]。COCA で inks を検索すると以下のような KWIC コンコーダンスが得られた[4]。

図2 inks の KWIC コンコーダンスの一部 (COCA)

[3] *OALD* は可算用法の例文をあげているが十分用法を説明しているとはいえない。『ルミナス英和辞典』では注記として可算用法の説明と例文を挙げていてユーザーフレンドリーだが、一方で記述スペースが多くなってしまう。なお、本稿執筆時は『W 英和』第3版を使用している。
[4] 以下、コーパスはすべて https://corpus.byu.edu/corpora.asp より。本稿では次の3種を用いた：Corpus of Contemporary American English [COCA], British National Corpus [BYU-BNC], Global Web-Based English [GloWbE]。

共起語を調べるとノードの両側には形容詞の different、動詞の use, choose、種別や用途を表す colored, water-based, third-party、名詞の paper, printer などの語が高頻度で出現することがわかった。種類としてインクをとらえた場合の可算性がわかりやすい用例としては次のようなものが考えられる。

use different *inks* for each printer　プリンタごとに違ったインクを使う

　EFL 辞典・英和辞典を問わず、1 つの語義に [C, U] といった併記が多く、個別に対応したユーザーフレンドリーな記述は急務と言える（日木、2016: 八木、2006）。ユーザーのためには [C] と [U] の併記はできるだけ避けるべきである。どちらかを表示し、例外となる場合を用法指示で追加した上で、指示に当てはまるユーザーにわかる用例で補う工夫が必要である。

2.2.　CU ラベルと語義区分——telephone の場合——

　ここでは可算・不可算用法に注目することで語義区分に違いが出るケースについて考える。*OALD* の telephone の記述では、電話という通信システムと電話機が共に語義 1 となり、2.1 節の ink と同様に [C, U] が併記され、語義 2 の受話器のみが [C] として分けられている（図 3 左）[5]。一方、『W 英和』は「（通信手段としての）電話」と「（機械としての）電話」という語義区分を行い、前者を不可算、後者を可算用法として記述しており、英和辞典にはこのタイプが多い（図 3 右）。

　「電話」という語は "telephone" という語と同様に電話通信システムと電話機本体、受話器のすべてを指すことができるので、語義を示す訳語の選択には注意を要する。この違いを明確に示すには、可算・不可算用法を分け、訳語に補足説明を付けるなどの工夫を行い、さらにその語義を典型的に示す例文を合わせて示すことが重要である（図 4）。英和辞典では EFL 辞典と同じ語義区分が有効とは限らず、日本人学習者にわかりやすい語義区分を念頭に

---

[5]　同様の区分は *LAAD* でも見られる。*LDOCE* は telephone では [C][U] を分ける語義区分を行っているが、phone では [C] としながらも by phone といった無冠詞の用例を説明なく挙げており問題が残る。

おいた編集が常に求められる[6]。

```
tele·phone ❶ /ˈtelɪfəʊn; NAmE -foʊn/ noun, verb
■ noun 1 ⓘ [C, U] a system for talking to sb else over long
distances, using wires or radio; a machine used for this:
The telephone rang and Pat answered it. ◇ You can reserve
seats over the telephone. ◇ I need to make a telephone call.
◇ telephone lines/networks/services ⊃ COLLOCATIONS AT
PHONE 2 ⓘ [C] the part of the telephone that you hold in
your hand and speak into SYN handset, receiver ⊃ SEE
ALSO PHONE
```

```
tel·e·phone‡ /ˈtɛləfòʊn/
   [tele (遠くの) phone (音)]
── 図 (働 ~s /-z/) 1 Ｕ 通例 the ~ (通信手段として
の) 電話 ((くだけて) phone; (略) tel.); [形容詞的に] 電話
の ▶I talked to my mother over [on] the tele-
phone last night. 昨夜電話で母と話した/answer the
telephone 電話に出る/Dr. Smith, you're wanted on
the telephone. スミス先生、お電話です/make a tele-
phone call 電話をかける/get [receive] a telephone call
(from A) (A(人・場所)から)電話がかかってくる/book a ta-
ble by telephone (レストランなどに)電話で席を予約する/a
telephone conversation [interview] 電話での会話[イン
タビュー]/telephone lines [networks, services] 電話
回線[網、施設].
  語法 会話やくだけた場面では 図 phone が普通 ▶May
I use your phone? 電話をお借りしていいですか (❷携帯
電話 (cell(ular) [mobile) phone) などの場合は use の
代わりに borrow も可).
2 [C] (機械としての)電話(機); 受話器 (receiver, handset)
▶a cellular [cordless] telephone 携帯[コードレス]電話/
a pay [public] telephone 公衆電話/The telephone
began to ring. 電話が鳴り出した/pick [hang] up a tel-
ephone 受話器を取る[置く、切る].
```

図3　telephoneの項目（*OALD*と『W英和』）

1[U]（通信手段としての）電話、電話通信（《よりくだけて》phone）；[形容詞的に] 電話の；電話を使った：speak every day on the *telephone* 毎日電話で話をする/provide technical support over the *telephone* 電話で技術サポートを提供する/You can make your hotel reservation by *telephone*. 電話でホテルの予約ができます/make *telephone* calls to customers 取引先に電話をかける/a *telephone* poll 電話による意識調査.
2[C]（通信機器としての）電話、電話機；受話器 (handset, receiver): The *telephone* rang again. また電話が鳴った/pick up [put down, hang up] the *telephone* 電話を取る［切る］/a landline *telephone* next to the bed ベッド脇にある固定電話.

図4　telephoneの記述例

2.3　CUラベルと注記——president, phraseの場合——

　一般に学習辞典にはユーザーの注意を促すための注記が存在するが、最も頻繁に行われるのは文法や語法に関する注記であろう。ここでは2.1節、2.2節でも触れた [C], [U] というラベルが、注記と併用することでわかりやすく

---

[6] 英和辞典と多義語の記述については南出 (2008) が詳しい。

356

なる例を取り上げる。[C] のラベルが付いている名詞であっても、特定の句表現のみ不定冠詞を伴わないケースがあるが、EFL 辞典ではこうした語法に注意が払われていないことがままある。たとえば president は通常は可算だが、役職を表す補語になる場合などには不定冠詞は付かない。LAAD は [C] と表記し、用例としてこの形を示しているが、何も注記は付いていない（図5左）。これに対し英和辞典では、しばしば注記が付いた用例が示されている（図5右）。

pres·i·dent /ˈprezədənt/ ●●● (S2) (W1) n. [C] 1 POLITICS (also **President**) the official leader of government, in some countries: *Truman became president when Roosevelt died.* | *President Lincoln* | [+of] *the president of Mexico* | *He was elected president in 1996.* 2 someone who is in charge of a business, bank, club, university, etc.: [+of] *the president of General Motors*

pres·i·dent /ˈprezɪd(ə)nt/ [pre (前に) side (座る) ent (人)] ((名)) presidency, (形) presidential) ──图 (働～s /-ts/) C 1 [しばしば P-] (米国その他共和国の) 大統領, 総統 ▶ the *President* of the United States of America アメリカ合衆国大統領 / be elected *President* 大統領に選ばれる (囲補語の場合は無冠詞) / run for *President* 大統領に立候補する / *President* Obama オバマ大統領 (囲称号の場合は無冠詞) / "Mr. *President*." (呼びかけて) 大統領 (閣下).

図5　president の項目（*LAAD* と『W 英和』）

LAAD の場合、ユーザーは可算名詞の例文なのに不定冠詞もつかず、複数形でもない用例に出会うこととなる。やはり [C] と記しているのなら『W 英和』のように単数形で不定冠詞を伴わない用例には注記を入れることが望ましい。

　同様に語義には [C][U] のどちらか一方を記し、例外的用法に注記を入れることで記述が改善できるケースとして phrase を取り上げる。phrase は EFL 辞典の多くで [C] となっているが、英和辞典ではしばしば [C] と [U] が併記されている。しかし COCA で検索すると不可算用法の多くは turn(s) of phrase という特定の表現であることがわかる（図6）[7]。こうした場合は語義には [C] のみを記して、個別に注記を付ける方がわかりやすい（図7）。

---

[7] turn(s) of phrase 以外にも changes of phrase や some appropriate phrase for each といった不可算用法が COCA には見られたが数例に過ぎない。多くの EFL 辞典では turn of phrase を成句として独立して扱い、語義部分では可算用法のみとしていることから考えても、[U] ラベルは表示しなくてもよいのではないだろうか。

言語分析のフロンティア

sounded angry that she could n't	find	a	better	turn	of phrase	. " We ca n't lose sight of that . " There
Incumbent Party . " # In a	typically		Brownian	turn	of phrase	, he has called his effort " a more impersonal candidacy ,
writers could never resist an	inaccurate	but	catchy	turn	of phrase	. Jan took a savage bite of her burrito and checked her
why Protestants and Jews should have such	a		Catholic	turn	of phrase	. Or why purveyors of modern art who claim to have built
loved life , a good joke ,			clever	turn	of phrase	, a pun . In fact , the worse the pun ,
. JACK-BLACK-1 " TROP# Thank you ,	very		clever	turn	of phrase	. CHRIS-CUOMO-1-ABC# (Off-camera) Thank you . It was
, Cristiano Ronaldo or , in	one	particularly	creative	turn	of phrase	in a British newspaper , a " mild-mannered bank clerk who goes
I lived in Spain , I	encountered	a	curious	turn	of phrase	, hablar en cristiano (" to speak in Christian ")
ethnicity , botanical metaphor was more than	a		cute	turn	of phrase	; they made the metaphor literal . Roderick D. McKenzie and
rainbow nation now seems little more than	a		deft	turn	of phrase	. According to a poll released last week by the highly regarded
his skills as a magician . With	one		deft	turn	of phrase	, he can cause ideas and objects to morph , and our
brokenheaded ape . EILEEN: That	was	a	descriptive	turn	of phrase	for Slippy Helen . KATE : Well , I 've tarted it

図6　phraseのKWICコンコーダンスの一部(COCA)

> **phrase**［名］［C］1（短い）言い回し，一言，フレーズ；成句 (set phrase): simple words and *phrases* for beginners 初心者向けの簡単な語句／use Edison's famous *phrase* エジソンの名言を使う／repeat the phrase "one nation" many times「1つの国家」という表現を繰り返す／a blunt *turn of phrase* ぶっきらぼうな物言い（！この句では無冠詞；→ turn）．

図7　phraseの記述例

　さらにphraseにはしばしば多くの訳語がついているが、語義を示す訳語を単に並べるだけでなく、別の訳語を用例の和訳部分で使えばユーザーに文脈に合った意味を示しやすい。赤野 (2000: 50) は英和辞典では「並べることのできる訳語の数に制限があることや、ぴったり対応する訳語がないこともあり、どうしても説明が不十分となる。この避けがたい不十分さを補うのが、用例の第一の役割である」と述べている。コーパスを精査すれば典型的コロケーションや、特定のパターンが浮かび上がってくる。語義に [C] か [U] のどちらかを付け、コーパスから得られた頻度の高い典型例をユーザーにわかりやすく作例し、さらに例外的語法には注記を行うことで、[C, U] というユーザーを混乱させる併記を改めることができる。

2.4.　訳語の再検討——dressing gown の場合——

　2言語辞典の持つ1言語辞典との最も大きな違いは、訳語を使って語義を示していることである。訳語は重要な情報をユーザーの母語で提供する部分

であり、同時に最も執筆者の語に対する感性・知識・分析などが反映される部分でもある。大谷 (2005) によれば、意味内容について情報を得ることが英和辞典を引く主要な目的であり、訳語は英和辞典で重要な役目を果たしているという。しかしながら、特に頻度の低い語を中心に何十年にも亘って改訂が行われず、現状を反映していない「英和辞典にしかない日本語」とでもいうべき訳語が未だに存在している。

現代の辞書作成はコーパスやオンライン資料の活用が必須である。Cowie (2009) によると、辞書編纂者は新たな語義発見や語義配列を考慮するためコーパスを使っているが、さらに膨大なオンライン資料を使うことも重要であるという。英和辞典の黎明期においては、見たことも聞いたこともない物に日本語訳を付ける作業が大変であったことは想像に難くない。しかし、今はインターネットの画像検索や Wikipedia の記述などを参照すれば、どのようなものが英語でどのように呼ばれ、それが一般に日本ではどう呼ばれているかはすぐにわかる。ある英和辞典の最新版の squeegee の語義には「（窓・床の水をふき取る）ゴム付き棒ぞうきん」という訳語が与えられている。この訳語は初版から最新版までずっと引き継がれているが、今では「スキージ、スクイージ」という呼び名も定着しつつある[8]。そもそも「ゴム付き棒ぞうきん」と言われてどんな道具なのかユーザーはわかるだろうか。

『W 英和』では第 2 版まで dressing gown に「化粧着」という訳語を与えていた。あまり馴染みのない表現だと思い調べたところ、大辞典を含む国語辞典には「化粧着」という見出し語は見当たらなかった。一方、現代仮名遣いになって復刻された斎藤秀三郎による『熟語本位 英和中辞典 新版』に「化粧着」という訳語があり、少なくともこの頃には英和辞典では「化粧着」という訳語が使われていたことがわかる。他の英和辞典でも初版から最新版まで「化粧着」という訳語を使っているものもある。

画像検索やショッピングサイトの写真・説明から判断すると、dressing gown は寝る前やシャワー後に羽織る部屋着を指していることがわかる。次にコーパスで用法を確認するため、BNC を検索すると 188 例がヒットした。図 8 を見るとジャンル別ではフィクションに多くなっているが、ほぼすべて

---

[8] 『W 英和』には「(T 字型) ワイパー」という訳語が「スクイージ」と共に示されている。

の分野で用いられている。これに対し、COCA ではもっぱら fiction にしか dressing gown は登場せず、他の分野の用例も書き言葉の用例がほとんどであった。

SECTION (CLICK FOR SUB-SECTIONS) (SEE ALL SECTIONS AT ONCE)	FREQ	SIZE (M)	PER MIL	CLICK FOR CONTEXT (SEE ALL)
SPOKEN	28	10.0	2.81	
FICTION	112	15.9	7.04	
MAGAZINE	5	7.3	0.69	
NEWSPAPER	14	10.5	1.34	
NON-ACAD	11	16.5	0.67	
ACADEMIC	0	15.3	0.00	
MISC	18	20.8	0.86	
TOTAL	188			SEE ALL TOKENS

SECTION (CLICK FOR SUB-SECTIONS) (SEE ALL SECTIONS AT ONCE)	FREQ	SIZE (M)	PER MIL	CLICK FOR CONTEXT (SEE ALL)
SPOKEN	3	109.4	0.03	
FICTION	238	104.9	2.27	
MAGAZINE	15	110.1	0.14	
NEWSPAPER	6	106.0	0.06	
ACADEMIC	4	103.4	0.04	

図8　dressing gown のジャンル別頻度（BNC と COCA）

さらに地域差を見るために 20 か国の英語を含む GloWbE で国別の使用頻度グラフを作成すると、主にイギリス英語圏で用いられていることが示された。

United States	30	386.8	0.08	
Canada	8	134.8	0.06	
Great Britain	280	387.6	0.72	
Ireland	46	101.0	0.46	
Australia	82	148.2	0.55	
New Zealand	39	81.4	0.48	
India	13	96.4	0.13	
Sri Lanka	4	46.6	0.09	
Pakistan	3	51.4	0.06	
Bangladesh	2	39.5	0.05	
Singapore	3	43.0	0.07	
Malaysia	4	41.6	0.10	
Philippines	4	43.2	0.09	
Hong Kong	4	40.5	0.10	
South Africa	7	45.4	0.15	
Nigeria	0	42.6	0.00	
Ghana	2	38.8	0.05	
Kenya	2	41.1	0.05	
Tanzania	9	35.2	0.26	
Jamaica	2	39.6	0.05	
TOTAL	544			SEE ALL TOKENS

図9　dressing gown の国別頻度 (GloWbE)

『W英和』第3版では「《主に英/米・かたく》ガウン、バスローブ」と記述されているが、もう少し改良を加えてもいいかもしれない。

dressing gown 《主に英/米・主に書》ガウン、(バス) ローブ(robe).

英和辞典には何を指しているのか釈然としない訳語が想像以上に多く潜在している。manicurist（ネイリスト）に「マニキュア師」、あるいはbandeau（チューブトップブラ）に「幅の細いブラジャー」など例を挙げればきりがない。内容に即時性や双方向性を持つ『英辞郎』のようなサービスでは、こうしたことは起きにくいが、一般的な英和辞典の執筆者や編集者は人数が限られている。しかも、その中に若手研究者や女性が少ないことなどが理由となり、ユーザーが首をひねるような訳語が何十年も生き延びている。英和辞典にしかない奇妙な訳語はその都度、見つけ出して、できるだけ適切な訳語に改める努力を続けていく必要がある。

3. おわりに

英和辞典の主な役割はユーザーが語を理解するための受信型情報と、語を使うための発信型情報の提供である（赤野、2012）。コーパスやオンライン資料を利用して得られたデータによって、訳語や用例訳を充実させることは受信型情報の質を、[C][U] といったラベルや注記を効果的に使うことは発信型情報の質を高めることができる。ここに提示した記述はほんの一例に過ぎず、ユーザーのニーズを念頭に置いた英和辞典の記述は常に望まれている。より良い辞書記述のため、編集に携わる者はことばへの感性を磨き、データを読み解く知識と経験を積むことを怠ってはならない。

* 本稿は『ウィズダム英和辞典』の編集作業の中で培った経験や知識をもとに書かれたものである。よって、記述の具体例などを含め、着想の多くは編者である赤野一郎先生と井上永幸先生の編集方針、また編集部の助言によるところが大きい。貴重な編集の機会が得られたことに改めて感謝する次第である。

参考文献

赤野一郎 (2000)「データ収集をめぐる闘い」『言語』大修館書店，Vol. 29 No. 5. 55–58.
—— (2008)「辞書編纂におけるコーパス利用」『英語青年』研究社，Vol. 153 No. 12. 722–724.
—— (2012)「第3章辞書とコロケーション」堀正広（編）『これからのコロケーション研究』(pp. 61–105). ひつじ書房.
Cowie. A. P. (2009) *Semantics*. Oxford: Oxford University Press.
日木満 (2016)「動詞と名詞と名詞形の関係を見せる辞書記述の試み」JACETリーディング研究会・英語辞書研究会合同研究会口頭発表.
井上永幸 (2003)「辞書と辞書学のいま」『言語』大修館書店，Vol. 32 No. 5. 24–30.
—— (2005)「第10章コーパスに基づく辞書編集」齋藤俊雄・中村純作・赤野一郎（編）『英語コーパス言語学――基礎と実践――【改訂新版】』(pp. 207–228). 研究社出版.
小室夕里 (2010)「第10章辞書学と辞書指導」岡田伸夫・南出康世・梅咲敦子（編）『英語教育学大系第8巻　英語研究と英語教育』(pp.173–189). 大修館書店.
—— (2016)「学習英和辞典におけるコロケーション記述の変遷」南出康世・赤須薫・井上永幸・投野由紀夫・山田茂（編）『英語辞書を作る――編集・調査・研究の現場から――』(pp. 155–168). 大修館書店.
南出康世 (1998)『英語の辞書と辞書学』大修館書店.
—— (2008)「理想の英和辞典を求めて」『英語青年』研究社，Vol. 153 No. 12.
中山仁 (2016)『ことばの基礎1 名詞と代名詞』(シリーズ 英文法を解き明かす――現代英語の文法と語法①）研究社.
大谷喜明 (2005)『英和辞典とバイリンガリズム――語義としての対応語・訳語を中心として――』小学館スクウェア.
八木克正 (2006)『英和辞典の研究――英語認識の改善のために――』開拓社.
—— (2008)「英和辞典の過去・現在・未来」『英語青年』研究社，Vol. 153 No.12. 729–731.
山田茂 (2016)「EFL辞書:歴史と課題」南出康世・赤須薫・井上永幸・投野由紀夫・山田茂（編）『英語辞書を作る――編集・調査・研究の現場から――』(pp. 83–101). 大修館書店.
吉村由佳 (2008)「コーパス分析による訳語選択――英和辞典の場合」英語コーパス学会第31回春季大会口頭発表.
—— (2017)「第7章コンコーダンサーとデータの読み方」赤野一郎・堀正広（編）『コーパスと多様な関連領域』(pp. 151–179). ひつじ書房.

辞書・参考書

Collins COBUILD English Language Dictionary. (1987) Collins.
Longman Advanced American Dictionary. (2007, 2013) Pearson Education. [*LAAD*]
Longman Dictionary of Contemporary English. (1995, 2014) Pearson Education. [*LDOCE*]
Macmillan English Dictionary for Advanced Learners. (2002, 2007) Macmillan Education.
Merriam-Webster's Advanced Learner's English Dictionary. (2008) Merriam-Webster.
Oxford Advanced Learner's Dictionary of Current English. (1995, 2015) Oxford University Press. [*OALD*]

『アドバンストフェイバリット英和辞典』(2002) 東京書籍.
『アンカーコズミカ英和辞典』(2007) 学習研究社.
『ウィズダム英和辞典』(2003, 2007, 2013, 2019) 三省堂.
『英辞郎』https://eow.alc.co.jp/
『オーレックス英和辞典』(2008, 2013) 旺文社.
『ジーニアス英和辞典』(1988, 1994, 2001, 2006, 2014) 大修館書店.
『熟語本位 英和中辞典 新版』(2016) 岩波書店. (斎藤秀三郎（著），豊田実（増補），八木克正（校注）による1915年初版『熟語本位 英和中辞典』の復刻版).
『小学館プログレッシブ英和中辞典』(2012) 小学館.
『新英和中辞典』(1967, 2003) 研究社.
『ユースプログレッシブ英和辞典』(2004) 小学館.
『ルミナス英和辞典』(2005) 研究社.
『ロングマン英和辞典』(2007) 桐原書店.

履　歴

学歴

1967 年 3 月	大阪府立清水谷高等学校卒業
1972 年 3 月	神戸市外国語大学外国語学部英米語学科卒業
1975 年 3 月	神戸市外国語大学大学院外国語学研究科修士課程修了

職歴［専任］

1975 年 4 月	大阪府立清水谷高等学校教諭
1976 年 4 月	椙山女学園大学短期大学部専任講師
1982 年 4 月	京都外国語大学外国語学部専任講師
1985 年 4 月	同大学助教授
1991 年 4 月	同大学教授
1998 年 4 月	同大学英米語学科長（2002 年 3 月まで）
2005 年 4 月	同大学大学院研究科長（2009 年 3 月まで）
2012 年 4 月	同大学付属図書館館長（2016 年 3 月まで）
2016 年 3 月	同大学退職
2016 年 4 月	同大学名誉教授（現在に至る）

職歴［兼任、その他］

1982 年 4 月	立命館大学文学文部　非常勤講師　担当科目「英語学」（1987 年 3 月まで）
1986 年 4 月	京都女子大学文学部　非常勤講師　担当科目「情報処理演習」（1992 年 3 月まで）
1990 年 7 月	バーミンガム大学客員研究員（同年 10 月まで）
1996 年 4 月	奈良女子大学大学院博士前期課程　非常勤講師　担当科目「言語構造分析論」（2000 年 3 月まで）
2002 年 4 月	関西大学大学院博士後期課程　非常勤講師　担当科目「外国語教育学特殊講義（外国語コーパス論）」（2014 年 3 月まで）
2009 年 9 月	名古屋大学大学院国際開発研究科客員研究員（2010 年 3 月まで）
2016 年 4 月	京都外国語大学非常勤講師（2019 年 3 月まで）

学会活動

1993 年 4 月　英語コーパス学会運営委員（後の理事）（2013 年 3 月まで）
1993 年 4 月　英語語法文法学会運営委員（2001 年 3 月まで）
1997 年 4 月　英語語法文法学会事務局長（2001 年 3 月まで）
2001 年 4 月　英語コーパス学会事務局長（2007 年 3 月まで）
2004 年 4 月　大学英語教育学会賞選考委員会委員長（2006 年 3 月まで）
2005 年 4 月　大学英語教育学会評議員（2007 年 3 月まで）
2006 年 4 月　関西英語教育学会評議員（2010 年 3 月まで）
2008 年 4 月　英語コーパス学会会長（2012 年 3 月まで）
2014 年 4 月　英語コーパス学会顧問（現在に至る）

業績一覧

編著書

1990.　（共編著）『異文化を知るための情報リテラシー——外国語と外国文化研究におけるコンピュータ利用入門』法律文化社.
1992.　（共編著）『［新版］異文化を知るための情報リテラシー——外国語と外国文化研究におけるコンピュータ利用入門』法律文化社.
1993.　（共編著）『英語基礎語彙の文法』英宝社.
1997.　（共編著）『大学生活のためのコンピュータリテラシー・ブック』オーム社.
1998.　（共編著）『英語コーパス言語学——基礎と実践——』研究社.
1999.　（共著）『英語学用語辞典』三省堂.
2001.　（共編）『ウィズダム英和辞典〈初版〉』三省堂.
2004.　（共編著）『英語コーパス言語学——基礎と実践——〈改訂新版〉』研究社.
2007.　（共編）『ウィズダム英和辞典〈第 2 版〉』三省堂.
2008.　（共著）『コーパスと英語教育の接点』松柏社.
2009.　（共著）『これからのコロケーション研究』ひつじ書房.
2013.　（共編）『ウィズダム英和辞典〈第 3 版〉』三省堂.
2014.　（共編著）『英語教師のためのコーパス活用ガイド』大修館書店.
2015.　（共著）『最新英語学・言語学用語辞典』開拓社.
2017.　（共編著）『コーパスと多様な関連領域』〈英語コーパス研究シリーズ 第 7 巻〉ひつじ書房.

2018. （共編著）『コーパスと辞書』〈英語コーパス研究シリーズ 第3巻〉ひつじ書房.
2019予定 （共編著）『コーパスと英語研究』〈英語コーパス研究シリーズ 第1巻〉ひつじ書房.

監修書
2015a. （監修）『コーパスと英語教育』〈英語コーパス研究シリーズ 第2巻〉ひつじ書房.
2015b. （監修）『コーパスと英文法・語法』〈英語コーパス研究シリーズ 第4巻〉ひつじ書房.
2016 （監修）『コーパスと英語文体』〈英語コーパス研究シリーズ 第6巻〉ひつじ書房.
2017. （監修）『英語辞書マイスターへの道』〈ちょっとまじめに英語を学ぶシリーズ 1〉ひつじ書房.
2018. （監修）『コーパスと英語史』〈英語コーパス研究シリーズ 第5巻〉ひつじ書房.

論文・翻訳・書評・参考書・その他
1977. 「「語の文法」ということ」『研究論集』椙山女学園大学, 8, 91–102.
1978. "Notes on Case Grammar"『研究論集』椙山女学園大学, 9, 139–151.
1979a. 「give の文法」『語法研究と英語教育』山口書店, 1, 1–13.
1979b. 「レキシコ・グラマーの展開」『研究論集』椙山女学園大学, 10, 1–9.
1979c. 「英語の動詞に関する覚書き——英和辞書編纂の立場から」『椙山女学園大学短期大学部10周年記念論文集』123–137.
1980. （項目執筆）小西友七編『英語基本動詞辞典』研究社.
1981. "Lexicographic Notes on English Verbs" 小西友七（編）『言語研究の諸相』研究社, 2–9.
1983. 「英語語法ノート (1)」『研究論叢』京都外国語大学, 23, 1–12.
1984. 「動名詞の意味上の主語」『語法研究と英語教育』山口書店, 6, 32–39.
1985a. 「スタイル感覚を養う小説の会話活用術」『イングリッシュジャーナル』アルク, 15(2), 62–66.
1985b. 「英語語法ノート (2)」『研究論叢』京都外国語大学, 25, 1–12.
1986a. 「テクスト文法による精読の試み—— Hemingway の "Cat in the Rain" を題材に」『研究論叢』京都外国語大学, 27, 1–16.
1986b. 「語法研究と資料」『語法研究と英語教育』山口書店, 8, 18–27.

1987a. （共同執筆）「パソコンを使った語法カードの整理学」『英語教育』大修館書店, 36(7), 78–87.
1987b. 「語の文法——形容詞・副詞の場合」*SELL* 京都外国語大学英部語学科研究会, 1, 1–13.
1988a. 「at least の心理」『英語青年』研究社, 133(11), 8.
1988b. 「学習英和辞典 3. 用例」『語法研究と英語教育』山口書店, 10, 21–30.
1988c. 「Narrative Grammar を目指して——「視点」の考察」六甲英語学研究会（編）『現代の言語研究』金星堂, 97–104.
1989a. 「小説を読むための英文法——講読の授業の活性化を目指して——」『研究論叢』京都外国語大学, 32, 1–19.
1989b. （項目執筆）小西友七編『英語基本形容詞・副詞辞典』研究社.
1990a. 「Corpus Linguistics への招待 (1) ——ブラウンコーパス——」*SELL* 京都外国語大学英部語学科研究会, 6, 142–148.
1990b. 「Corpus Linguistics への招待 (2) —— OCP とは何か——」『研究論叢』京都外国語大学, 35, 1–15.
1991a. （翻訳）『言語学入門』学書房.
1991b. 「訂正の語法と心理」『英語青年』研究社, 136(11), 8.
1991c. （共同執筆）「Corpus Linguistics の現在の動向と問題点 (1) コーパスとその構築」*SELL* 京都外国語大学英米語学科研究会, 7, 1–45.
1991d. （共同執筆）「Corpus linguistics の現在の動向と問題点 (2) tag 付与、各種プロジェクト、コーパス活用事例」『研究論叢』京都外国語大学, 37, 1–23.
1992a. （注解）*You Just Don't Understand.* 英宝社.
1992b. 「Corpus linguistics への招待 (3) ——バーミンガム・コーパス——」*SELL* 京都外国語大学英部語学科研究会, 8, 1–13.
1992c. 「会話分析——民族感覚学者たちの成果——」『研究論叢』京都外国語大学, 38, 1–26.
1992d. 「分詞構文の意味と機能」『語法研究と英語教育』山口書店, 14, 30–39.
1993. （共同執筆）「コーパスをいかに活用すべきか——分詞構文を例に——」『研究論叢』京都外国語大学, 41, 1–15.
1994a. （項目執筆）『小学館ランダムハウス英和大辞典 第 2 版』小学館.
1994b. （注解）*You Just Don't Understand II.* 英宝社.
1994c. （共同執筆）「KUFS コーパスの構築について」『研究論叢』京都外国語大学, 42, 1–17.

1994d. （共同執筆）「コーパスに見られる分詞構文」『英語コーパス研究』英語コーパス学会, 1, 19–33.
1996a. 「英語教師のための有益サイトとパーソナル・コーパス構築」*CHART NETWORK* 数研出版, 20, 1–4.
1996b. 「辞書の用例とコーパス」『英語語法文法研究』英語語法文法学会, 3, 33–47.
1996c. （項目執筆）荒木一雄編『現代英語正誤辞典』研究社.
1997a. 「コンコーダンス・ラインから何が読みとれるか───-ly 詞の連語関係を中心に───」*SELL* 京都外国語大学英部語学科研究会, 13, 3–14.
1997b. 「コーパスによるこれからの語法研究」『英語教育』大修館書店, 45(13), 26–29.
1997c. 「英語の辞書指導と英語教師の務め」*CHART NETWORK* 数研出版, 24, 1–4.
1999. 「コーパスで possess の意味を探る」『英語青年』145(6), 21–21.
2000a. 「データ収集をめぐる闘い」『言語』大修館書店, 29(5), 50–58.
2000b. （書評）*Alan Partington, Patterns and Meaning: Using Corpora for English Research and Teaching.*『英語コーパス研究』英語コーパス学会, 7, 83–89.
2001a. 「コーパスが英和辞典を変える」『英語青年』147(3), 174–177.
2001b. 「理想的な学習英和辞典を求めて──『ウィズダム英和辞典』の場合──」*SELL* 京都外国語大学英部語学科研究会, 9, 3–17.
2001c. （項目執筆）小西友七編『英語基本名詞辞典』研究社.
2001d. （注解）『アンストッパブルな 13 人のサクセス・ストーリー』英宝社.
2001e. 「〈マルチメディア言語学情報①〉 コーパス関連サイトを概観する」『言語』大修館書店, 31(1), 98–99.
2002a. （翻訳）『英語「誤」法ノート 555』（監訳）ピアソン・エデュケーション.
2002b. 「〈マルチメディア言語学情報⑤〉 コーパスとコンコンダンサー」『言語』大修館書店, 31(5), 98–99.
2002c. 「〈マルチメディア言語学情報⑩〉 コーパスと外国語教育」『言語』大修館書店, 31(10), 96–97.
2002d. 「コーパスを活用した辞書編集──『ウィズダム英和辞典』刊行にあたり──」（共同執筆）『三省堂高校英語教育』三省堂, 秋号, 22–24.
2003a. 「コーパスと語彙」『英語コーパス研究』英語コーパス学会, 10, 149–161.
2003b. 「〈マルチメディア言語学情報⑰〉 パーソナル・コーパスのすすめ」『言語』

　　　　　大修館書店, 32(1), 128–129.
2003c.　「〈マルチメディア言語学情報㉒〉Word Smith Tools を使う」『言語』大修館書店, 32(5), 84–85.
2003d.　「〈マルチメディア言語学情報㉙〉画期的な CD-ROM とコーパス検索サービスの登場」『言語』大修館書店, 32(9), 86–87.
2004a.　「インターネットから見たコーパス言語学」『メビウス研究会 100 回記念論文集』京都外国語大学英米語学科, 53–65.
2004b.　「語彙研究とコーパス」『英語青年』149(11), 9–11.
2005a.　「コーパスから見たイディオム」『英語語法文法研究』英語語法文法学会, 12, 19–31.
2005b.　(参考書)『英単語 Value 1400』数研出版.
2005c.　(参考書)『英単語 Value 1700』数研出版.
2005d.　(書評) 西納晴雄著『英語学習のための情報リテラシーブック』『英語教育』大修館書店, 54(4), 92–93.
2005e.　「コーパスを英語教育の現場に」*CHART NETWORK* 数研出版, 47, 1–4.
2005f.　「英和辞典と Pattern Grammar」『英語教育』大修館書店, 54(3), 48–49.
2006a.　「コーパス言語学の言語観——語彙指導の一助に」『明日の外国語教育に向かってⅢ』同志社大学言語文化教育センター, 59–68.
2006b.　「コーパス言語学から見た語彙指導のあり方—— Every word has its own grammar ——」『言語文化研究』立命館言語文化研究所, 17(4), 101–118.
2006c.　「英語コーパス言語学と英語教育」『日本語教育』日本語教育学会, 130, 11–21.
2007a.　(参考書)『英単語 Value 1000』数研出版.
2007b.　(書評) マイケル・スタッブス著『コーパス語彙意味論——語から句へ』『英語教育』大修館書店, 55(12), 94–95.
2007c.　「コーパスとしての Web の可能性」*SELL* 京都外国語大学英部語学科研究会, 24, 1–8.
2007d.　「小西先生との初めての出会いと辞書作り」『英語青年』研究社, 152(11), 10–12.
2007e.　「コーパスが英和辞典を変える (1)」WISDOM in Depth: #2. Sanseido Word-Wise Web. [http://dictionary.sanseido-publ.co.jp/wp/2007/11/08/wisdom-in-depth-2/]
2007f.　「英語研究とネット活用」『言語』大修館書店, 36(7), 50–57.
2008a.　(書評) 瀬戸賢一編『英語多義ネットワーク辞典』『英語学研究』85, 262–

267.
2008b. 「コーパスが英和辞典を変える (2)」WISDOM in Depth: #15. Sanseido Word-Wise Web. [http://dictionary.sanseido-publ.co.jp/wp/2008/2/12/wisdom-in-depth-15/]
2008c. 「コーパスが英和辞典を変える (3)」WISDOM in Depth: #17. Sanseido Word-Wise Web. [http://dictionary.sanseido-publ.co.jp/wp/2008/2/26/wisdom-in-depth-17/]
2008d. 「コーパスが英和辞典を変える (4)」WISDOM in Depth: #22. Sanseido Word-Wise Web. [http://dictionary.sanseido-publ.co.jp/wp/2008/3/25/wisdom-in-depth-22/]
2008e. 「コーパスが英和辞典を変える (5)」WISDOM in Depth: #25. Sanseido Word-Wise Web. [http://dictionary.sanseido-publ.co.jp/wp/2008/04/08/wisdom-in-depth25/]
2008f. 「コーパスに基づく辞書編纂の実際――意味記述を中心に――」『英語青年』研究社, 153(12), 10–12.
2009a. "Development of a noun collocation-based English vocabulary teaching aid using the AmiVoice speech recognition system" *Indian Journal of Applied Linguistics*, 35(1), 18–26.
2009b. 「コーパス言語学に基づく語彙指導」*CHART NETWORK* 数研出版, 62, 1–4.
2010a. (参考書)『英単語 Value 1400〈改訂版〉』数研出版.
2010b. (参考書)『英単語 Value 1700〈改訂版〉』数研出版.
2010c. "A pronunciation and vocabulary teaching aid for Spanish as a Foreign Language programs at Japanese universities utilizing a Spanish speech recognition system and corpora of academic Spanish" *The EUROCALL Review*, 6, 9–15.
2010d. "Mobile Assisted Language Learning for Vocabulary Learning and Academic Reading Practice" *IEICE Technical Report*, 38, 13–18.
2012a. (書評) 内田聖二著『語用論の射程』『英語教育』大修館書店, 61(1), 94.
2012b. 「〈海外論文紹介〉コーパスデータで見る学生の学術英語の使用傾向」『英語教育』大修館書店, 61(4), 79.
2013a. 「〈海外論文紹介〉コーパス初心者の英語教師にいかにコーパスの基本を学ばせるか」『英語教育』大修館書店, 61(11), 88.
2013b. 「〈海外論文紹介〉コーパス例文は語の理解と産出にいかに有益か」『英

2013c. （参考書）『英単語 Value 1000〈改訂版〉』数研出版.
2014a. 「コーパスに基づく学習英和辞典の編纂――『ウィズダム英和辞典』の場合――」塩澤正他（編）『現代社会と英語――英語の多様性をみつめて』金星堂, 300–310.
2014b. （参考書）『総合英語 able』第一学習社.
2014c. 「〈海外論文紹介〉辞書記述とコーパスデータを教育現場にどのように活かすか」『英語教育』大修館書店, 62(11), 96.
2014d. 「〈海外論文紹介〉コーパスデータと類義語の辞書記述」『英語教育』大修館書店, 63(4), 98.
2015a. 「〈海外論文紹介〉コーパスにないものは分析できないか」『英語教育』大修館書店, 63(11), 72.
2015b. 「〈海外論文紹介〉コーパス利用は英文の自己添削に有効か」『英語教育』大修館書店, 64(4), 96.
2016a. （参考書）『英単語 Value 1700〈三訂版〉』数研出版.
2016b. （参考書）『英単語 Value 1400〈三訂版〉』数研出版.
2016c. 「〈海外論文紹介〉コーパスに依拠した構文分析」『英語教育』大修館書店, 64(11), 98.
2016d. 「〈海外論文紹介〉DDL は文法指導を変える」『英語教育』大修館書店, 65(4), 96.
2017a. 「〈海外論文紹介〉いわゆる singular they はどの程度使われているか」『英語教育』大修館書店, 65(11), 96.
2017b. 「コーパスでできること――量的分析から質的分析の深化へ」『英語語法文法研究』英語語法文法学会, 24, 21–38.

謝　辞

　はじめに、本企画の趣旨を汲み、心良くご寄稿頂いた総勢25名の先生方、ならびに企画の立ち上げから出版まで大変お世話になった金星堂の福岡正人社長、佐藤求太氏には、この場をお借りして編集委員一同、厚く御礼申し上げます。赤野先生と日頃から深くご縁のある皆様と共に、このような良書が完成しましたこと、赤野先生も大変喜ばれていることと存じます。

　また、僭越ながら、この機会に元指導生を代表して赤野先生に感謝の気持ちを述べたいと思います。今日の私があるのは、学生時代に赤野先生から受けた熱心な指導による賜物です。大学教員となった今、赤野先生の教え・教育スタイルを日々の教育現場で実践すべく、厳しくも愛情を注いで学生の指導に取り組んでおります。AKANOISM（アカノイズム）ともいうべき、ひたむきな研究姿勢を後世に継承していくことこそが、次世代の教育・研究レベルを発展させる最善の術だと強く感じております。今日に至るまで、公私共に親身になってご指導頂き本当に有難うございました。

　最後に、赤野先生のご健康とご多幸を祈りつつ、これからもコーパス言語学、英語学、辞書学、語法研究など各分野の第一人者としてご活躍されることを願い、結びの言葉といたします。

感謝にて。

仁科　恭徳
赤野一郎先生古稀記念論文集　編集委員長

言語分析のフロンティア

2019年1月15日　初版第1刷発行

編　　集　　赤野一郎先生古稀記念論文集
　　　　　　編集委員会
編 著 者　　仁科　恭徳
　　　　　　吉村　由佳
　　　　　　吉川　祐介
発 行 者　　福岡　正人
発 行 所　　株式会社　金星堂
　　（〒101-0051）東京都千代田区神田神保町3-21
　　　　　　　　Tel. (03)3263-3828（営業部）
　　　　　　　　　　(03)3263-3997（編集部）
　　　　　　　　Fax (03)3263-0716
　　　　　　　　http://www.kinsei-do.co.jp

編集担当／佐藤求太　　　　　　　　Printed in Japan
本文組版／ほんのしろ
装幀／岡田知正
印刷所／モリモト印刷　　製本所／牧製本

本書の無断複製・複写は著作憲法上での例外を除き禁じられています。
本書を代行業者等の第三者に依頼してスキャンやデジタル化することは、
たとえ個人や家庭内の利用であっても認められておりません。
落丁・乱丁本はお取り替えいたします。

ISBN978-4-7647-1180-8 C3082